Für Carla und Chris

Inhalt

Vorwort zur Neuausgabe

Das vorliegende Buch, mein erstes, erschien Anfang 2007, und zu diesem Zeitpunkt hätte ich nicht zu hoffen gewagt, dass fünfzehn Jahre und sechs weitere Buchveröffentlichungen später noch immer Menschen die Geschichte meiner Klosterjahre lesen wollen. Umso mehr freue ich mich über diese Neuausgabe.

Als ich mich damals entschloss, dieses Buch zu schreiben, lebte ich bereits seit einigen Jahren mit meinem Mann in Berlin, arbeitete an meinem ersten Roman, hatte ein kleines Kind und traf zu den verschiedensten Gelegenheiten – bei Lesungen, auf dem Spielplatz, bei Geburtstagspartys, Abendessenseinladungen, Sommerfesten – eine Menge unterschiedlicher Leute. Nahezu jedes Mal, wenn ich dabei jemand Neues kennenlernte und diese Person dann nach einer Weile in Erfahrung brachte, dass ich einige Jahre in einer klösterlichen Kommunität gelebt hatte, war die Lockerheit der Situation erst einmal vorbei. Das Gesicht meines Gegenübers changierte zwischen Ungläubigkeit, Entsetzen oder bestenfalls Belustigung, und es bedurfte eines langen Gesprächs und zahlreicher Erläuterungen meinerseits, bis ich wieder als einigermaßen ernstzunehmende Frau galt – ein ungläubiges Kopfschütteln blieb in der Regel dennoch. Ein streng religiöses Leben zu führen, oder wie in meinem Fall geführt zu haben, schien ein Zeichen psychischer Deformation, frömmelnder Naivität oder sich dem Leben verweigernder Weltflucht zu sein. Anscheinend nährten sich die gängigen Vorstellungen von Ordensfrauen, sofern sie nicht von einer garstigen Internatsschwester herrührten, überwiegend aus Hollywood-Streifen, in denen Sophia Loren oder Audrey Hepburn wunderschön und rehäugig in die Kamera litten, oder aus launigen deutschen Vorabendserien, in denen putzige Ordensschwestern den intriganten Ortsbürgermeister hereinlegten und minderjährige Kleinkriminelle auf den Pfad der Tugend führten. Das mochte unterhaltsam sein, und auch ich habe laut gelacht über die Nonne, die wie der Teufel in ihrer klapprigen Ente durch Luis de Funès' Slapstick-Komödien rast, aber all diese medial vermittelten Nonnenbilder entsprachen so gar nicht den Erfahrungen, die ich selbst im Kloster gemacht hatte – und es wurde vor allem den klugen, eindrucksvollen sowie äußerst ernsthaften Persönlichkeiten, die ich dort teilweise kennengelernt hatte, nicht gerecht. Besonders Letzteres ärgerte mich manchmal schon sehr. »Dann schreib doch was über diese Klosterfrauen«, sagte eines Tages eine Freundin zu mir. »Du willst Schriftstellerin sein, also zeichne dein eigenes Bild.« Zunächst war ich skeptisch, wollte ich doch mit meinem Schreiben ganz andere Wege beschreiten, davon abgesehen meine Klostervergangenheit möglichst weit hinter mir lassen. Past is past and done is done, dachte ich. Je länger mir aber der Vorschlag meiner Freundin im Kopf herumging, und das tat er mit unausweichlicher Hartnäckigkeit, desto klarer wurde mir, dass ich mich vor der Herausforderung, diese Phase meines Lebens erzählerisch zu bearbeiten, nicht drücken sollte. Schließlich unterbrach ich also die Arbeit am ersten Roman, überwand meine Skepsis und kehrte noch einmal ins Kloster zurück, diesmal schreibend. Und auch wenn ich die Geschichte nur aus meiner sehr subjektiven Perspektive erzählte, einen Anspruch auf Allgemeingültigkeit folglich weder erheben konnte noch wollte, so hoffte ich doch, einen authentischen Einblick in diese den meisten Mitmenschen so fremde klösterliche Lebensform zu geben. Das Buch wurde dann viel gelesen, herrlich kontrovers diskutiert – ja, auch in Klöstern! –, und nicht zuletzt öffnete es mir die Tür zu einer Existenz als freie Schriftstellerin. Grund genug, dankbar zu sein.

Wenn ich heute, an einem regnerischen Nachmittag im Frühjahr 2022, anlässlich dieser Neuauflage den Text wieder in die Hand nehme, begegne ich, nach all der Zeit und all den anderen Themen, mit denen ich mich seitdem lebend und schreibend beschäftige, der jungen Frau, als die ich mich vor Jahren beschrieben habe, mit in vielerlei Hinsicht beträchtlichem Abstand. Das ist eine interessante und sonderbare Erfahrung. Ein bisschen so, als würde ich ein altes Fotoalbum durchblättern und dabei denken: Das also soll einmal ich gewesen sein? Die Stimme, die da zu mir spricht, erkenne ich zwar noch immer als meine eigene, aber ebenso kommt sie mir befremdlich vor. Ganz nah und zugleich weit weg. Ich trete während der Lektüre in einen seltsamen Dialog mit meinem jüngeren Ich, dieser naturgemäß unzuverlässigen Erzählerin, möchte ihr dabei gelegentlich widersprechen, ihre aufsässige Halsstarrigkeit kritisieren, sie ermahnen, ihren Ton etwas zu zügeln und vielleicht auch etwas mehr Respekt zu zeigen, Milde walten zu lassen, sich selbst und noch mehr: den anderen gegenüber. Gleichzeitig vergegenwärtigt mir diese fremd-vertraute Stimme noch einmal aufs Neue, wie zerbrechlich und wie stark die Sehnsucht damals war, nach einer Lebensform, die sich jenseits gesellschaftlicher Normen und kapitalistischer Werte bewegte, wie dringlich der Wunsch nach Zugehörigkeit, nach einem Dasein, das von gelebter Spiritualität und gemeinschaftlich praktizierter Gottsuche geprägt ist.

»Fromme Rede« sucht man in diesem Buch allerdings vergeblich, es berichtet nur, will weder Zeugnis noch Bekenntnis ablegen – und Sinnfragen werden schon gar nicht beantwortet. Allenfalls werden hier und da welche aufgeworfen, aber das müssen die Leser*innen für sich entscheiden. »Das Faszinosum versteckt sich bei Ihnen zwischen den Zeilen«, hat mir einmal eine Ordensschwester gesagt, die zu einer meiner Lesungen gekommen war. »Berufung kann man letztlich nicht erklären.«

Ich habe mich über diese Rückmeldung sehr gefreut.

Schon lange bin ich nicht mehr im Katholizismus beheimatet und sehe mich in den vergangenen Jahren zunehmend dazu genötigt, auf Distanz zu einer Kirche zu gehen, in der sich ein vertuschter Missbrauchsskandal an den anderen zu reihen scheint, in der Menschen aufgrund ihrer sexuellen Orientierung diskriminiert werden und in der Frauen die Möglichkeit einer Berufung zum höheren kirchlichen Amt per se abgesprochen wird. Trotzdem bin ich davon überzeugt, dass von den Klöstern, entgegen ihres zumeist römisch-katholischen Kontextes, nach wie vor eine Signalwirkung auf unsere Gesellschaft ausgehen kann, dass es gut ist, dass es sie gibt, denn sie sind in unserer so sehr dem Materiellen wie dem unerträglich Diesseitigen verschriebenen Welt so etwas wie eine institutionalisierte Erinnerung daran, dass es da noch eine andere, uns gänzlich übersteigende Dimension gibt, welchen Namen man dieser Dimension auch immer geben mag. Und vielleicht könnte es gerade deshalb auch nach wie vor interessant sein, eine Erzählung zu lesen, in der es um Frauen geht, die sich auf das Wagnis dieses ganz anderen Lebens einlassen. Nirgends habe ich so viele originelle, schräge, mutige und handfeste Frauen auf einem Haufen getroffen wie im Kloster. Wenn das Buch davon auch nur eine Ahnung hinterlässt, hat sich das Schreiben allein dafür gelohnt.

Würde ich das Buch aus heutiger Sicht anders schreiben?
Wahrscheinlich schon.
Hatte ich das Bedürfnis, es für diese Neuauflage umzuschreiben?
Nein. Dies ist die Geschichte, sie soll es auch bleiben.

Ich bin auch heute noch voller Dankbarkeit den Klosterfrauen gegenüber, die es so lange mit mir ausgehalten haben. Sie ermöglichten mir, der Unbehausten, der Zweiflerin, die Jahre, die ich brauchte, um meinen Weg weitergehen zu können. Die Klosterfrau hat viel gelernt, was der Schriftstellerin später zugutekam: Die eigenen Abgründe auszuloten, Stille auszuhalten, ein leeres Konto nicht zu fürchten, nicht so leicht aufzugeben, eine Suchende zu bleiben … – die Liste ließe sich fortsetzen. Die Schwestern haben auch nach meinem Weggang aus dem Kloster mit mir Kontakt gehalten und mich, wie auch dieses Buch, auf ihre jeweils eigene Art begleitet, manche kritisch, manche wohlwollend, mit einigen bin ich bis heute befreundet.

Es ist nicht allzu lange her, dass ich das Kloster wieder besucht habe. Meine inzwischen erwachsene Tochter hat mich auf dieser Reise begleitet, weil sie, wie sie sagte, neugierig war auf den »Originalschauplatz«. Die liturgischen Gesänge und gestrengen Gottesdienstriten fand sie eigenartig, aber auch schön, die Warmherzigkeit, mit der wir dort empfangen und zum Essen eingeladen wurden, hat sie begeistert. Auch »mein« altes Kloster hat sich im Lauf der Zeit verändert: Gebäudeteile wurden abgerissen, andere aufwendig renoviert, ich finde ein Gelände vor, auf dem ich mich nicht mehr auskenne. Zudem ist die Schwesternschaft deutlich kleiner geworden: Statt der damals über vierzig Ordensfrauen lebt nunmehr nur noch ein gutes Dutzend dort. Viele der älteren Nonnen sind gestorben, von den jüngeren haben etliche, wie ich, die Kommunität wieder verlassen. Aber noch immer gesellen sich ab und zu interessierte Frauen zu ihnen, auf Zeit oder als Anwärterinnen für ein Leben als Benediktinerin, noch immer kümmern sie sich umeinander, sorgen für ihre Alten und Kranken, bewirten die Gäste, versammeln sich fünf Mal am Tag zu Psalmenrezitation und Gesang.

»Wir halten hier die Stellung«, sagte die Äbtissin, die es

sich nicht hatte nehmen lassen, meine Tochter und mich ein wenig herumzuführen.

»Gott sei Dank«, antwortete ich, und sie lachte mich dafür ein bisschen aus.

Die Mutter Äbtissin, längst nicht mehr die, die ich im Buch »Raphaela« genannt habe, liest meine Bücher, ich schicke sie ihr, sobald sie erschienen sind.

»Das ist doch Ehrensache«, sagte ich, als sie sich während unseres Besuchs dafür bedankte.

»Finde ich auch«, antwortete sie.

Neben diesem Kloster gibt es viele andere, die in ihren Häusern Gäste beherbergen, die Menschen geistlich begleiten, Tage der Stille anbieten und an ihrer Lebensweise in den unterschiedlichsten Formen Anteil zu geben bereit sind: vom Kloster-auf-Zeit-Aufenthalt über Meditationskurse, bis zur »profanen« Mithilfe bei der Apfelernte findet sich so ziemlich alles. Entsprechende Angebote sind im Internet leicht zu finden. Wem also nach der Lektüre dieses Buches danach ist, sich ein eigenes Bild zu machen, dem oder der sei hiermit ein Gastaufenthalt in einem dieser meist äußerst schön gelegenen Klöster ausdrücklich empfohlen. Man muss dafür weder katholisch noch christlich oder überhaupt gläubig sein. Und während ich dies schreibe, erwische ich mich bei dem Gedanken, dass die sogenannte Amtskirche vielleicht gut beraten wäre, sich ein wenig mehr von der gedanklichen Weite abzuschauen, die in den monastischen Gemeinschaften praktiziert wird, zumindest in denen, die ich kennenlernen durfte.

Was in zwei Koffer passt versucht die möglichst wirklichkeitsgetreue Beschreibung eines Ortes zu sein, der in meinem Leben sehr real und wichtig gewesen ist, nimmt sich aber ebenso die Freiheit des Erzählens. Aus Respekt vor einer Lebensweise, die von Abgeschiedenheit und Stille geprägt ist, sowie zum Schutz von Menschen, die keine Öffentlichkeit wünschen, wurden Personen und Orte fiktionalisiert.

Dabei soll es auch bleiben.

Berlin, im März 2022

I

Aufbruch, Ankunft und der Weg an die Grenze

Mit Abschieden habe ich mich nie lange aufgehalten. Gerade mal einundzwanzig Jahre alt, werfe ich zwei Koffer in meinen alten Käfer und mache mich auf den Weg.

»Muss das unbedingt sein?«

Meine Freundin Lina steht am Straßenrand und weint, als ginge ich in den sicheren Tod. Auf der Fahrt denke ich, dass sie recht hat, ich muss völlig verrückt sein, mich auf so etwas einzulassen.

Warum wirft eine wie ich, die mit fünfzehn das von einem cholerischen Alkoholiker beherrschte Elternhaus verlässt und sich fortan allein durchschlägt, zu dem Zeitpunkt, als sie mit Job, Auto und Wohnung einen nach bürgerlichen Maßstäben geregelten Alltag zu führen beginnt, alles hin, um die merkwürdigste Art gemeinschaftlichen Lebens zu versuchen, von der sie je gehört hat?

»Soll ich deine Sachen für dich einlagern, falls du sie wieder brauchst?«, fragt Stefan an unserem letzten Abend.

»Keine Rückversicherung, keine Altlasten.«

»Tu, was du nicht lassen kannst, Mädchen. Ruf an, wenn ich dich abholen soll.«

Lina wird denen, die nach mir fragen, Auskunft geben.

Der Versuchung widerstehend, noch eine letzte Beruhigungszigarette zu rauchen, werfe ich das halb volle Päckchen aus dem Fenster und bin lange vor der vereinbarten Zeit an der Stelle, wo sich rechts eine schmale Straße, nicht mehr als ein asphaltierter Feldweg, in Richtung Kloster windet. Hinter hochgewachsenen Pappeln tauchen bald die roten Dächer von Gästehaus und Ostflügel auf, überragt vom schiefergedeckten Kirchendach, auf dem ein kleiner Dachreiter die Glocken beherbergt. *Zisterziensische Bautradition,* erinnere ich mich im Prospekt gelesen zu haben und schalte das Radio aus, wo eine gut gelaunte Sprecherin dabei ist, Empfehlungen für Jazzveranstaltungen am Wochenende auszusprechen.

Neben der Einfahrt steht in großen handgeschmiedeten Lettern *Benedicite!* – Seid gesegnet!. »Wollen wir's hoffen«, murmle ich vor mich hin, während ich mein Auto unter die alte Kastanie lenke, an der ein verbeultes Schild angebracht ist. Soll ich eine Stunde spazieren gehen, zurück ins Dorf fahren, doch noch eine Packung Gitanes kaufen? Was soll's, ich klingle an der Klosterpforte.

Nachdem Schwester Placida mir erklärt hat, dass sie mich von jetzt an konsequent siezen wird, weil das innerhalb der Gemeinschaft so üblich ist, drückt sie mir einen Becher Kaffee in die Hand und sagt: »Mit dem engen Rock wirst du dich bei der Kniebeuge ganz schön auf die Nase legen, wenn du nicht aufpasst.« Sie betreut das Gästehaus und kennt mich, seit ich das erste Mal für ein Wochenende herkam, um mir das Kloster anzusehen.

»Ich habe gewusst, dass du eines Tages zu uns gehören wirst.«

»Ich nicht«, will ich gerade sagen, als sie nach dem Telefonhörer greift.

»Schwester Hildegard kommt gleich; sie bringt dich in deine Zelle im Haus der Novizen.«

Sie sagen tatsächlich »Zelle«. Ich hätte doch noch eine rauchen sollen.

Hildegard, die ich für eine harmlose Person gehalten habe, bis sie »von heute an bin ich als Magistra für Sie zuständig« sagt, klappert mit dem Schlüsselbund, winkt mir, ihr zu folgen, und ich bin drin.

Die Klausur, der abgeschlossene, nur für die Nonnen zugängliche Bereich, verbirgt sich hinter einer schlichten Tür aus gemustertem Glas, nicht unähnlich der, die Linas Oma immer scheppernd hinter sich zuschlägt, wenn sie sich geärgert hat.

»Schwester Antonia wird Ihnen am Nachmittag das Haus und den Garten zeigen. Wir holen erst einmal den Rest Ihres Gepäcks.«

Sie sieht mich ungläubig an, als ich ihr zu verstehen gebe, dass es keinen Rest gibt, weil ich »nur das Notwendigste« wörtlich genommen habe.

»Löblich«, sagt sie im Weitergehen, »es gab welche, die sind mit dem Möbelwagen hier angekommen.«

Ich verkneife mir die Bemerkung, dass es mich beruhigt, meine Sachen in kurzer Zeit zusammenraffen und verschwinden zu können.

Meine Zelle stellt sich als freundliches kleines Zimmer unter dem Dach heraus: schöner alter Holzfußboden, Bett, Schrank, Schreibtisch und Blick über die Wiesen des benachbarten Reiterhofs. Jemand hat eine Vase mit bunten Sommerblumen hingestellt.

»Sie beginnen heute Ihre Probe- und Ausbildungszeit, um gemeinsam mit uns herauszufinden, ob ein Leben als Benediktinerin in dieser Abtei Ihre Berufung ist«, beginnt Hildegard mit ernster Miene zu deklamieren. »Zunächst werden Sie als Postulantin in Zivilkleidung unseren Alltag teilen, am Unterricht der Novizinnen teilnehmen, sich in unsere Lebensweise einüben. Wenn Sie und die Gemeinschaft nach einem halben Jahr der Meinung sind, dass Sie Ihren Weg bei uns fortsetzen sollten, können Sie das Gewand der Benediktinerin mit dem weißen Schleier der Novizin erhalten. Nach weiteren zwei Jahren wird die Gemeinschaft darüber abstimmen, ob Sie zu den einfachen Gelübden, mit denen Sie sich für drei Jahre an unsere Gemeinschaft binden, zugelassen werden. Eine vollgültige Aufnahme mit allen Rechten und Pflichten kann also frühestens nach fünfeinhalb Jahren erfolgen. Prüfen Sie sich gut; wir werden es auch tun. In einer halben Stunde hole ich Sie zur Mittagshore ab.«

Ich nicke beeindruckt und frage mich, ob ich nicht doch erst um den unverbindlichen Probeaufenthalt von drei Wochen hätte bitten sollen.

Das helle Läuten einer kleinen Glocke erinnert daran, zur Gebetszeit aufzubrechen, die in zehn Minuten stattfindet. Als ich die Tür öffne, steht Hildegard davor.

»Ich habe gesagt, dass ich Sie abhole.«

Langsam beginne ich mich darauf zu freuen, ohne Begleitung durch das Kloster zu streifen. Als wir dann durch Türen und Flure laufen, die für mich alle gleich aussehen, bin ich froh, dass mir jemand den Weg weist.

Wir durchqueren die der Kirche zugewandte Seite des

Kreuzgangs, steigen eine schmale Treppe hinauf und lassen zwei ältere Nonnen, die uns freundlich zunicken, vor uns ins »Herz des Klosters« gehen, wie Priorin Germana es genannt hat.

Ich kannte das bislang nur aus der Perspektive der Gästekapelle. Der Nonnenchor bildet innerhalb der Kirche einen Raum für sich, der seitens der Besucher vom anderen Ende des L-förmig angelegten Baus nur mit Mühe eingesehen werden kann, wenn man sich in den vorderen Reihen platziert. Ich habe meistens hinten gesessen. Schon bei meinem ersten Besuch verspürte ich plötzlich den Wunsch, in das gesammelte Schwarz-Weiß auf der Seite jenseits des Gitters einzutauchen und darin unterzugehen. Die eigene Person mit ihren Nöten und Schwächen würde klein und unwichtig werden, stellte ich mir vor, angesichts der Größe und Erhabenheit des nur dem Geistigen dienenden Ortes und der alle Unterschiede auslöschenden Einheit des auf- und abklingenden Psalmengesangs. Ein paarmal bin ich morgens die hundertzwanzig Kilometer über die Autobahn hin- und wieder zurückgerast, nur um mich vor dem Mittagsdienst für eine knappe Stunde diesen Gesängen zu überlassen.

Als ich jetzt die knarrende Schwelle überschreite, nehme ich mir vor, meine Unsicherheit draußen zu lassen, es zu genießen, als säße ich noch immer allein in der letzten Kirchenbank, bis mir einfällt, dass ich nicht mehr daran gedacht habe, Placidas Rat entsprechend, einen anderen Rock anzuziehen. Hildegard nimmt mich am Arm und führt mich zu einem freien Platz am unteren Ende des mit einfachen Ornamenten verzierten Chorgestühls, das sich allmählich mit Schwestern füllt.

Das Klopfzeichen ertönt, ein heller Sopran stimmt den Ton an, alle stehen auf. »Zum Altar wenden«, zischt es neben mir, und wenige Sekunden später: »Verneigen!«

Warum habe ich mich nicht vorher einweisen lassen? Auf der gegenüberliegenden Seite winkt mir jemand mit einer Handbewegung zu, die sich als »halb so wild« deuten ließe. Darf die das? Ich traue mich nicht zurückzugrinsen.

»Du aller Dinge Kraft und Grund, der unbewegt stets in sich ruht …«

Der Hymnus ist schön. Jemand drückt mir ein aufgeschlagenes Buch in die Hand. Soll ich mitsingen? Während ich noch die entsprechende Stelle suche, flüstert mir meine Hinterfrau ins Ohr: »Setzen!«

»In deiner Treue führe und lehre mich …«

Singe ich zu laut?

Zwanzig Minuten und zahlreiche Verneigungen später bin ich nichts als erleichtert, als ich an der Seite einer liebenswürdig lächelnden Nonne, die die Geistesgegenwart hat, mich bei der Kniebeuge mit einem beherzten Griff wieder hochzuziehen, die Kirche verlassen kann. Vielleicht stellen sich die erhabeneren Gedanken ein, wenn ich mit den Riten etwas vertraut bin. Ich werde das lernen!

Noch immer in Zweierreihe, gehen wir schweigend den Gang entlang, vorbei an einer großen weißen Magnettafel, die mit handgeschriebenen Zetteln, Postkarten und Kopien übersät ist. Aus der Ferne klingt Tellerklappern und das dumpfe Rauschen einer Industriespülmaschine.

Wir schwenken links, und ich betrete mit meiner Beglei-
terin als Letzte das Refektorium.

Am Ende der hufeisenförmig angeordneten Tische
wird mir mein Platz zugewiesen, an dem, wie bei allen
anderen, ein weißer Teller mit grünem Tonbecher auf der
blanken Resopalplatte gedeckt ist. Um nicht gleich als
neugierig zu erscheinen, vermeide ich es, in die Runde
der Schwestern zu blicken, die sich, jede hinter ihrem
Stuhl stehend, aufgestellt haben.

Gesang, Tischgebet, »Amen«, Hinsetzen.

Eine Tür an der Seitenwand, die mir noch nicht aufgefallen war, öffnet sich schwungvoll und lässt einen riesigen, mit dampfenden Schüsseln beladenen Servierwagen
herein, den die kleine, mit dem Tischdienst betraute
Nonne tapfer vor sich herschiebt. Vor der Stirnseite
bringt sie ihn zum Stehen, verneigt sich vor der Priorin,
beginnt das Essen zu verteilen.

Aus dem Lautsprecher hinter mir ertönt die Stimme
von Schwester Franziska: »Die Frau mit der Lampe. Das
Leben der Florence Nightingale. Haben wir das Kapitel
mit dem Armenhaus schon vorgelesen?«

Einige nicken in Richtung Fenster, wo die Tischleserin
an einem kleinen mit Leselampe und Mikrophon ausgestatteten Pult sitzt und hektisch blätternd die Stelle sucht,
an der ihre Vorgängerin gestern aufgehört hat.

Es gibt Auflauf. Als die Schüssel bei mir ankommt,
ist er lauwarm. Ich muss an Stefan denken, der mich in
den letzten Wochen dauernd zum Essen einladen wollte,
damit ich mir »ein Polster gegen karge Klosterkost an-
fresse«.

Das hier würde wahrscheinlich ganz passabel schmecken, wenn die Küchenschwester halb so viel Fett gebraucht und das Ganze früher aus dem Ofen genommen hätte.

In die Schublade vor mir, die das für mich bestimmte Besteck nebst Serviette, Schneidbrett und Eierbecher enthält, hat jemand ein Schokoladenosterei gelegt. Wir haben Mitte September.

Florence Nightingale beugt sich gerade über eine dahinsiechende Witwe, als meine Nachbarin mir auf den Arm tippt und Zeichen macht. Es dauert eine ganze Weile, bis ich kapiere, dass sie den Wasserkrug haben möchte, der vor mir steht. »Entschuldigung«, flüstere ich, worauf sie den Finger an den Mund legt und mir bedeutsam zunickt.

Als die Auflaufschüssel ein zweites Mal herumgereicht wird, wage ich nicht abzulehnen, obwohl ich fürchte, dass die Haut auf dem Pudding, der gerade hereingebracht wird, mir alle Selbstbeherrschung abverlangen wird.

Müssen Leute, die keinen Sex haben, nicht wenigstens gut essen?

Plastikwannen mit Spülwasser werden herumgereicht, und ich lerne, dass das zweite weiße Tuch in meiner Schublade keine Ersatzserviette, sondern zum Abtrocknen des Bestecks ist. Als ich an der Reihe bin, schwimmen Fettaugen neben Schaumresten im Wasser.

Ein Glöckchen ertönt, Stühlerücken. Die Gemeinschaft erhebt sich zum Dankgebet, verneigt sich zum Kreuz hin, verlässt schweigend, je zwei nebeneinander, das Refektorium.

Als ich auf den Flur trete, empfängt mich kollektives

Lächeln: Die Schwestern haben sich rechts und links aufgereiht, nach Amt und Alter absteigend, soweit ich das beurteilen kann.

»Nachdem wir bereits miteinander gebetet und gegessen haben, möchte ich Ihnen hiermit unsere neue Postulantin vorstellen ...«

Dass Schwester Germana zwar weisungsbefugtes Oberhaupt der Gemeinschaft, aber nur für drei Jahre als Priorin-Administratorin, statt auf Lebenszeit zur Äbtissin gewählt ist, liegt daran, dass die Nonnen sich nicht darauf einigen konnten, einer aus ihrer Mitte das würdevolle Amt anzuvertrauen. So musste Germana, obwohl ihr das Alter bereits sichtbar zu schaffen macht, als »Platzhalterin und Zwischenlösung«, wie sie selbst es nennt, einspringen. In unseren Gesprächen vor meinem Eintritt hat sie mit ihrer warmen, bayerisch eingefärbten Stimme und scheinbar unerschöpflicher Geduld meine Fragen zu Kloster und Glauben zu beantworten versucht, mich mit einschlägiger Literatur versorgt und mir mit einem liebevollen »Versuchen wir's« den Eintritt ins Kloster gewährt.

Neben ihr: Schwester Subpriorin Radegundis von Waltersleben, zweite Frau im Haus, eine der wenigen, deren Nachnamen ich weiß, weil man wohl doch etwas stolz darauf ist, jemanden aus altem Adel im Haus zu haben.

Sollte ich jetzt etwas sagen?

»Ich freue mich, hier zu sein. Also ... danke ... ich ...«

Germana steuert auf mich zu, hakt sich resolut bei mir unter und führt mich an der Nonnenreihe entlang. Ich schüttle Hände, bekomme ermunternde Worte zugesprochen, werde umarmt.

Aus dem Augenwinkel sehe ich eine, die mich mit vor der Brust verschränkten Armen von Kopf bis Fuß mustert. Sieht nicht gerade so aus, als freue sie sich überschwänglich über den Neuzugang. Habe ich die schon einmal getroffen? Als ich mich ihr zuwenden und sie begrüßen will, ist sie verschwunden. Rock zu kurz, Haare zu wild, Strümpfe kaputt …? Zögernd schaue ich an mir runter, kann aber nichts Anstößiges finden.

Gibt es hier keine bekannten Gesichter? Placida und Paula kann ich nirgends entdecken. Beim Essen habe ich sie noch gesehen. Da kommt Schwester Raphaela, deren freundliche Erscheinung so gar nicht zu der Bezeichnung »Gastmeisterin« passen will, streicht mir über die Wange und versichert, sie werde mich mit ihrem Gebet begleiten. Mir fällt keine passende Antwort ein, und so beschränke ich mich darauf zu nicken.

»Na, sind Sie tatsächlich gekommen?« Schwester Hedwig legt mir beide Hände auf die Schulter. »Aber nicht verbiegen lassen, ja?«

Bevor ich etwas entgegnen kann, zieht mich Germana zur nächsten Schwester, die breit grinsend erzählt, sie sei die Postschwester, und das schon seit über zwanzig Jahren. Der Händedruck könnte glatt von Muhammad Ali in seinen besten Zeiten sein.

»Jetzt muss ich Sie aber doch noch mal in den Arm nehmen, nachher soll man ja Abstand halten, ha ha …«

Ich wünsche mir nichts sehnlicher als eine Pause und nicke dennoch so erfreut wie möglich, als Schwester Hildegard mir mitteilt, dass sie und die Schwestern des Noviziats mich noch zur Rekreation mitnehmen möchten, damit wir uns in der halben Stunde vor der Mittagsruhe bereits etwas kennenlernen.

Der Gemeinschaftsraum für die Novizinnen weicht so sehr von meiner Erwartung ab, dass ich im ersten Moment nicht weiß, ob ich erleichtert oder besorgt sein soll: Teppichboden, Pflanzen, die sich die Wände hochranken, ein Klavier, Kerzen, Fichtenholzmöbel, ein alter Plattenschrank. Auf einem Regalbrett liegt *Asterix und Obelix* auf Lateinisch, es riecht nach Räucherstäbchen. Auf dem Tisch steht eine Schale mit Keksen, drei junge gut aussehende Nonnen mit weißem Schleier sitzen bereits da, als Hildegard Platz nimmt und auf den freien Stuhl neben sich klopft.

»Zur Feier des Tages«, sagt die Schwester mit Nickelbrille, »gibt es Prinzenrolle.«

Sie stellt sich als Schwester Antonia vor, ehemals Latein- und Geschichtslehrerin in Paderborn, die im vergangenen Mai ihre ersten Gelübde abgelegt hat und nach mir die Jüngste ist, sodass sie sich ein wenig um mich kümmern darf, wenn Schwester Hildegard verhindert ist.

»Demnach habt ihr alle drei schon die ersten Gelübde abgelegt und seid nicht mehr Novizinnen im eigentlichen Sinn?«

Schwester Cäcilia, die »Noviziatsälteste«, klingt, als lege sie Wert auf diese Position und macht mich darauf aufmerksam, dass wir uns auch in dieser Runde siezen, weil das hilft, die nötige innere Distanz zu wahren. Als ich zu der Frage ansetzen will, was sie damit meint, stellt sich die dritte Schwester vor, in der ich meine Retterin beim Auszug aus der Kirche wiedererkenne: Maria, seit vier Jahren im Kloster, gelernte Psychologin und derzeit mit der Organisation des Gästehauses betraut.

Ich soll von mir erzählen und flüchte mich zum Thema Arbeit in der Kinder- und Jugendpsychiatrie, weil das unerschöpflich ist und allzu persönliche Fragen verhindert. Cäcilia, die als Sozialpädagogin mit geistig behinderten Kindern gearbeitet hat, nutzt die Gelegenheit, von ihren eigenen Erfahrungen zu berichten. Gern überlasse ich ihr das Feld und merke, wie Maria mich von der Seite schmunzelnd betrachtet.

»Für Schwester Hildegard ist dies heute auch ein Neuanfang«, ergreift sie das Wort, »sie hat mit Ihrem Eintritt das Amt von Schwester Maura übernommen und da ...«

»Höchste Zeit für die Mittagspause!«, sagt Hildegard und schaut auf die Uhr. Das Gespräch endet mitten im Satz, man erhebt sich schweigend, verneigt sich, »Ehre sei dem Vater und dem Sohn und dem Heiligen Geist«, und weg sind sie. Leicht desorientiert steige ich hinter Maria die Treppe hinauf und stelle fest, dass sie das Zimmer links neben meinem bewohnt, während die Magistra die Tür rechts neben meiner öffnet.

Ich bitte sie, noch einen Rundgang durchs Gelände machen zu dürfen, aber sie winkt ab.

»Ruhen Sie sich aus. Schwester Antonia kommt nachher bei Ihnen vorbei.«

Wie lange muss man Postulantin sein, um sich nicht mehr wie ein ahnungsloser Eindringling vorzukommen? Wahrscheinlich bin ich diese Art der Fürsorge nicht gewohnt und sollte dankbar sein, dass man mich nicht mir selber überlässt.

»Herein.«

Drei Uhr. Ich muss fast eine Stunde lang aus dem Fenster geschaut haben, ohne zu merken, wie die Zeit vergeht. Mein zweiter Koffer ist noch immer nicht ausgepackt.

Es klopft erneut.

»Sie müssen schon selbst aufmachen. Hat Schwester Hildegard Ihnen nicht gesagt, dass wir die Zellen der Mitschwestern nicht betreten?«, tönt es durch die geschlossene Tür.

Antonia hat die schwarze Klostertracht abgelegt, trägt einen blauen Arbeitskittel mit Kopftuch, dazu eine Strickjacke, die eindeutig aus nichtklösterlichen Zeiten stammt. In dem Aufzug könnte sie als polnische Erntehelferin durchgehen, wirkt jedenfalls deutlich jünger als mit dem vom weißen Schleier eingerahmten Gesicht. Fast hätte ich sie nicht erkannt.

Wir überqueren den Hof und betreten die um den Kreuzgang angelegten Hauptgebäude. Der Fahrstuhl zur Küche, Baujahr 1964, ist zwei Jahre älter als ich. »Mein Jahrgang«, sagt Antonia, als ich auf das kleine Schild deute, »vielleicht bin ich deshalb beim letzten Gewitter mit ihm stecken geblieben.«

Rechtzeitig bevor ich in Panik verfalle, stößt sie die Türen auf und führt mich in die große, mit modernsten Geräten ausgestattete Küche, in der es nach frischer Minze riecht. Die kleine dicke Schwester, die heute Mittag bei Tisch bedient hat, beugt sich, im gleichen blauen Arbeitskittel, über einen riesigen dampfenden Topf, in den sie mit beiden Händen saftig grüne Kräuter wirft.

»Aus dem eigenen Garten, wird Ihnen schmecken«, erklärt sie eifrig, während sie sich mit ihrer Küchenschürze den Schweiß von der Stirn wischt.

»Gilt während der Arbeit im Haus kein Schweige-gebot?«, frage ich Antonia, als wir die Küche verlassen haben.

»Nicht so streng. Eigentlich soll man sich auf das Not-wendige beschränken, aber das wird unterschiedlich aus-gelegt.«

Im oberen Stock angekommen, klopft Antonia an eine schwere Eichenholztür. »Cellerariat«.

Die Abtei ist ein kleiner Wirtschaftsbetrieb mit unter-schiedlichen Geschäftsbereichen und muss als solcher auch verwaltungstechnisch geführt werden. Schwester Simone, die als Cellerarin, eine Art Finanzministerin des Klosters, dafür verantwortlich ist, führt uns durch mehrere mit großen Schreibtischen, Computern und Aktenschränken bestückte Räume. Würden keine Non-nen darin sitzen, könnte man meinen, man betritt das Einwohnermeldeamt. Bei genauem Hinsehen denke ich, dass im Einwohnermeldeamt keine Kreuze an der Wand hängen und die aufgestellten Bilder Ehemänner, Töchter oder Humphrey Bogart statt Jesus von Nazareth und den heiligen Franziskus zeigen würden. An einem der Schreibtische sitzt eine alte Schwester, die hoch konzen-triert wie in Zeitlupe abwechselnd auf den Bildschirm vor sich starrt oder mit langen spitzen Fingern beinahe ehrfurchtsvoll die Tastatur bedient.

»Schwester Apollonia«, erklärt Schwester Simone mit leicht entnervtem Unterton, »besteht darauf, sich mit ihren vierundsiebzig Jahren noch in den Computer ein-zuarbeiten.«

»Man muss mit der Zeit gehen«, entgegnet die Alte mit funkelndem Seitenblick auf ihre weitaus jüngere Vorgesetzte, »sonst kommt man nicht mehr mit und muss aufs Abstellgleis!«

Antonia erzählt im Weitergehen, dass Schwester Apollonia, in ihrem Hauptberuf Organistin, halbtags in der Verwaltung aushilft, momentan allerdings einer der vielen Gründe ist, weshalb die Kommunität ihre Cellerarin dringend zur Erholung schicken will.

»Ich finde sie ganz sympathisch.«

»Warten Sie, bis sie versucht, Sie zum Musizieren zu überreden. Und noch was: Auf dem Abstellgleis habe ich in den drei Jahren, die ich hier bin, noch keine gesehen.«

Neben dem Cellerariat befinden sich die Räume der Äbtissin. Sie werden zurzeit von Priorin Germana bewohnt, die gerade beim Zahnarzt ist, wie der kleine Zettel mitteilt, der mit Tesafilm an die Türklinke geheftet ist.

Das »Skriptorium« entpuppt sich als großer Leseraum, rundum bestückt mit Regalen bis zur Decke. Nachschlagewerke in jeder denkbaren Ausführung: der große Brockhaus, zwanzig Bände Geschichte der Musik, Kirchenvätertexte, theologische Zeitschriften, je ein Stapel *Geo*, *Osservatore Romano* und *Frankfurter Allgemeine Zeitung*.

»Habe mir schon gedacht, dass ihr nicht die Rundschau abonniert habt.«

»Wir vom Noviziat sollen uns nicht hier aufhalten; wir haben unseren eigenen Studienraum mit der Noviziatsbibliothek. Wenn wir Bücher benötigen, die dort nicht stehen, fragen wir die Magistra.«

»Keine Tageszeitung?«

»Dafür bleibt uns keine Zeit.«

Wir laufen einen Gang entlang, wo rechts Fenster zum Kreuzgarten und links die Türen zu den Zellen einiger Konventschwestern sind. *Sr. Sophia, Sr. Radegundis, Sr. Clementia, Sr. Luise, Sr. Raphaela …* steht auf den sämtlich in der gleichen Schönschrift gehaltenen Holztäfelchen.

Ich will etwas fragen, aber meine Führerin macht mir Zeichen zu schweigen. Dass man vor den Privatzimmern der Nonnen ruhig zu sein hat, leuchtet selbst mir ein.

Wenig später betreten wir einen großen, lichtdurchfluteten Raum mit Ausblick auf den Obstgarten.

»Dies ist der Konventraum. Hier finden die Vorträge des Paters oder anderer Referenten, die Gesangstunden und der Unterricht bei Schwester Hedwig statt. Abends treffen sich die Konventschwestern hier zur Rekreation. An hohen Feiertagen wird das Noviziat dazu eingeladen.«

Bequem aussehende Holzstühle mit lindgrünen Polstern sind zu einem Kreis aufgestellt, in der Ecke steht ein schwarzglänzender Flügel. Ein riesiger Christus am Kreuz hängt auf der weiß gekalkten Stirnwand, gegenüber eine moderne Holzschrankwand, aus der neben Büchern und Schallplatten ein großer Fernseher herausragt.

»Wofür ist der denn?«

»Um zwanzig Uhr läuft hier die *Tagesschau*.«

»Für alle?«

»Für die, die wollen.«

»Auch für die aus dem Noviziat, die wollen?«

»Soweit ich weiß, ja. Ich persönlich nutze die Zeit lieber sinnvoller.«

Falsche Frage, kann ich aus ihrem Blick lesen, habe aber gerade keine Lust, darauf einzugehen.

Neben dem Konventraum liegen die Zimmer der Infirmerie: die Zelle der Infirmarin, zwei rollstuhlgerechte Wohnzellen, Pflegezimmer, die Krankenstation, auf der man sich bei kleineren Blessuren verarzten lassen kann, der Ordinationsraum, in dem Hausarzt Dr. Hartmann alle vierzehn Tage Sprechstunde für die Schwestern hält. Mich wundert's schon gar nicht mehr, als ich erklärt bekomme, dass vorher der Magistra Bescheid gegeben werden muss, wenn man die Absicht hätte hinzugehen.

Ein schmaler, zwischen Westflügel und Kirche gehefteter Bau beherbergt neben dem Aufgang zur Orgelempore auf zwei Etagen die Bibliothek der Konventschwestern: im oberen Teil Theologie und Philosophie, im unteren Kunstbuch und Belletristik. Eine schöne alte Ausgabe von Musils *Drei Frauen* fällt mir ins Auge, doch Antonia rät, erst einmal die monastische Literatur zu studieren, bevor ich Schwester Hildegard um die Erlaubnis bitte, etwas aus dem »weltlichen« Bücherbestand auszuleihen.

Ich beginne mich zu fragen, ob ich nicht doch ein zu großes Stück Eigenverantwortlichkeit aus der Hand gebe.

Im Kreuzgang hallen unsere Schritte von den schmucklosen Wänden wider, als Antonia mir mit gesenkter Stimme erklärt, dass hier strenge Schweigezone ist. Vor dem lebensgroßen Kruzifix an der Stirnseite des Statiogangs, wo die Nonnen sich vor dem Einzug aufstellen, bleibt sie kurz stehen und verbeugt sich. Ich werde Wochen brauchen, um mir die klösterlichen Alltagsgebräuche zu merken. Vom Klosterjargon gar nicht zu reden. Vielleicht sollte man ein Wörterbuch »Monastische Alltagssprache für Neuankömmlinge« entwickeln. Cellerarin, Refektorium, Skriptorium, Lintearium, Silentium, Habit, Skapulier, Offizialin ... Gut, dass ich *Der Name der Rose* gelesen habe! Dass mit »Habit« das bodenlange schwarze Ordenskleid gemeint ist, weiß ich immerhin. Dank Eco kann ich mir auch unter einem Cellerar und dem Silentium etwas vorstellen, aber dass als »Offizialin« bezeichnet wird, wer für einen Arbeitsbereich verantwortlich ist, und »Lintearium« für die Wäscherei steht, darauf wäre ich nie gekommen.

In finem dilexit eos steht in kunstvollen Buchstaben an die Wand neben dem Kreuz gemalt. »Bis zum Letzten habe ich euch geliebt«, entgegne ich, als Antonia Anstalten macht, übersetzen zu wollen. Sie wirft mir einen anerkennenden Blick zu, und ich fühle mich für einen Augenblick nicht mehr wie eine konfuse Zwölfjährige. Hätte nicht gedacht, dass ich noch mal so froh über die sechs Jahre Latein in der Schule sein würde.

Wir öffnen die Holztür zum Kreuzgarten, wo die Rosen noch immer in voller Blüte stehen. Hier möchte ich in warmen Sommernächten unter der Hängeweide sitzen und Rilke lesen oder Tagebuch schreiben, aber vielleicht wäre auch dies in irgendeiner Weise unangebracht.

Eine steinerne Treppe führt in den Keller, zur Waschküche. Antonia erklärt mir gerade, wie ich samstags meine Schmutzwäsche in die nebeneinandergestellten Körbe einsortieren soll und wo ich das jeweils frische Wäschepäckchen finde, als eine schon fast magere Nonne mit weißer Schürze über dem Habit hereingestürzt kommt.

»Ach, da haben wir ja unsere Neue. Geht's gut? Melden Sie sich, wenn Ihnen was fehlt, aber fragen Sie erst Ihre Magistra. Sonst kriegen wir beide Ärger.«

Sie stopft währenddessen in Windeseile Bettbezüge in die riesige Waschmaschine, schlägt geräuschvoll die Klappe zu, tippt auf den Knöpfen herum, rauscht mit »muss schnell die Germana vom Zahnarzt abholen« und einem kräftigen Schlag auf meine Schulter wieder raus. Nicht sehr kontemplativ, aber lustig, mit äußerst lebenstüchtiger Ausstrahlung, würde ich sagen. Die kommt auf jeden Fall auf meine Pro-Liste.

»Das war Schwester Margarita, Infirmarin und zuständig für die Wäsche.«

Sicher nicht Antonias Favoritin unter den Konventschwestern, wenn ich den Unterton richtig interpretiere.

Wir verlassen die Waschküche durch die Hintertür, betreten den Hof, der vom Noviziatshaus, lang gestreckten Bauten mit Imkerei und Wirtschaftsräumen, alten Scheunen, ehemaligen Stallungen und rechtsseitig von einem halbverfallenen großen Gebäude umrahmt wird.

»Kann man da rein? Das sieht aus, als könnte man dort drinnen den Tatort *Mord im Nonnenkloster* drehen.«

Wenn Antonia lacht, kann sie richtig locker und nett wirken. Sollte sie vielleicht öfter tun.

Wir stemmen gemeinsam die aus dicken Holzbrettern genagelte Tür auf, steigen vorsichtig über eine ausgetretene Steinschwelle und tasten uns durchs Halbdunkel des mit alten landwirtschaftlichen Geräten, Kisten und

Gerümpel vollgestellten Innenraums. Das Ganze wird von einem barocken Kreuzgratgewölbe überspannt und erfüllt in jeder Hinsicht die wildromantischen Erwartungen, die es von außen weckt. Eine kleine getigerte Katze kommt angelaufen und streicht uns um die Beine. Ich nehme sie hoch, streiche ihr über das weiche Fell. Als ich sie wieder runtersetze, läuft sie maunzend hinter uns her.

»Schön hier.«

»Ich mag es auch. Mein Traum wäre eine Zelle unterm Dach. Man hätte einen wunderschönen Blick auf den Wald. Leider ist die Restaurierung zu teuer. So viel Geld werden wir wohl nie zusammenkriegen.«

Die so regeltreu und asketisch wirkende Antonia träumt also auch. Beruhigend.

Als wir wieder auf den Hof hinaustreten, kommt uns eine ältere Schwester entgegen, deren schneeweißes Haar unter dem blauen Kopftuch hervorquillt. Auf dem Rücken trägt sie einen gelben mit undefinierbarer Flüssigkeit gefüllten Plastikbehälter, der beinahe größer als die ganze Person ist. Bei näherem Hinsehen erweist sich das Ding als Giftspritze, deren Pumphebel die Schwester leise vor sich hin singend im Takt ihres Liedes betätigt.

»Ich weiß, ihr jungen Dinger habt es nicht gerne, wenn ich mit dem Unkrautvernichtungsmittel anrücke, aber sonst werde ich mit dem Zeug überhaupt nicht mehr fertig.«

Luise, die Gärtnerin, hat ein so strahlendes, gütiges Gesicht, dass man – Gift hin, Gift her – gar nicht anders kann, als sie auf Anhieb gern zu haben.

»Na, macht ihr Klosterbesichtigung?«

Und mit dem Siezen scheint sie's auch nicht so streng zu nehmen.

»Wie gefällt's Ihnen denn bis jetzt?«

»Schöne rätselhafte Welt, voller Fallen«, rutscht es mir heraus, aber sie lächelt nur und nimmt ihr Singen wieder auf, als sie sich weiterpumpend entfernt.

In den Torsturz der kleineren Scheune ist die Zahl 1712 eingemeißelt. Durch das halb offene Scheunentor kann ich den Traktor erkennen, dessen Anhänger mit Apfelkisten beladen ist.

Ob ich mich für die Baugeschichte des Klosters interessiere, fragt Schwester Antonia, worauf ich ihr von meiner Teilnahme an einem Seminar über Klosterbaukunst berichte, das ich in Linas Vorlesungsverzeichnis entdeckt hatte. Hocherfreut über mein Interesse, erkundigt sie sich nach den vorgestellten Anlagen, nennt den mir nur teilweise verständlichen Titel ihrer Promotion über irgendein Detail im St. Galler Klosterplan und verfällt zunehmend in einen engagierten Lehrerinnenton.

»Gegründet wurde das Kloster gegen Ende des dreizehnten Jahrhunderts als Zisterzienserinnenabtei, wie viele der heute noch erhaltenen Klosteranlagen in Deutschland. Eine regelrechte Zisterzienserschwemme hat es damals gegeben. Sie wissen das sicher. Dem aufblühenden benediktinischen Reformorden strebten immer mehr Männer und Frauen zu, was eine Flut von Neugründungen zur Folge hatte. Eine davon ist unser Kloster. Leider fehlen die Aufzeichnungen der ersten vierhundert Jahre, sodass man so gut wie nichts über die ursprünglichen Bewohnerinnen weiß. Schade, nicht wahr? Auf unserem Friedhof haben alte Grabsteine, die man bei Bauarbeiten gefunden hat, ihren Platz erhalten und erinnern an einzelne Namen, soweit man die noch erkennen kann. Ich versuche, das mit Erlaubnis von Schwester Germana gerade etwas zu dokumentieren. Anhand der erhaltenen gotischen Bausubstanz der Kirche und bekannter zisterziensischer Bauschemata kann man sich ein recht gutes Bild der ehemaligen Gesamtanlage machen. Reich war man hier nie. Kein Vergleich mit Anlagen wie Maulbronn, Arnsburg oder Eberbach, die Sie aus dem Seminar kennen. Im siebzehnten Jahrhundert brannten einfallende Soldaten sämtliche Gebäude nieder. Dabei ist wahrscheinlich auch das Archiv verloren gegangen. Der Konvent war vorher geflohen, wurde drei Jahre später wieder zusammengeführt und fand ein Trümmerfeld vor, wo vorher das Kloster gestanden hatte. Mehrere aufeinanderfolgende Bauherrinnen stellten unter vielen Entbehrungen die Gebäude im barocken Stil wieder her und führten die kleine Abtei zu bescheidener Blüte. Eben erst wieder in sich gefestigt, wurde das Kloster im Rahmen der Säkularisation mit seinen Besitzungen einem weltlichen Herrn zugesprochen. Die Nonnen entließ man mit geringer Habe und einer kleinen Pension in die Welt, sie zerstreuten sich spurlos. Es wird überliefert, dass die letzte zisterziensische Äbtissin in Aschaffenburg vereinsamt und verbittert starb.«

Sie hält inne, dreht sich zu mir um und fragt: »Rede ich zu viel? Ermüde ich Sie mit den Details?«

Ich stelle sie mir im Angesicht einer Gruppe gelangweilter Abiturienten beim Geschichtsleistungskurs vor, denen sie mit einem Vortrag über die Cluniazensische

Reform die Notwendigkeit eines historischen Bewusstseins nahezubringen versucht.

»Auf keinen Fall, das interessiert mich sehr!«

Antonia verspricht, mir bei Gelegenheit eine Mappe zu zeigen, in der sie Skizzen und Aufsätze zur Klostergeschichte gesammelt hat, schwärmt von »mit klösterlicher Tradition gedüngtem Boden, auf dem wir weiterbauen dürfen«. Sie hat sich jetzt in echte Begeisterung geredet, schreitet mit ausholender Gestik an den alten Gemäuern vorbei, zeichnet Zahlen und Bilder in die Luft. Ich sehe die alten Zisterzienserinnen aus den Mauerritzen hervorkommen, die Hände grüßend erhoben, als wollten sie uns Segen wünschen für die Fortsetzung ihres vor langer Zeit so unheilvoll abgebrochenen Lebenswerks.

»Wie ging's dann weiter?«

»In den darauffolgenden hundertfünfzig Jahren wechselte das Anwesen mehrmals den Besitzer, die Gebäude verfielen nach und nach. Schließlich kam das Gelände wieder in kirchlichen Besitz, und man verfolgte den Plan, ein geistliches Zentrum zu errichten. Mitte der sechziger Jahre bezog eine Gruppe von Benediktinerinnen das Gelände, um ein weiteres Mal aus den alten Trümmern ein neues Kloster aufzubauen. Eine Pioniertat damals. Aber das hat man Ihnen sicher bereits erzählt. *Lignum habet spem: praecisum rursum virescit.* Das Holz hat Hoffnung: abgehauen, grünt es wieder. Der Vers aus dem Buch Hiob steht auf dem neuen Grundstein und erinnert die Kommunität täglich an die Tradition, die sie hier wieder aufleben lässt. Sie werden merken, wie sehr uns das prägt. Die meisten der Gründerinnen leben noch und berichten gerne von den Abenteuern der Neugründungszeit. Sie sind stolz darauf, in einer Zeit sinkender Kirchenbesucherzahlen einen religiösen Ort mitgeschaffen zu haben, wo Menschen unabhängig von ihrer Konfession Lebens- und Glaubenshilfe finden können.«

Ich nehme mir vor, die Alten bei der ersten Gelegenheit auszufragen.

»Es ist mir schon aufgefallen, dass die älteren Schwestern mit einem guten Selbstbewusstsein ausgestattet sind. Mir gefällt das. Ob wir irgendwann einmal ähnlich zufrieden mit unserer Lebensleistung sein werden?«

Habe ich tatsächlich »wir« gesagt?

Antonia lächelt und sieht plötzlich sehr jung aus.

»Lassen Sie uns weitergehen.«

Sie weist mich auf die Werkstätten hin, die direkt neben dem Noviziatshaus liegen. Hier hat ein Architekt sich darin versucht, moderne Elemente in das ansonsten natursteinerne zweistöckige Gebäude zu integrieren. Früher wurde dort eine Schweinezucht betrieben, bis man der Meinung war, dies passe nicht zu den monastischen Idealen. Es fand sich eine Handvoll finanzkräftiger Spender, die sich willens zeigten, Geld in klösterliche Kunstwerkstätten zu investieren, in denen es weit kontemplativer zugehen konnte als bei der Ferkelaufzucht. Heute ist man stolz auf den »Beitrag zur Pflege des gediegenen Kunsthandwerks«, wie es im Hausprospekt heißt. Ich würde mir das gerne von innen ansehen, aber Antonia macht keine Anstalten reinzugehen, und auffordern mag ich sie nicht.

Bis zur Vesper bleibt uns noch Zeit für einen Spaziergang durch Garten und Obstplantage, über den ich mich freue, obwohl oder vielmehr weil ich dort früher bereits gewesen bin. Lange Reihen von Apfelbäumen ziehen sich über große, leicht ansteigende Wiesen, an der alten Klostermauer stehen Kirschbäume, zum Südflügel hin streckt sich der Birnenhang, unten bei den Gemüsebeeten sehe ich an die zwanzig Pflaumenbäume. Im Frühling muss das hier ein Meer von duftender Obstblüte sein. Aber auch jetzt, im Spätsommer, ist es wunderschön. Stauden in leuchtenden Farben wechseln sich mit hochgewachsenen Rosensträuchern und violetten Lavendelbüschen ab. Am Rand des Weges steht ein alter Baum, dem die Last der rotwangigen Boskoop die Zweige bis zur Erde gebeugt hat.

»Äpfel pflücken ist verboten, ja?«

Antonia nickt.

»Können wir uns den Friedhof ansehen?«

Die kleine Kirchenglocke schlägt einige Male an, wir eilen zum Noviziatshaus. Antonia muss sich noch umziehen, bevor sie mich zur Vesper begleiten kann.

»Morgen finden Sie vielleicht schon den Weg alleine, ansonsten melden Sie sich«, sagt sie, als sie, jetzt wieder mit schwarzem Habit und langem weißen Schleier angetan, neben mir über den Hof läuft. Von allen Seiten eilen Nonnen in Richtung Kreuzgang, wo die Gemeinschaft sich zur Statio versammelt. Vor den zwei Hauptgebetszeiten des Tages, der Messe am Morgen und der Vesper am frühen Abend, stellen sich die Schwestern für einen Moment schweigend hintereinander mit dem Blick zum großen Kruzifix auf, um dann gesammelt und feierlich paarweise schreitend in die Kirche einzuziehen. Von der Gästekapelle aus ist das ein beeindruckender Anblick.

Aus der Innenperspektive komme ich mir jetzt als einzige zivil gekleidete Frau unter dreißig schwarzgewandeten Nonnen etwas deplatziert vor.

Als die Orgel einsetzt, die Kantorin den Gesang anstimmt, packt es mich dann doch. Nach dem zweiten Psalm habe ich weitgehend das Prinzip verstanden, auch die Kommandos von der Seite hören auf, und zum ersten Mal an diesem Tag ist die leise Ahnung wieder da, warum ich mir das Ganze hier antue.

Nach den letzten Tönen des gesungenen Schlussgebets verlasse ich, diesmal wesentlich beglückter und ohne Panne, an der Seite von Schwester Maria die Kirche.

Im Refektorium liest die Tischleserin Artikel aus der FAZ: »Bei einer internationalen Konferenz zum Schutz der Ozonschicht in Montreal unterzeichnen sechsundvierzig Staaten ein Abkommen, in dem sie sich zur schrittweisen Reduzierung der Produktion des für die Zerstörung der Ozonschicht verantwortlichen Fluorchlorkohlenwasserstoffs, in Klammern FCKW, verpflichten.«

Die Vorleserin meistert den halsbrecherischen Satz fehlerfrei mit bewundernswerter Lässigkeit, fügt weitere Nachrichten des Tages an. Gaddafi erklärt den Krieg mit dem Tschad offiziell für beendet; der Dalai Lama besucht Deutschland und weist auf Menschenrechtsverletzungen im besetzten Tibet hin.

»Sind doch Verbrecher!«, schimpft jemand weiter oben am Tisch. Ich will gerade nachschauen, wer das war, als Schwester Priorin Germana mit dem Klopfzeichen das Abendessen für beendet erklärt.

Danach steht anlässlich meines Eintritts »Große Rekreation« mit dem Konvent auf dem Programm.

Der Stuhlkreis ist mit plaudernden Nonnen gefüllt, als ich den Gemeinschaftsraum betrete und sehe, wie die Priorin mich zu dem Platz an ihrer Seite winkt.

»Nach der kurzen Begrüßung heute Mittag möchte ich Sie der Kommunität etwas ausführlicher vorstellen.«

Es wird still in der Runde, als Germana ihr Glöckchen erklingen lässt. Sie berichtet, wie alt ich bin, woher ich komme, dass ich bereits mehrfach als Gast hier war, und fordert die Mitschwestern auf, selbst das Wort zu ergreifen, wenn sie etwas über mich wissen möchten. Gegen aufkommende Fluchtreflexe ankämpfend, versuche ich, so nett und souverän wie möglich zu erscheinen.

»Was haben Sie früher gemacht?«

»Nachklinische Rehabilitation von psychisch kranken Jugendlichen.«

Anerkennendes Nicken von allen Seiten.

»Das war sicher eine schwere Arbeit!«

Schwester Luise sieht in der Ordenstracht noch schöner aus als in ihrem blauen Gartenkittel. Mit ihr würde ich mich gerne einmal länger unterhalten.

Welche Art Ausbildung ich genossen hätte, will Schwester Radegundis wissen, obwohl ich mir nicht vorstellen kann, dass Germana sie als Stellvertreterin nicht ausführlich über mich informiert hat.

»Ach, kein Abitur? Sie sehen gar nicht so aus. Nie Interesse an einem Studium gehabt?«

»Nein. Ich musste früh mein Geld selbst verdienen.«

»Und die lustigen Haare! Nett, aber die kann man doch sicher etwas ordentlicher arrangieren?«

Schwester Hedwig wirft Radegundis einen solch wütenden Blick zu, dass ich fast lachen muss.

»Noch so jung! Hätten Sie sich nicht besser noch etwas die Welt angesehen, bevor Sie mit dem monastischen Leben beginnen?«

Ich erzähle, dass ich im vergangenen Monat zwei herrliche Urlaubswochen hinter meinem zweitbesten Freund Max auf seiner Tausender BMW sitzend verbracht hätte, wobei mir so viel Wind um die Nase geweht sei, dass es für die nächsten Jahre reichen müsste.

»Ist das ein Motorrad?«

Die Schwester scheint geschockt. Wieder nicht den Erwartungen eines hoffnungsvollen Klosternachwuchses entsprochen. Sollen sie doch jungfräuliche Akademikerinnen anwerben, denke ich genervt und verstumme. Schwester Raphaela beantwortet erstaunlich sachkundig für mich die Frage und erzählt begeistert, ihr erster Freund habe eine alte Motoguzzi gefahren und sie sei damit als Zwanzigjährige einmal ohne Führerschein von Nürnberg nach Regensburg gerast!

Etwa die Hälfte der Nonnen lacht.

Margarita, die zehn Minuten verspätet erschienen ist, möchte wissen, wie ich das Kloster kennengelernt habe, eine andere Schwester beglückwünscht Antonia, nun nicht mehr die »Kleinste« zu sein, eine weitere fragt Hildegard, wie es ihr denn an ihrem ersten Tag im Amt der Magistra ergangen sei. Das lenkt glücklicherweise von mir ab. Die Angesprochene stottert unbeholfen etwas von den bestens ausgebildeten drei Schwestern im Noviziat und der guten Amtsübergabe seitens Schwester Maura, die sich als diejenige herausstellt, deren wenig erfreuter Blick mir heute Mittag bei der Begrüßung im Flur aufgefallen war. Sie schaut noch immer so, als hätte jemand gerade in böswilliger Absicht ihren Lieblingspudel überfahren. Hedwig fängt meinen Blick auf, verdreht die Augen.

Jemand bittet darum, dass sich für den kommenden Tag Freiwillige zum Äpfelschälen melden; etwa fünf Nonnen fangen gleichzeitig an zu reden.

Schwester Germana beugt sich zu mir und flüstert: »Haben Sie etwas Geduld mit Schwester Hildegard, die fängt gerade erst an.«

»Sollte die nicht eher Geduld mit mir haben?«

Germana zögert, drückt meine Hand und sagt: »Ich glaube an Sie. Sie werden das schaffen.«

Schwester Hildegard beobachtet uns, während sie auf ihrem Stuhl hin- und herrutscht und nervös mit ihren Händen spielt. Sieht aus, als wäre sie mindestens so unsicher wie ich.

»Alles ein bisschen viel für den ersten Tag, was?«, raunt mir Maria im Vorbeigehen zu. Auf die könnte Verlass sein, das muss ich noch herauskriegen.

Da dies mein erster Abend ist, bin ich von der Teilnahme am Küchendienst des Noviziats befreit. Die Magistra drückt mir zwei Schlüssel in die Hand, fragt, ob ich zurechtkomme, und dispensiert mich vom Nachtgebet und der Laudes am nächsten Morgen. Ich darf mich auf meine Zelle zurückziehen und muss erst wieder um acht Uhr zur Messe auftauchen.

Bevor noch jemand auf die Idee kommt, sich in irgendeiner Form meiner anzunehmen, laufe ich los und bin froh, als ich endlich die Tür zum Innenhof gefunden habe.

In meinem Zimmer steht noch immer der unausgepackte Koffer. Obenauf liegt der kleine Walkman, den Lina mir zum Abschied geschenkt hat. Sie hat eine Kassette hineingesteckt, die einzige, die ich jetzt noch habe.

Als ich die beiden Fensterflügel weit aufstoße, galoppiert hinter der Klostermauer eine Gruppe brauner und schwarzer Pferde den Hügel hinauf. Ich schwinge mich auf die erfreulich breite Fensterbank, sehne mich nach einer Abendzigarette, schaue zu, wie die schnaubenden Tiere hinter einer Baumreihe zum Stehen kommen.

Das ist ein guter Platz.

Aus meinem Kopfhörer klingt Peter Gabriel, »Red Rain«.

Was mache ich hier?

Ursprünglich wollte ich nur ein paar Fragen stellen, als ich die eigenartig gekleidete Frau ansprach, von der mir andere Kursteilnehmer sagten, sie sei Nonne und Benediktinerin und lebe nicht weit von unserem Tagungsort in einem sehr malerisch gelegenen Kloster. Sie leitete den »Arbeitskreis Gregorianischer Choral«, den ich für den Rest der Musiktagung belegte, nur weil mir die hochgewachsene Schwester mit ihren lebhaft gestikulierenden Händen so gut gefiel.

Was das für ein Leben sei, wollte ich von ihr wissen, und ob es zufrieden machen könne, ein Glaubensleben in Gemeinschaft zu führen.

»Zufriedenheit?«, sagte sie, »streben Sie das an?«

Ich hatte bis dahin einiges unternommen, um irgend-

einen Sinn jenseits von Geldverdienen und Sachenan-
häufen zu finden, hatte mich in Zen-Meditation vertieft,
an Gebetskreisen teilgenommen, linksalternative Wohn-
gruppen besucht, mit missionseifrigen Freichristen diskutiert, gegen Atomkraft und Startbahn-West demons-
triert, Hirschbergs gesamte »Geschichte der Philosophie« gelesen. Jetzt stand eine attraktive Nonne um die
vierzig vor mir, die mit zahlreichen anderen Frauen ein
religiöses Leben ohne Privatbesitz führte und dabei eine
Klarheit und Entschiedenheit ausstrahlte, die ich ebenso
verwirrend wie faszinierend fand. Sie wirkte nicht
wunschlos glücklich, strahlte nicht die unerträglich er-
löste Selbstzufriedenheit frommer Leute aus. Sie war
einfach anders. Ich wollte mehr darüber wissen.

»Besuchen Sie mich im Kloster, wenn Sie möchten. Dann können wir uns weiter unterhalten, und Sie
schauen sich das selbst an. Aber erwarten Sie keine
fromme Romantik, die gibt es bei uns nicht.«

Hedwig, die Musikerin mit ihren Melismatischen Gesängen, die Nonne mit den antikapitalistischen Ideen,
eine Frau, die von Gott reden konnte, ohne dass es pein-
lich war. So hat das angefangen.

Etwa acht Wochen später bin ich zum ersten Mal ins
Kloster gefahren. Das war vor zwei Jahren. Ich bin immer öfter dort aufgetaucht, habe zugehört, geschaut,
nachgedacht, gefragt. Nach einer Weile hat Schwester
Hedwig mich an die Priorin verwiesen, weil sie niemanden anwerben wolle und sich weigere, »Eintrittsgesprä-
che zu führen«, wie sie sagte.

Wahrscheinlich ist die Frage, warum man in ein Kloster
eintritt, genauso schwer oder unmöglich zu beantwor-

ten wie die Frage, warum man sich in einen bestimmten Menschen verliebt und nicht in einen anderen, der vielleicht klüger, hübscher, reicher oder sonst wie besser ist. Vielleicht ist es die Faszination des »alternativen Lebens«, die Rückzugsmöglichkeit, der Wunsch, etwas zu entdecken, das man nicht einfach so wegwischen kann, die Suche nach dem Grund des Daseins, nach etwas, das bleibt, der Kampf gegen die Auslöschung der eigenen Existenz.

Germana hat in einem unserer ersten Gespräche zu mir gesagt: »Im Kloster kommt man sehr bald an die eigenen Grenzen.«

Umso besser. Da will ich hin, an die Grenze, und nach Möglichkeit darüber hinaus. Ist das spätpubertärer Quatsch, religiöser Fanatismus, einfach Wahnsinn?

Und dann die Sache mit dem Zölibat. Ist der Preis zu hoch?

Es ist ein Versuch, eine Art existenzielle Expedition mit ungewissem Ausgang. Wir werden sehen.

»Hast du mit deiner Familiengeschichte nicht schon genug durchgemacht?«, fragte Lina, als ich ihr erzählte, ich ginge ins Kloster. »Kannst du nicht versuchen, ein ganz normales Leben zu führen?«

»Was soll ich mit einem ganz normalen Leben?«, habe ich geantwortet, und Lina war den Rest des Abends verstimmt. Sie weigerte sich strikt, auch nur ansatzweise gutzuheißen, was sie meinen »religiösen Aussteigertick« nannte. Trotzdem hat sie mir geholfen, die Wohnung zu räumen und meine Sachen unter die Leute zu bringen. Vielleicht hätte ich versuchen sollen, mehr mit ihr zu reden, aber wie hätte ich etwas erklären sollen, was ich selber im Letzten nicht verstehe?

Jetzt sitze ich hier auf der Fensterbank einer kleinen Klosterzelle und schaue zu, wie die Pferde des Nachbarn langsam in der Dämmerung verschwinden. Wenn ich mich weiter hinauslehne, kann ich sehen, wie im Haupthaus nach und nach die Lichter angeschaltet werden.

Wie wird das weitergehen? Werden Hildegard und ich miteinander auskommen? Ich hasse es, jemandem gehorchen zu müssen! Keine gute Voraussetzung für ein Leben im Kloster, wenn man den Texten der alten geistlichen Meister glauben will. Welche von den Frauen, die ich heute erlebt habe, könnte man fragen, wie sie mit ihrer Sexualität zurechtkommt? Maria? Luise? Margarita? Wie gehen sie im Alltag damit um, Gelübde der »Beständigkeit«, des »klösterlichen Lebenswandels«, des »Gehorsams« abgelegt zu haben? Die meisten der Nonnen sehen nicht so aus, als hätten sie sich selbst aufgegeben. Im Gegenteil.

Ich spule die Kassette zurück. In der Ferne bellt ein Hund, jemand schlägt ein Fenster zu, es riecht nach frisch gemähtem Gras.

Trotz allem ein guter Anfang.

>Red rain is pouring down
Pouring down all over me
And I can't watch any more.«

Es fängt tatsächlich an zu regnen.

Erster Tag, falscher Ton

In meiner Nähe läuten Glocken, der Wecker zeigt zehn vor sechs, frühmorgens, glaube ich, und langsam wird mir klar, wo ich mich befinde. Ich will mich wieder in die Decke einrollen, halte mir die Ohren zu, doch plötzlich sitze ich hellwach auf der Bettkante. Mein Blick fällt auf ein Kreuz, das die Wand neben meinem Bett schmückt. Der tote Jesus, ausgemergelt, den Kopf auf die Brust gesenkt, die Hände von Holznägeln durchbohrt.

Der erste vollständige Klostertag liegt vor mir, vorausgesetzt, dass ich heute Abend noch hier bin.

Jemand schiebt eine Postkarte unter der Tür durch. Picassos Mädchen mit der Taube. Auf der Rückseite steht in einer kleinen, kaum lesbaren Handschrift:

Guten Morgen!
Zur Information: Kaffee steht zur Selbstbedienung im
Refektorium.
Einen schönen Tag wünscht
Ihre Schwester Maria.

Die Holzdielen fühlen sich schön an unter meinen nackten Füßen. Ich suche im Koffer nach frischer Wäsche, nehme das Kruzifix von der Wand und lege es in die Schreibtischlade.

Wo war noch mal das Badezimmer?

An der Tür hängt ein Plan, in den die Hausbewoh-
nerinnen eintragen sollen, wann sie duschen möchten,
aber bitte nicht länger als 20 Minuten und weder vor
5.30 noch nach 22.00 Uhr. Davon muss ich Max erzählen, der sich täglich ärgert, weil einer aus seiner Wohn-
gemeinschaft zur unpassenden Zeit die Dusche blockiert.
Ich trage mich in die zwei verbliebenen freien Felder ein
und beschließe, bei der ersten Gelegenheit nach weiteren
Bädern zu forschen.

Die Haare ordentlich hochgesteckt und mit einem
weiten, gefahrlosen Glockenrock angetan, mache ich
mich auf den Weg ins Haupthaus, wo mir beim Öffnen
der Tür der Duft von frisch gebackenem Brot in die
Nase weht.

*Zur Arbeit sind Sie bitte um 10.00 Uhr vor der großen
Scheune*, steht auf dem Zettel, der an meinem Becher
klebt. Ich würde ihn küssen, wenn mir nicht drei Augen-
paare folgen würden, von denen eines Hildegard gehört,
die mich nachher ohnehin anmeckern wird, weil es unpassend ist, im Refektorium »Wow!« zu rufen.

Vor der großen Scheune, das bedeutet: bei Schwester
Paula, und das hätte ich nicht zu hoffen gewagt. Paula
ist die originellste alte Frau, die mir je begegnet ist: klug,
kauzig, komisch.

Letztes Jahr im Herbst, als ich mich für drei Wochen
zum Lernen im Gästehaus einquartiert hatte, meinte
Schwester Placida, sie werde nur den halben Tagessatz
für mich berechnen, wenn ich ein paar Stunden bei der
Apfelernte mitarbeiten würde. Außerdem täte mir ein

wenig frische Luft gut, und Schwester Paula könne jede Helferin brauchen. So habe ich schon einmal vor der großen Scheune gestanden, sehr unsicher damals, weil ich zum ersten Mal das Klostergelände betreten durfte. Eine kleine, krummbeinige Frau kam hinkend auf mich zu, gekleidet in Arbeitshose und Kittelhemd, die Füße in riesigen grünen Gummistiefeln, über dem blauen Kopftuch einen aus Stroh geflochtenen Tropenhelm.

»Scheiße! Wer hat wieder das Scheunentor offen gelassen?«, brüllte sie und blieb mit vor der Brust verschränkten Armen vor mir stehen.

»Was guckst du so? Hast du noch nie eine Nonne gesehen?«

»Doch, aber die waren alle schön ordentlich in Schwarz-Weiß und ...«

»Haben nicht geflucht.«

»Genau.«

»Du gefällst mir«, sagte sie lachend und schlug mir auf die Schulter, »was machst du hier?«

»Ich soll mich bei Schwester Paula melden.«

»Steht höchstselbst vor dir!«

Lernen fiel flach. Stattdessen verbrachten wir die Tage gemeinsam in der Obstplantage, ich hörte Paulas wilden Erzählungen zu, überlebte ihren unglaublichen Traktor-Fahrstil und lernte, einen Cox Orange von einem Boskoop zu unterscheiden.

Im darauffolgenden Winter habe ich mir beim Äpfelsortieren mit ihr im Gewölbekeller den Schnupfen meines Lebens geholt und fasziniert ihrer Lebensgeschichte gelauscht.

Vier Jahre war sie alt, als ihr Vater, höherer Beamter in

Hamburg, plötzlich an Herzversagen starb. Die Mutter verarmte, zog mit den fünf Kindern zu ihren Eltern ins Rheinland, wo alle, besonders die lebhafte Paula, unter der Enge zu leiden hatten. Paula interessierte sich früh für Bücher und Musik, las alles, was sie in die Hände bekam und brachte sich selbst das Flötespielen bei, als die Mutter ihr den heiß ersehnten Klavierunterricht nicht finanzieren konnte.

Nach der Schule begann sie eine Ausbildung als Jugendwohlfahrtspflegerin. Sie trat in die NSDAP ein, lernte Lieder und Parolen. »Gemeinschaft suchte ich und glaubte das Zeugs«, sagte sie, »aber ich spreche ungern über diese Zeit.« Obwohl ich mehr dazu wissen wollte, wagte ich nicht, sie zu fragen. Sie hatte plötzlich etwas im Gesicht stehen, das ich nicht durchdringen konnte oder wollte. Immerhin hatte sie nichts zu erklären oder zu entschuldigen versucht.

Bei einem Bombenangriff, den sie im Bunker einer Fabrik überlebte, verlor sie alles, bis auf den kleinen Koffer mit ihren Flöten.

Nach Kriegsende wurde sie Flüchtlingsfürsorgerin und begeisterte sich für den Kommunismus.

»Habe nichts ausgelassen«, erzählte sie, »aber mit Marx kam ich der Sache dann schon näher.«

Eines Tages verschlug es sie zufällig ins wenige Kilometer von ihrem Wohnort gelegene Kloster St. Benedikt. Dort traf sie Menschen, von denen sie sich verstanden fühlte, mit denen sie reden konnte.

»Da gab es eine Nonne, Schwester Scholastika hieß sie, die hat mit mir diskutiert, dass die Wände wackelten. Und nach mehreren Wochen schaut die mir gerade ins Gesicht und sagt: ›Paula Achterndorp, ich glaube, Sie will der liebe Gott für sich haben ...!‹ Da war ich zum ersten Mal in meinem Leben sprachlos!«

Sie konvertierte zum Katholizismus, beschloss, im Kloster zu leben, trat als Postulantin ein, wurde aber erst zehn Jahre später vollgültiges Mitglied.

»Das war ein Kampf!«, erzählt sie, »ich hatte ja immer gemacht, was mir passt. Und dann gab es damals noch das in zwei Klassen geteilte Kloster. Wir waren bloß ›Schwestern‹, Nichtakademikerinnen. Die ›Frauen‹ mit ihrem Abitur und den Lateinkenntnissen waren was Besseres, mussten sich die Hände nicht schmutzig machen. Ich brauchte nur Luft zu holen, und schon hat sich jemand über mich aufgeregt!«

Wie sie es dennoch schaffte, sich ins Klosterleben einzufinden, ohne eine Karikatur ihrer selbst aus sich machen zu lassen, das möchte ich sie gerne fragen.

Sie gehörte zu der Gruppe, die zur Neugründung entsandt wurde. Eine Ehre und Herausforderung, die sie mit gemischten Gefühlen annahm. »Abzulehnen, wenn man geschickt wird, das kam nicht infrage. Bei dem Projekt wurden Leute gebraucht, die anpacken. Also ging ich mit.« Kurz darauf wurde im Zuge der kirchlichen Erneuerungsbewegung die Teilung der Gemeinschaft aufgehoben. Alle waren nun Schwestern, unabhängig vom Bildungsstand. Die Oberinnen beauftragten Paula, die Obstplantage samt Imkerei zu betreuen, ohne dass sie auch nur die geringste Ahnung von der Materie hatte.

»In St. Benedikt hatte ich nur in den Kunstwerkstätten gearbeitet, Messgewänder gestickt, Intarsienarbeiten gemacht, an der Töpferscheibe gesessen. Und dann plötzlich Obstbäuerin sein? Aber ich wollte denen zeigen, dass ich was aufbauen kann, und habe mich darauf eingelassen.«

Wie einige andere der älteren Nonnengeneration brachte sie es als Autodidaktin trotz mancher Rückschläge sehr weit in ihrem Bereich und gilt heute selbst beim regionalen Imkerverein als viel gefragte Kapazität. Ihre Äpfel sind in der Umgebung heiß begehrt und finden allein durch Mundpropaganda jedes Jahr reißenden Absatz.

Paula ist wunderbar. Genau das Richtige, um Hildegards Lehreifer zu überstehen.

Der Kaffee ist erwartungsgemäß dünn, aber genießbar und in jedem Fall eine Wohltat am frühen Morgen. Als ich mich daranmachen will, meinen Teller mit Brot, Butter und Käse zu beladen, legt mir Schwester Hildegard die Hand auf den Arm und flüstert: »Frühstück nur bis sieben Uhr dreißig. Sie können nach der Messe schnell etwas essen, aber denken Sie an den Unterricht, der um neun Uhr beginnt.«

An der Statio finde ich meinen Platz ohne Anweiserin, ahne aber bereits, dass mit der Feier der Messe neue komplizierte Gottesdienstriten auf mich warten. Beim Einzug in die Kirche knurrt mir der Magen. So stellt man sich Klosterleben vor: hungrig beten gehen.

Die Schola, die sich im Halbkreis um die Kantorin gestellt hat, stimmt den Introitus an.

»Inclina, Domine, aurem tuam ad me et exaudi me ...«

Das Stück haben wir mit Schwester Hedwig damals im Kurs gesungen. Ein Zufall, dass sie ausgerechnet heute dieses gewählt hat? Nach einem vorsichtigen Seitenblick versuche ich, leise mitzusingen. Die einstimmige Vielfalt der Melodie, der es gelingt, die Bedeutung des Textes in verschlungenen Klangbildern aufleuchten zu lassen, hat mich von Anfang an fasziniert. Dieser Gesang strahlt eine so kraftvolle Ruhe aus, dass ich kurz alles um mich herum vergesse. Es ist genau diese feierliche Schlichtheit, die mich für die benediktinische Form der Liturgie erwärmt hat. Angeblich gilt sie als das »Schwarzbrot« unter den Gottesdienstformen. Ausblühungen sogenannter Volksfrömmigkeit sind dieser Spiritualität fremd, hat Germana mir erklärt: keine Marienandachten, kein gemeinschaftliches Rosenkranzgebet, keine eucharistische Anbetung. Damit kann ich bestens leben.

Ein Geräusch gegenüber lässt mich aufblicken. Schwester Hedwig scheint mit irgendetwas unzufrieden und wirft der neben ihr stehenden Hildegard Blicke zu, die jegliche Ergriffenheit sofort im Keim ersticken. Dass sie Temperament hat, wusste ich, aber bei uns im Kurs war die schöne Choralmeisterin doch deutlich milder. Bin gespannt, wie sie sich beim klösterlichen Gesangsunterricht gibt.

Vorn am Altar hat sich Pater Rhabanus, ebenfalls Benediktiner und seit Jahren als Spiritual der Gemeinschaft tätig, mit ausgebreiteten Armen und der Dynamik einer Schlaftablette zum Segen aufgestellt.

»Der Herr sei mit euch.«

»Und mit deinem Geiste.«

Mit dem Ablauf der Messe kenne ich mich immerhin einigermaßen aus.

Ich war schon als Kind gern in Kirchen, fühlte mich sicher in den mit Stille gefüllten großen Räumen, wo

Lärm und Gewalt scheinbar keinen Zutritt hatten. Meine Großmutter nahm mich, solange Kraft und Gedächtnis sie noch nicht verlassen hatten, ab und zu mit in den Sonntagsgottesdienst der Lutherischen Gemeinde. Ich bat sie anschließend, noch dableiben zu dürfen. Sie freute sich darüber, und ich konnte den Moment hinauszögern, in dem ich wieder nach Hause musste.

Vor drei Jahren bin ich erstmals in einen katholischen Gottesdienst geraten. Meine damalige Vermieterin, eine überaus liebe und feine Frau, die sich rührend um mich kümmerte, hatte mich eingeladen mitzukommen. Mir gefiel die farbenfrohe, sinnliche Feier, die sich sehr von den Gottesdiensten, die ich bisher besucht hatte, unterschied, und ich ging von da an öfter hin. Nach einer Werktagsmesse, die neben mir nur eine Handvoll älterer Damen besucht hatte, sprach mich der junge Priester an, den ich bei einer Veranstaltung der ortsansässigen Grünen schon einmal gesehen hatte. Wir kamen ins Gespräch, trafen uns bald regelmäßig, und nach einem weiteren Jahr bat ich ihn, mich in die katholische Kirche aufzunehmen, obwohl ich meine Zweifel an vielen Lehrmeinungen nicht aufgeben konnte und zahlreiche Fragen offen blieben. Jan störten meine Unsicherheiten nicht sonderlich, und so wurde ich mit seiner Hilfe Katholikin. Er sagte: »Sehnsucht nach Gott genügt, um Christin zu sein.« Ich hoffte, dass er recht hat, und war glücklich, irgendwo dazugehören zu dürfen, wenn auch innerlich randständig. Merkwürdigerweise war er sichtlich entsetzt, als ich ihm vor einigen Wochen erzählte, ich würde es mit dem Klosterleben versuchen. Er war nicht der Einzige. Ungläubiges Staunen, wo auch immer ich es erwähnte: »Ausgerechnet du willst in einem Kloster leben?« Keiner von ihnen hatte je mit einer Klosterfrau gesprochen, aber sie hatten alle »Geschichte einer Nonne« gesehen und glaubten Bescheid zu wissen. Bald gab ich den Versuch auf, zu erklären, dass der Film trotz Audrey Hepburns Rehaugen nicht die ganze Wahrheit vermittelt, und suchte nach ausweichenden Antworten, wenn mich Kollegen oder Bekannte nach meinen weiteren Plänen fragten.

Jemand tippt mir auf die Schulter, ich habe wieder nicht rechtzeitig gemerkt, dass man sich dem Altar zuzuwenden hat. Schwester Luise durchquert den Raum, tritt ans Lesepult und beginnt mit wohltönender Stimme und zweifellos geschulter Artikulation die Lesung aus dem ersten Korintherbrief vorzutragen.

»Einer ordne sich dem andern unter, in der gemeinsamen Ehrfurcht vor Christus …«

Es schüttelt mich. Andererseits, wenn dieser Satz für alle, folglich auch für die Vorgesetzten gilt, könnte er vielleicht doch Sinn ergeben. Trotzdem: Muss es denn immer Unterordnung sein?

Während ich noch weiter darüber nachzudenken versuche, stimmt die Schola das Graduale an:

»Bonum est confiteri Domino …«

Und diesmal vermeide ich es, nach Schwester Hedwigs Reaktion zu schauen. Wie auch immer, ich will unbedingt mehr von diesen Gesängen lernen, und wenn ich mich richtig erinnere, steht bereits heute Nachmittag die erste Stunde Choraltheorie auf meinem Noviziats-Stundenplan.

Nach dem Auszug aus der Kirche sagt mir ein Blick auf die Uhr, dass gerade mal sieben Minuten bleiben, um ein Frühstück zu organisieren. Da ich noch nicht hundertprozentig sicher bin, welcher der kürzeste Weg zum Unterrichtsraum der Novizinnen ist, verzichte ich und erscheine überpünktlich, mit Heft, Kugelschreiber und meiner druckfrischen Ausgabe der *Regula Benedicti* ausgestattet, zum Unterricht. Maria ist bereits da und räumt den großen Tisch in der Mitte frei. Ich bin erleichtert, dass auch die Triennalprofessen noch am Regelunterricht teilnehmen, sodass ich nicht allein mit der hoch motivierten Hildegard hier sitzen muss.

»Danke für die Postkarte, der Kaffee hat mir das Leben gerettet!«

»Alles in Ordnung bei Ihnen?«

»Bis jetzt noch keine weiteren Pannen, das ist doch schon mal was.«

Maria lacht.

Die Magistra betritt, gefolgt von Cäcilia und Antonia, den Raum und erinnert uns, dass das Stillschweigen für die Novizinnen bis Unterrichtsbeginn gilt. Maria, die nicht viel jünger als Hildegard sein kann, blickt errötend zu Boden. Ob dieser Gouvernantenton auf Dauer zu geistlicher Reife führt, wage ich zu bezweifeln, aber vielleicht sucht auch Schwester Hildegard noch nach der passenden Form für ihre neue Rolle.

Fest steht: Ich drücke wieder die Schulbank und blicke jetzt ehrlich gespannt auf die neue Frau Lehrerin.

»Aus aktuellem Anlass möchte ich den Unterricht heute mit einer allgemeinen Einführung in die Regula Benedicti beginnen.«

Die Magistra hat mehrere Bücherstapel um sich herum aufgebaut, legt drei von den Büchern geöffnet vor sich hin und beginnt zu referieren:

»Die Benediktsregel ist ein Werk spiritueller Weisung, das ein geistliches Miteinander ermöglichen will. Die Vermittlung dieser Sinngebung geschieht in konkreten Diktionen, die für den Ablauf eines kommunitären Lebens wichtig sind ...«

Ich bestätige auf ihre Anfrage hin, dass mir die Lebensgeschichte des Benedikt von Nursia geläufig ist, dass ich den Text seiner Regel zwar nicht besonders gut kenne, mir aber klar ist, dass manche Passagen nur zeitbedingt zu verstehen sein können, da sich das Leben einer Ordensgemeinschaft im zwanzigsten Jahrhundert zwangsläufig von dem im sechsten Jahrhundert fundamental unterscheidet.

»Das stimmt einerseits«, entgegnet Schwester Hildegard, »aber das Fundament ist das gleiche. Manche der beschriebenen Alltagsgebräuche, wie das Schlafen in Sälen, das Tragen eines Messers und die Bußordnungen mögen uns antiquiert erscheinen, aber die zentralen Begriffe der Regel wie die Priorität des Gottesdienstes, das Ineinander von Gebet und Arbeit, die Fähigkeit zu hören, das rechte Maß, die Unterscheidungsgabe, die Gastfreundschaft und vieles andere sind damals wie heute aktuell.«

Das klingt spannend, wenn auch vorerst noch etwas abstrakt.

»Sie sollten den Text der Regel in der Studienzeit intensiv lesen und sich zu eigen machen. Er ist die Quelle unserer Spiritualität!«

Schwester Cäcilia schreibt, wie es scheint, jedes Wort mit, dabei müsste die das doch alles schon wissen.

Die Magistra fährt fort, von der Bedeutung der Weisungen des heiligen Benedikt und ihrer Anhänger zu berichten. So sei bis ins zwölfte Jahrhundert hinein die »RB«, wie die *Regula Benedicti* abkürzend genannt wird, für das abendländische Mönchtum maßgebend gewesen. Die Christianisierung Englands sowie des fränkisch-karolingischen Reichs wurde von Benediktinern getragen. Man denke nur an Männer wie Willibrord oder Bonifatius. Im Mittelalter diente die Regel der Benediktiner als Erziehungsbuch für die Söhne des Adels. Aufgrund ihrer nicht nur für die Gestaltung des klösterlichen Lebensvollzugs nützlichen geistlichen Schwerpunkte wie »Discretio«, dem rechten Maß in allem, wurde sie als »Fürstenspiegel«, als Handbuch für weise Herrschaft, benutzt. Die Benediktiner waren von jeher der Pflege der Kultur verpflichtet. Der Vorschrift der »Lectio«, der täglichen Lesung, sei die Rettung und Bewahrung der antiken Literatur zu verdanken. Die Mönche und Nonnen hätten die antike Philosophie in ihren Bibliotheken und Schreibstuben überliefert, seien bis heute führend auf Gebieten wie Bibelwissenschaft, Theologiegeschichte, Ökumene, Liturgie. Ohne die maßgeblich von Benediktinern getragene Liturgische Bewegung, die die tätige Teilnahme der Gläubigen am gottesdienstlichen Leben der Kirche zum Ziel hatte, wäre die Gottesdienstreform des Zweiten Vatikanischen Konzils undenkbar gewesen. Und dann die vielen Heiligen des Benediktinerordens: faszinierende Gestalten, die jede auf ihre Weise die Kirche bereichert und erneuert hätten. Aber davon werde noch ausführlich im Unterrichtsfach Mönchsgeschichte berichtet, das selbstredend auch die Geschichte der Nonnen behandele, denn diese hätten ebenfalls Maßgebliches geleistet.

Mir schwirrt angesichts derart geballter historischer Bedeutsamkeit der Kopf.

Eins war mir bereits bei den Gesprächen mit der ansonsten durchaus kritischen Schwester Hedwig aufgefallen: Sie mögen nicht mit allem einverstanden sein, aber sie sind verdammt stolz auf ihre große Tradition.

Schwester Hildegard bittet Maria, eine Stelle aus dem Prolog vorzulesen.

»Wir wollen also eine Schule für den Dienst des Herrn einrichten.«

Es müssen die Nerven sein, dass ich jetzt anfange zu lachen.

Maria hält inne. »Stimmt was nicht?«

»Kennen Sie den Film ›Blues Brothers‹?«

Ich kann nicht glauben, dass ich das gesagt habe! Alle schauen mich leicht verstört an. Bis auf Maria, die scheint ein Lächeln zu unterdrücken. Ein Fuß unter dem Tisch stößt mich sanft, aber bestimmt gegen das Schienbein.

»Entschuldigen Sie bitte, ich bin ziemlich nervös und müde und wurde gerade an etwas erinnert. Tut mir leid«, stammle ich.

»Passt das jetzt hierher?«

»Ich glaube nicht.«

Hildegard seufzt auf, schüttelt stumm den Kopf und bittet Maria weiterzulesen.

»Bei dieser Gründung hoffen wir,
nichts Hartes und nichts Schweres festzulegen.

Sollte es jedoch aus wohlüberlegtem Grund etwas
strenger zugehen,
  um Fehler zu bessern und die Liebe zu bewahren,
  dann lass dich nicht sofort von Angst verwirren
  und fliehe nicht vom Weg des Heils;
  er kann am Anfang nicht anders sein als eng.
Wer aber im klösterlichen Leben und im Glauben
fortschreitet,
  dem wird das Herz weit,
  und er läuft in unsagbarem Glück der Liebe
  den Weg der Gebote Gottes.«

Schwester Hildegard beginnt einen Kommentar zu der
Stelle von einem vorbereiteten Konzeptblatt abzulesen:
»Die Definition des Klosters als ›Schule für den Dienst
des Herrn‹ zeigt den Sinn des monastischen Lebens als
unaufhörliches Lernen. Man lebt im Kloster, um zu lernen, nicht um zu können. Ziel ist nicht, hart zu sein und
über den Dingen zu stehen, sondern innerlich weit und
frei und mutig zu werden. Der Weg des Glaubens ist ein
Prozess des Reifens, mit dem man nie ans Ende kommt.
Angst und Panik sind da schlechte Ratgeber und begüns-
tigen die Flucht vor sich selber.«

Jetzt ist es an mir, eifrig mitzuschreiben.

Abschließend zitiert Hildegard den Kirchenvater Ba-
silius:

»Wer aufrichtig ist, der setzt sich im Gegenwärtigen
nicht zur Ruhe, sondern sucht immer etwas darüber
hinaus zu tun und sehnt sich nach mehr.«

Mit einem kurzen Abschlussgebet sind alle in die mor-
gendliche Arbeitszeit entlassen.

Bei der Garten- und Feldarbeit, hat Antonia mir erzählt, bestehe kein Rockzwang. Das lasse ich mir nicht zweimal sagen. Wenn ich allerdings zur verabredeten Zeit da sein will, muss ich mich schleunigst umziehen. Hätte nicht gedacht, dass beim Klosterleben bereits um zehn Uhr morgens so etwas wie Hektik aufkommen kann. Was habe ich vor einigen Tagen noch über die ›innere Ruhe‹ bei Teresa von Avila gelesen? Ein weites Übungsfeld tut sich vor mir auf. Umso besser.

Als ich die Treppe in Jeans und Max' altem Pullover hinunterrenne, komme ich mir nicht mehr so verkleidet vor.

Vor der Tür sitzt die kleine Katze von gestern, als hätte sie auf mich gewartet, und begleitet mich schnurrend bis zur Scheune, wo Paula breit grinsend am Traktor lehnt. Statt des gewohnten Tropenhelms hat sie eine dicke Strickmütze tief in die Stirn gezogen.

»Na, Schätzchen, wie geht's dir als Klosterfrau?«

»Müssen wir uns nicht siezen?«

»Tun wir doch auch. Nun werd mal nich komisch.«

»Entschuldige, ich bin vor lauter Regeln ganz durcheinander.«

»Das gibt sich wieder. Fass an!«

Wir laden Holzkisten, Eimer, Pflücksäcke, eine Leiter auf. Paula startet den Trecker und ruft mir zu: »Los geht's!«

Ich setze die Katze auf einen Strohballen und schwinge mich in den klapprigen Anhänger, der sich ruckartig in Bewegung setzt.

Bei den Kräuterbeeten überholen wir eine klein gewachsene, leicht bucklige Frau in Küchenschürze, die ihr graues Haar zu einem altmodischen Knoten gewunden hat. Sie trägt einen Korb mit Grünzeug und redet vor sich hin. Paula winkt ihr zu, sie winkt zurück und fängt laut zu lachen an, als sie mich zwischen den Kisten entdeckt. Ich traue mich nicht, die Seitenwände loszulassen, weil Paula gerade mit Vollgas den Anstieg zur Obstplantage nimmt, wo sie wenig später vor einer Reihe niedrigstämmiger Apfelbäume kraftvoll auf die Bremse tritt.

»Weißt du noch, welche Sorte das ist?«

»Idared?«

»Nee, das ist Berlepsch!«

Sie steigt ächzend vom Traktor.

»Ich sollte da oben sitzen bleiben und nur in der Gegend herumfahren, dann ginge es mir am besten!«

»Wer war die Frau, an der wir vorhin vorbeigefahren sind?«

»Fräulein Johanna, die wohnt hier. Ist ein armes liebes Ding, das uns vor fünfzehn Jahren zugelaufen ist. Stand mit einem alten Köfferchen vor der Tür und bat darum, in der Küche helfen zu dürfen. Schwester Lioba hatte Mitleid mit ihr. Sie durfte gegen Kost, Logis und ein kleines Gehalt bleiben. Heute ist sie unentbehrlich, schuftet den ganzen Tag, hat noch nie Urlaub genommen, obwohl alle ihr zureden. Sie will einfach nicht.«

Wir hängen uns die Pflücksäcke um und machen uns an die Arbeit. Die fehlerfreien Äpfel werden fein säuberlich in die Holzkisten geschichtet, zweite Wahl kommt in die Eimer, um später auf dem klösterlichen Servierwagen beim Frühstück angeboten zu werden.

Paula redet ununterbrochen, erzählt Witze, gibt Anekdoten aus dem Leben einzelner Mitschwestern preis.

Eine halbe Stunde vor Ende der Arbeitszeit lässt sie sich ins Gras fallen, beißt herzhaft in einen Apfel und verkündet, sie hätte für heute genug, nun sei Pause.

Schwester Luise, diesmal ohne Giftspritze, kommt vorbei und bittet, ob sie mich noch kurz ausleihen darf. Sie hat einen großen Blumenkasten umzusetzen und braucht jemanden, der ihr dabei zur Hand geht.

Paula schimpft, sie würde selbst nicht mit der Arbeit fertig werden und sie, Schwester Luise, sei schließlich sieben Jahre jünger als sie und überhaupt …

Luise schaut lächelnd zu ihr hinunter, lässt sie noch eine Weile weiter vor sich hin nörgeln, bis sie ihr sanft ins Wort fällt.

»Paula, was ist denn jetzt?«

»Haut schon ab!«

Wir steigen schweigend nebeneinander den Hügel hinunter, wobei Luise wie gestern eine Melodie vor sich hin summt.

»Schwester, darf ich mir die Treibhäuser ansehen?«

Sie strahlt mich an.

»Aber gerne! Mögen Sie Blumen?«

»Ja, leider verstehe ich wenig davon.«

»Wenn man etwas gern hat, lernt man schnell, richtig damit umzugehen.«

Sie öffnet die Tür des größeren der beiden Treibhäuser und lässt mich vor sich durchgehen, obwohl ich erst gestern gelernt habe, dass immer die Ältere vorgelassen wird. Ich will im Türrahmen haltmachen, doch sie schiebt mich sanft in eine üppig blühende Welt: auf der rechten Seite mannshohe süß duftende Rosenstöcke, auf der anderen Seite bunte Chrysanthemenbüsche in jeder

Größe. Das zweite Treibhaus ist ein Meer aus wucherndem, mit kleinen Farbtupfern durchzogenem Grün. Am hinteren Ende hängt ein langes Brett, auf dem an die dreißig Töpfe mit den prächtigsten Orchideen stehen, die ich je gesehen habe.

»Wunderschön! Wie machen Sie das?«

»Die mögen es warm und feucht, und vermutlich haben sie es auch gern, wenn jemand ihnen etwas vorsingt.«

Sie greift nach einem kleinen Topf, in dem sich aus zwei dicken Blättern eine einzelne Blüte in schillerndem Lila und Gelbgrün hochreckt.

»Hier, die können Sie mitnehmen und sich daran freuen. Wenn die Blüte abgefallen ist, stellen Sie die Pflanze einfach wieder zurück.«

Das Glockenzeichen tönt herüber und erinnert an das Mittagsgebet. Mir fällt ein, dass ich mich noch um kirchentaugliche Kleidung kümmern muss. Ich bedanke mich bei ihr, will gerade eilig die Glastür hinter mir zuziehen, als Luise mich noch einmal zurückruft.

»Sie können gerne jederzeit ins Treibhaus gehen, wenn es Ihnen guttut. Und noch etwas: Lassen Sie sich nicht entmutigen. Aller Anfang ist schwer, auch für Ihre Magistra.«

Ich nicke und wundere mich über die mir ansonsten völlig fremde Regung, jemandem, den ich kaum kenne, um den Hals fallen zu wollen. Bevor ich noch etwas total Blödes von mir gebe, mache ich mich davon.

Nach dem Mittagessen ist das Noviziat samt Magistra zum Äpfelschälen im Gemüsekeller einbestellt. Man fragt mich nach meinem ersten Arbeitsmorgen, spricht über den an Grippe erkrankten Hausmeister, wundert sich über das plötzliche Auftauchen eines fremden schwarzen Katers, dem ein Teil des rechten Ohrs fehlt. Als ich frage, wem die Klosterkatzen gehören, die Hof und Scheunen bevölkern, antwortet Schwester Hildegard, dass selbstverständlich keine der Mitschwestern ein Tier besitze. Im Lauf der Jahre hätten sich halbwilde Katzen angesiedelt, die von dem, was in der Küche abfällt, leben würden. Es sei besser, sie nicht anzufassen; man könne nie wissen, welche Krankheiten da übertragen würden. Sie scheint es ernst zu meinen, und bevor ich die Dummheit begehe, ihr von meiner neuen kleinen Freundin zu erzählen, schweige ich lieber zu dem Thema.

Frau Johanna kommt herein, sieht grußlos zu uns herüber und fängt an, in den mit Einmachgläsern und Konserven gefüllten Regalen zu hantieren. Als ich aufstehe, um sie zu begrüßen und ihr zu sagen, wer ich bin, leuchtet ihr Gesicht kurz auf, während sie mit beiden Händen meine ausgestreckte Hand nimmt und die lange schüttelt, ohne ein Wort zu sagen. Dann greift sie rasch ein großes Glas Mirabellen aus dem Regal und verschwindet.

»Es ist sicher nett gemeint, aber es wäre an mir gewesen, Sie beim Personal vorzustellen«, tönt es von Hildegard herüber, während ich noch immer dastehe und zusehe, wie Johanna die Tür hinter sich zuzieht.

Personal? Ich denke an das, was Luise mir gesagt hat, erwidere nichts und setze mich wieder vor den Eimer mit den Äpfeln.

Wenig später verabschiedet man sich in die Mittagspause und bricht zum Noviziatshaus auf. Antonia erinnert

unterwegs an den Unterricht um fünfzehn Uhr, verge-
wissert sich, dass ich den Weg zum Konventraum alleine
finden werde, ermahnt mich, keines der Gesangbücher,
die im Fach hinter meinem Platz im Nonnenchor liegen,
zu vergessen. Ich beschließe, die Zeit draußen zu verbringen, und biege kurz vor dem Noviziatshaus links
ab, um eine mir noch unbekannte Seite des Kloster-
geländes zu erkunden. Hinter weiteren Gemüsebeeten
ist mir heute Morgen ein kleines, verwildert aussehen-
des Wäldchen aufgefallen, das sich an der Ostseite der
Mauer entlangschmiegt. Ich zwänge mich durch dorni-
ges und wucherndes Gestrüpp, dringe bald ins Innere,
wo eine Hängematte zwischen zwei Bäumen gespannt
ist. Irgendjemand hat sich hier offensichtlich eine heimliche Oase eingerichtet. Das Ganze hat etwas so Stillver-
wunschenes, dass ich mich lieber rasch wieder entferne,
bevor ich noch Unmut auslöse.

Ich laufe weiter an der Mauer entlang, klettere über
heruntergefallene Steine und herumliegende Äste. Bald
bin ich an der Rückseite der kleineren Scheune angelangt,
wo nach einigen weiteren Schritten zwischen Schweine-
stall und großer Scheune der Hundezwinger sichtbar
wird, in dem ein alter Schäferhund mit wachsam aufgestellten Ohren leise knurrend in meine Richtung blickt.
Um zu verhindern, dass er anfängt zu bellen und die
Nonnen bei ihrer Mittagsruhe weckt, spreche ich ihn an
und nähere mich langsam. Der Hund kommt ans Gitter
und lässt sich, nachdem er ausgiebig meine Hand be-
schnüffelt hat, bereitwillig das Fell kraulen.

»Nehmen Sie bitte mal ganz schnell die Hand aus dem
Zwinger.«

Die Stimme hinter mir erklingt so unerwartet, dass ich erschrocken herumfahre, was den Hund dazu bewegt, nun doch heftig zu bellen.

»Eigentlich ist der bissig.«

Schwester Margarita scheint bei näherer Betrachtung mehr verwundert als erbost zu sein.

»Wie kommen Sie dazu, den Hund anzufassen, haben Sie denn gar keine Angst?«

Sie sieht mich ernst an, lächelt dann aber doch.

»Wehe, wenn ich dann Ihre Bisswunden versorgen muss!«

»Mir hat noch nie ein Hund etwas getan.«

»Sagen Sie das mal Ihrer Magistra, die betritt frühmorgens den Hof erst, wenn ich ihr durch das Anschalten der Hoflampe signalisiere, dass ich den Hund eingesperrt habe. Die trifft im Nachhinein noch der Schlag, wenn sie erfährt, dass Sie den Jacko einfach so durchs Gitter kraulen.«

»Sie muss es ja nicht erfahren.«

»Von mir bestimmt nicht.«

Margarita greift in die Tasche ihres Habits, zieht eine große Birne heraus und überreicht sie mir mit dem Hinweis, ich soll sie lieber hinter der Scheune essen, weil mich da keiner beobachten kann.

»Wohl bekomm's, ich mag mutige Frauen!«

Und ehe ich mich bedanken kann, ist sie bereits hinter der Hausecke verschwunden. Es ist locker zehn Jahre her, dass mir jemand eine Birne geschenkt hat. Ich lasse mich unter einen Pflaumenbaum sinken, strecke wohlig die Beine aus und beiße in die goldgelbe Frucht, aus der süß und klebrig der Saft herausläuft. Wenn mir nicht plötzlich die Sorge dazwischengekommen wäre, dass mich Schwester Hildegard später belehren könnte, die Mittagsruhe sei aus irgendwelchen Gründen auf dem Zimmer zu verbringen, wäre ich jetzt beinahe für einige Minuten im Paradies gewesen.

»Wie Sie ja alle wissen, bezeichnet das Punktum die abwärts verlaufende oder tief bleibende Tonbewegung, während die Virga auf eine aufwärtsgehende oder hoch bleibende Melodieführung hinweist. Deshalb werden Sie mir sicher zustimmen, dass an dieser Stelle die Quadratnotation des Graduale Romanum zu korrigieren ist.«

Schwester Hedwig unterrichtet Choraltheorie mit dem gleichen glühenden Eifer, den ich bereits im Seminar schätzen gelernt habe. Cäcilia schreibt wieder unermüdlich mit, Antonia versucht auf Hedwigs Zwischenfragen zu antworten, und Maria, die Mitglied der Vorsängerinnengruppe ist, scheint selbst im Unterricht leicht angespannt auf jede Geste der Kantorin zu achten.

Hedwig singt eine Stelle aus dem morgigen Proprium vor und fordert uns auf, mit einzustimmen.

»Schwestern, das hier ist nicht einfach Musik, das ist Klanggestalt des Wortes Gottes, also gehen Sie entsprechend respektvoll, mit all der Ihnen zur Verfügung stehenden Sorgfalt damit um! Noch mal von vorn!«

Wir arbeiten uns an zwei Zeilen Offertorium ab, bis die Zeit des Unterrichts weit überschritten ist. Die Kantorin dankt für die Aufmerksamkeit, bittet, sich den Introitus der Sonntagsmesse genau anzusehen, und geht mit einem kurzen Nicken in meine Richtung aus dem Zimmer.

Maria und Antonia, die etwas von »spät dran« murmeln, eilen den Flur entlang, Cäcilia schließt die Tür hinter uns, lehnt sich an die Wand, stöhnt auf und drückt ihre Gesangbücher an sich.

Sie wendet sich mir zu.

»Haben Sie irgendetwas von dem, was sie gesagt hat, verstanden? Soll ich Ihnen helfen? Ich habe nach meiner ersten Stunde Choraltheorie geheult, weil ich nicht das Geringste kapiert hatte.«

»Danke, aber mir war das nicht neu. Ich habe vor zwei Jahren mal einen Kurs bei ihr gemacht und mich danach ein wenig mit Gregorianik beschäftigt. Ich schaue mir meine Notizen noch mal durch, und das, was mir unklar ist, kann ich beim nächsten Unterricht die Kantorin fragen.«

Cäcilia starrt mich an.

»Sie kennen Schwester Hedwig privat?«

»Kennen kann man nicht sagen. Ich bin durch sie auf das Kloster hier gekommen. Wir haben uns eine Zeit lang intensiv unterhalten, und ich bewundere ihre Art, Choral zu singen und zu dirigieren. Das ist eigentlich alles. Was ist daran so besonders?«

Mein Satz verhallt im leeren Flur, als ich Cäcilias wehenden Schleier gerade noch um die Ecke verschwinden sehe. Ich muss mit voller Wucht in irgendeinen Fettnapf getreten sein, kann aber beim besten Willen nicht erkennen, in welchen.

»Haben Sie sich schon etwas eingelebt?«

Schwester Hildegard steht, bevor ich das Klopfen beantworten kann, mitten im Zimmer.

»Schwester Antonia sagte, wir betreten die Zimmer der anderen nicht.«

»Ich bin Ihre Magistra. Sowohl ich als auch Schwester Germana haben das Recht, Ihre Zelle zu jeder Zeit zu betreten.«

Sie schaut sich um, und ich rechne fast schon damit, dass sie den Kleiderschrank öffnet, als ihr Blick auf den Walkman fällt, der auf dem Nachttisch liegt.

»Den können Sie ruhig bei mir abgeben. Gerade in der Anfangszeit sollten Sie sich die Stille gönnen, die unsere Art Leben ermöglicht.«

Ich könnte ihr jetzt einfach sagen, dass ich schnell meine beiden Koffer wieder einpacke und mich davonmache, weil meine kleine existenzielle Versuchsreihe bereits nach vierundzwanzig Stunden gescheitert ist. Mein Auto steht noch auf dem Parkplatz. Lina würde sich freuen.

Ohne Musik werde ich es keine Woche lang aushalten, das ist sicher.

Oder doch?

Was passiert, wenn ich auf alle Arten der »Zerstreuung« verzichte: kein Radio, kein Fernsehen, kein Telefon? Werde ich verrückt, oder finde ich etwas heraus? Ich will doch diese Erfahrung der Stille machen, will ohne Ablenkung nachdenken über Gott, mein Leben, die Welt ... erforschen, was wirklich wichtig ist. Lasse ich mich durch den Verlust eines winzigen Kassettenrekorders davon abbringen?

Ich schlucke, greife nach dem Walkman und drücke ihn ihr mit bemühter Lässigkeit in die Hand. Soll die doch nicht denken, dass mir das etwas ausmacht! Sie wickelt das Kabel des Kopfhörers um das Gehäuse, während ich daran denken muss, dass Lina vermutlich mehrere Nachmittage lang geputzt hat, bis sie das Geld für den Apparat zusammenhatte.

Hildegards Zeigefinger deutet auf die kleine Orchidee auf der Fensterbank.

»Wo haben Sie die denn her?«

»Von Schwester Luise. Ich habe ihr heute Morgen beim Treibhaus geholfen.«

»Geschenke, von wem auch immer, sind bei mir vorzuzeigen. Streng genommen besitzt die einzelne Schwester nichts. Dinge für den persönlichen Gebrauch werden von der zuständigen Oberin genehmigt.«

»Die Pflanze ist nur geliehen. Ich freue mich ein paar Tage daran und bringe sie zurück, sobald sie abgeblüht ist.«

Das Gesicht der Magistra überzieht für den Bruchteil einer Sekunde ein milder Hauch, doch sie fängt sich rechtzeitig, senkt die Mundwinkel wieder und weist mich darauf hin, dass ich bitte über die Funktion der Zelle als Ort der Sammlung und der Konzentration nachdenken möchte. Man müsse schließlich den Unterschied zu einem bürgerlichen Wohnzimmer auf den ersten Blick erkennen können.

Den kurzen Impuls bekämpfend, die Orchidee aus dem offenstehenden Fenster zu werfen, lasse ich mich auf den Schreibtischstuhl sinken und nehme mir vor, mit der Übung der monastischen Tugend der inneren Gelassenheit sofort zu beginnen.

»Haben Sie etwas dagegen, wenn ich während der restlichen Studienzeit nach draußen gehe? Das könnte einer

74

der letzten schönen Spätsommertage sein. Ich würde die Bücher mitnehmen.«

Sie hat anscheinend gemerkt, dass ich für den Moment keine weiteren Verbote verkrafte, und gewährt mir den Auslauf. Ich bin kurz davor, ihr dankbar zu sein, bis sie es doch nicht lassen kann, mir noch mit auf den Weg zu geben, dass ich aber gut beraten sei, die wertvolle Zeit des Studierens sehr ernst zu nehmen.

»Selbstverständlich.«

In der Tür dreht sie sich noch einmal um.

»Wo ist das Kreuz hingekommen, das dort an der Wand war?«

»Ich habe es abgehängt. Mir war der Anblick einer ans Holz genagelten Leichenfigur zuwider.«

»Verstehe.«

Sie geht, ohne dem etwas entgegenzusetzen?

Auf dem Hof kommt mir Schwester Placida entgegen.

»Junge Frau, Sie sind gerade mal einen Tag da und sehen schon aus wie drei Tage Regenwetter! Was ist Ihnen denn über die Leber gelaufen?«

Sie lacht, als ich nicht mit der Sprache herausrücken will, und fängt an, von ihrer Zeit als Novizin zu erzählen, als säße ich noch immer bei einer Tasse Kaffee in der gemütlichen Pfortenstube.

»Weißt du, im Hunsrück, da singt man gerne laut und fröhlich, das liegt bei uns im Blut. Meine Magistra ist bald an mir verzweifelt, aber was sollte ich machen? Es kam einfach so aus mir heraus.«

Ich werfe einen besorgten Blick zu den Fenstern des Noviziatshauses hinter mir, was Placida nicht weiter zu stören scheint. Sie berichtet von Mengen zerbrochener Teller, für die man sich im Schuldkapitel selbst anklagen musste, von der ungewohnt harten Arbeit im Kuhstall und davon, dass der Vater beim Fest ihrer Einkleidung mit dem hübschesten Jungen des Dorfes erschienen war, um sie im letzten Moment doch noch von ihrem Vorhaben abzubringen. Endlich lässt sie mich mit dem Hinweis, sie wolle ja nicht immer so viel schwatzen, weitergehen, wobei sie mir mit der Bemerkung »Nun pack mal den Griesgram wieder ein, ja?!« in die Wange kneift.

Unter meinem Pflaumenbaum von heute Mittag beginne ich die Stofftasche mit »einführender geistlicher Literatur«, die Schwester Hildegard mir in die Hand gedrückt hat, auszupacken: *Chorgebet und Kontemplation, Höre, nimm an und erfülle, Benedikt von Nursia – Seine Botschaft heute, Bete und Arbeite, Ordensleben: gestern – heute – morgen* und *Die Benediktsregel mit Deklarationen der Bayerischen Benediktiner Kongregation.*

Ich greife zu *Benedikt von Nursia* und versuche, mich in ein Kapitel über Leben in der Gegenwart Gottes zu vertiefen. Der Autor, selbst Benediktinermönch, versucht, den Weg des heiligen Benedikt zu beschreiben als geglückte Synthese von Aktion und Kontemplation, von christlich motiviertem Handeln und geistlicher Betrachtung, von Mystik und Politik, ein Weg, der keine Trennung von Innerlichkeit und Engagement, von Gottbezug und Stehen in der Welt kennt.

»So ist's recht, immer fleißig lesen, die jungen Leute! Was Sie sich heute geistig aneignen, kann Ihnen morgen keiner mehr wegnehmen!«

Die alte, auf einen abgewetzten Krückstock gestützte

Nonne blickt wohlwollend durch dicke, randlose Brillengläser auf mich und die um mich herum ausgebreiteten geistlichen Traktate. Sie wankt hin und her, als würde sie nur mit Mühe dem milden Spätsommerwind standhalten. Schwester Lioba wurde mir gestern von Priorin Germana als die frühere Cellerarin vorgestellt, deren Tatkraft und Sachverstand es maßgeblich zu verdanken sei, dass das neugegründete Kloster so rasch zu finanzieller Unabhängigkeit vom Mutterkloster und somit zum Status der selbstständigen Abtei gelangen konnte. Nachdem sie vor einigen Jahren das Amt in jüngere Hände abgeben musste, verbringt sie jetzt ihre Tage in der Hauptsache damit, geistliche Werke aus dem Französischen zu übersetzen. Sie muss so um die neunzig sein und erläutert der vor ihr im Gras sitzenden Postulantin in druckreifen Sätzen die Vorzüge des Studierens in der freien Natur.

Ich springe auf, reiche ihr die Hand und versuche, sie dabei so dezent wie möglich davon abzubringen, mich mit ihren überraschend kräftigen Armen an sich zu drücken.

»Kommen Sie, begleiten Sie mich ein Stück. Ich kann auf der Wiese schlecht laufen. Singen Sie gern?«

Die Alte hakt sich bei mir unter und lässt sich bis zum Hintereingang des Südflügels führen, wobei sie mir erzählt, wie sie als junge Novizin während der Studienzeit aus dem Fenster geklettert ist, weil sie bei den Proben der Vorsängerinnenschola zuhören wollte. Als man sie eines Tages erwischte, musste sie zur Strafe zwei Stunden lang in der Küche Kartoffeln schälen, durfte anschließend der Kantorin vorsingen und wurde gleich nach ihrer Profess selber Vorsängerin. Singen sei für sie immer das Schönste gewesen. Früher habe man noch weite Teile der Gesänge auswendig gekonnt. Sie gibt ungefragt eine Kostprobe und entwickelt eine solch scheppernde Lautstärke, dass ich mich um den Seelenfrieden der hinter der Klostermauer grasenden Pferde sorge.

»Laetare, Jerusalem …!«

Zum Abschied tätschelt sie mir mit ihrer runzeligen Hand den Arm, versichert, ich sei ein »liebes Mädchen«, und ermahnt mich, nun brav weiterzustudieren. Das Noviziat sei die schönste und wichtigste Zeit im Leben einer Ordensfrau.

Ich beschränke mich auf ein Lächeln und will zu meinen Büchern unter den Pflaumenbaum zurückkehren, als ich im Vorbeigehen in die weit offen stehende Tür des Schweinestalls hineinsehe. Schwester Clementia, eine stark verschmutzte Plastikschürze über dem schäbigen blauen Kittel, hantiert mit Schaufel und Eimern, wobei sie liebevoll auf ein nicht sichtbares Wesen einredet. Als sie mich bemerkt, bittet sie mich in den Stall, aus dem jetzt ein heiseres Schnaufen dringt.

»Früher hatten wir ganz viele, die sind alle weg, weil Kunst passender für das Kloster sein soll. Ich fand Tiere besser. Guck mal, das Gefleckte, das ist schlau. Es findet als Einziges die Mohrrüben, die ich verstecke. Die anderen sind blöd; deshalb haben die auch keine Namen.«

Ich kann gerade noch auf die Seite springen, als drei fette Schweine auf mich zugerannt kommen.

Tatsächlich fängt Clementias Intelligenzbestie nach kurzer Zeit an, schmatzend eine Möhre zu kauen. Ich versuche, die zitternden Knie in meine Gewalt zu bringen, die Atmung wieder in Gang zu setzen. Max, dessen Familie einen Bauernhof hat, erzählte einmal, vor einem wild gewordenen Schwein fürchte sich selbst sein Onkel, und der habe ansonsten nicht einmal Angst vor einem Stier.

Schwester Clementia sieht mich erwartungsvoll an.

»Ein hübsches Schwein, wie heißt es?«

»Hans-Peter.«

»Ein Männchen?«

»Nein, aber so macht es mehr Spaß.«

Sie poltert mit ihren Blecheimern an mir vorbei. »Sie sind nett. Lachen auch mal. Nicht so wie die, die letztes Jahr hier war. Na, ist bald wieder weggegangen, hab ich gleich gewusst.«

»Wie war die denn?«

»Sah aus wie eine, die Visionen beim Frühstück hat.«

»Und wie sehe ich aus?«

»Keine Visionen.«

Sie kippt Essensreste in die Tröge, über die sich die Tiere grunzend hermachen, legt noch eine Handvoll Möhren ins Stroh und verlässt nach mir den Stall, der sorgfältig mit einem Vorhängeschloss abgesperrt wird.

Als ich zum Pflaumenbaum und zu meinen Büchern zurückkehre, läutet es zur Vesper.

»Das wirkte in der Kirche doch schon ganz routiniert.«

»Findest du? Entschuldige, finden Sie? Ich bin schon froh, wenn ich keinen Anstoß errege und mir kein Gemecker anhören muss.«

Maria geht neben mir über den Hof zur abendlichen Rekreation ins Noviziatshaus, verlangsamt auffällig das Tempo und bringt mehr Abstand zu den vor uns laufenden Mitschwestern.

»Hören Sie, Schwester Hildegard fängt gerade an. Sie war lange zum Studium fort und muss ihren Platz in der Gemeinschaft, im Amt der Magistra, erst finden. Es ist nicht leicht, die Nachfolgerin von Schwester Maura zu sein. Maura hat seit der Neugründung eine ganze Generation von Schwestern geprägt, weshalb sie von einigen hier sehr verehrt wird.«

»Die unfreundliche alte Nonne mit dem verkniffenen Gesicht?«

»Sie trägt schwer am Verlust ihres Amts, nehmen Sie das nicht persönlich.«

»Haben Sie die ehemalige Magistra auch verehrt?«

»Ich war nicht der Typ, mit dem sie gut zurechtkam: zu wenig ›alte Schule‹, zu viele neue Ideen. Dass ich an Schwester Mauras Führungsstil nicht zugrunde ging, betrachte ich als den Beweis, dass ich tatsächlich zum Klosterleben berufen bin. Sonst hätte ich es keine zwei Monate ausgehalten.«

Ich bleibe stehen und sehe sie an. Ihre Stimme geht in kaum hörbares Flüstern über.

»Ich wollte oft aufgeben, weil ich glaubte, am Ende zu sein. Aber ich bin nicht wegen eines Menschen gekommen, und ich wollte nicht wegen eines Menschen wieder gehen. Die Magistra ist nicht von wesentlicher Bedeutung, glauben Sie mir. Wenn Sie mit der nicht zurechtkommen, dann soll Sie das vielleicht ermutigen, innerlich selbstständig zu werden.«

Bislang war ich der Meinung, die »Geistliche Meisterin« sei als Hilfe gedacht, den Weg ins Klosterleben zu finden, nicht als etwas, das es zu überstehen gilt.

Wir sind kurz vor der Tür angelangt, wo Hildegard mit

fragendem Gesichtsausdruck auf uns wartet. Maria geht nahtlos dazu über, mir zu erklären, dass am Sonntag die Vesper eine Stunde früher beginnt, und wirft ihrer neuen Magistra ein strahlendes Lächeln zu.

Im Noviziatsraum sitzen Cäcilia und Antonia diesmal ohne Keksschale am Tisch und diskutieren über die Lehre der sieben Laster bei Evagrius Pontikus. Ich brauche den Bruchteil einer Sekunde, um zu realisieren, dass hier nicht von Fahrzeugen die Rede ist.

Schwester Paula hat recht: »Was du hier brauchst, ist Sinn für Komik und die Fähigkeit, über dich selbst zu lachen.«

Nach der Rekreation versammeln sich Cäcilia, Maria, Antonia und ich in der »Kalten Küche« zwecks Vorrichtens des morgigen Frühstücks für Kommunität und Gästehaus.

Antonia drückt mir entschuldigend lächelnd eine riesige geblümte Schürze in die Hand, die mich erneut an Linas Oma denken lässt. Während die anderen ihre schlichten weißen Klosterschürzen umbinden, beginne ich mich nach der Zeit zu sehnen, in der dieses alberne Postulantinnendasein hinter mir liegt und ich in der Menge der monastisch Gekleideten aufgehoben bin.

Die bodenlangen schwarzen Gewänder, in der Taille von einem breiten Ledergürtel zusammengehalten, der über die Schulter fließende Schleier und das von weißem Leinen eingerahmte Gesicht besitzen eine zeitlose Eleganz, die selbst jeder noch so aus der Form geratenen Figur den Hauch vornehmer Würde verleiht. Ich habe stets jede Art von Uniform verabscheut, aber die Nonnentracht hat etwas von einer Harmonie, die faszinierend ist. Oder erschreckend?

Cäcilia drückt mir ein Tablett mit halbzerlaufenen Butterresten vom Gästetisch in die Hand, die ich in vorbereitete Schälchen streichen soll. Als die Küchenschwester erscheint und bittet, jemand möge den Geschirrwagen aus dem Gästehaus abholen und zehn saubere Frühstücksteller mitbringen, bin ich froh, dem Butterschmieren entkommen zu können. Ehe Schwester Cäcilia sich mit ihrer Autorität als Noviziatsälteste bemerkbar machen kann, laufe ich los.

Am Ende des langen, überdachten Gangs steht die Klausurtür offen, durch die ich erst gestern Morgen hereingekommen bin. Das scheint eine Ewigkeit her zu sein. Da niemand zu sehen ist, betrete ich, ohne zu klingeln, das Gästehaus. Der mit Geschirr und Essensresten beladene Wagen steht in Sichtweite vor der Pfortenstube, in der ich mich gut auskenne. Hier habe ich Schwester Placida oft beim Tischdecken oder Teekochen geholfen. Im hinteren Schrank sind bald die gewünschten Teller gefunden, die ich mir gerade auf den Arm lade, als die entsetzte Stimme meiner Magistra mich beinahe dazu bringt, den Stapel fallen zu lassen.

»Was machen Sie denn hier?«

»Teller holen.«

»Sind Sie sich im Klaren, dass das unerlaubte Verlassen der Klausur ein schweres Vergehen darstellt?«

»Schwester, nun bleiben Sie mal locker. Ich habe mich ja freiwillig hinter eine Mauer sperren lassen, aber wenn ich die heiligen Hallen für zwei Minuten verlasse, um Geschirr zu holen, wird mich das nicht sofort zur Sünderin machen. Ist ja sonst keiner hier, der mich vom Pfad der Tugend abbringen könnte.«

Die Magistra verfärbt sich glutrot.

»Zum einen sollten Sie über den Ton nachdenken, in dem Sie mit mir sprechen. Zum anderen müssen wir uns gleich morgen ausführlicher über den Wert und die Bedeutung der Klausur unterhalten. Sie soll uns keineswegs einsperren, sondern einen Schutzraum gewähren. Deshalb sind die Vorschriften der Klausur unbedingt einzuhalten und niemals eigenmächtig aufzuheben. Nur so können sich die Schwestern gegenseitig den Raum der Stille und der Besinnung schenken, der unser Leben kennzeichnet.«

Ich denke kurz daran, wie Schwester Clementia vorhin laut über ein verloren gegangenes Postpaket schimpfend durch die Spülküche gewirbelt ist, verkneife mir aber lieber jeglichen Kommentar und mache mich – ohne Teller – davon.

Als ich verkünde, es müsse jemand anders die Sachen aus dem Gästehaus holen, und mich stumm wieder an die Butterschälchen begebe, tritt Maria neben mich und legt mir die Hand auf die Schulter. Cäcilias missbilligenden Blick ignoriert sie.

»Was ist passiert?«

»Regeln, Regeln, Regeln ... man bewegt sich immer am Rand der Überschreitung!«

Ich berichte kurz und schließe mit der Bemerkung, dass ich für so etwas nicht geeignet sei.

»Denken Sie noch daran, was ich Ihnen vorhin gesagt habe? Solche Vorkommnisse fallen auf Schwester Hildegard zurück, wenn es von der Falschen beobachtet wird.

Ihr wird angelastet, wenn sie ›neue Sitten‹ im Noviziat einreißen lässt. Lassen Sie ihr und sich etwas Zeit.«

Bevor mir Marias verständnisvoller Ton auch noch auf die Nerven geht, sage ich ihr, es sei schon gut, und halte mich für den Rest des Küchendienstes an das klösterliche Schweigen.

Als ich zögernd den Konventraum betrete, empfängt mich der freundliche Gruß von Schwester Oberin Germana. Vor dem laufenden Fernseher sitzen im Halbdunkel mehrere Nonnen, die gebannt der Werbung einer Bausparkasse lauschen.

Ich setze mich auf einen freien Stuhl in der hinteren Reihe und merke erst jetzt, wer auf dem Nachbarstuhl Platz genommen hat. Die Frau muss die Gabe besitzen, an mehreren Orten zugleich aufzutauchen. Langsam beginne ich zu fürchten, das Kloster könnte zu klein sein, um Schwester Hildegard und mich gleichzeitig zu beherbergen.

Sie beugt sich zu mir herüber und flüstert:

»Tut mir leid wegen vorhin, ich hätte Sie nicht so anfahren müssen.«

»Tut mir auch leid, ich wollte nicht respektlos erscheinen.«

Sie sieht mich dankbar an. Wahrscheinlich hat sie etwas mit den Augen oder so, jedenfalls weigere ich mich, darüber nachzudenken, ob sie geweint hat, weil das lächerlich wäre.

Dagmar Berghoff berichtet von Hilfslieferungen, die das US-amerikanische Repräsentantenhaus den in Nicaragua kämpfenden Contra-Rebellen zugebilligt hat.

Eine Brennelementefabrik in Hessen, die wegen Sicherheitsmängeln stillgelegt worden war, kann ihren Betrieb wieder aufnehmen.

»Vielleicht sollte man doch lieber Grün wählen«, klingt es zu mir herüber.

Der Mann vom Wetterdienst kündigt ein weiteres Hochdruckgebiet an, als die Nonnen eine nach der anderen aufbrechen. In wenigen Minuten müsste die Glocke zu Komplet und Vigilien, den Nachtgebeten, läuten. Germana sitzt noch und beginnt in den Programmen zu zappen.

Ich will mich gerade auf den Weg machen, da tritt die Magistra neben mich.

»Mit wem haben Sie da heute Nachmittag auf dem Hof gesprochen?«

Im ersten Moment weiß ich gar nicht, was sie meint.

»Mit Schwester Placida.«

»Der Kontakt zu den Konventschwestern sollte sich auf die beschränken, bei denen Sie arbeiten. Längere Gespräche bedürfen auch da meiner Erlaubnis.«

Scheinbar kann sie nicht anders, sie muss doch noch mal eins draufgeben.

»Was ist daran schlimm, einer Schwester, die man vom Gästehaus kennt, etwas zu erzählen?«

»Sie sollen die nötige Freiheit behalten, uns wieder verlassen zu können, ohne dass emotionale Bindungen an einzelne Mitglieder der Kommunität es Ihnen erschweren.«

Mag sein, dass darin irgendein Sinn liegt, aber die persönlichen Gespräche allein auf den Kontakt mit Schwester Hildegard zu beschränken, würde aus der nötigen

Freiheit den Zwang zum Gehen machen. Im Übrigen scheinen etliche der Konventschwestern das Kontaktverbot zu den Novizinnen nicht allzu eng zu sehen. Trotzdem: Bin ich gezwungen, bei jeder Begegnung darauf zu achten, dass Hildegard davon nichts mitkriegt?

Und dann muss ich mir noch sagen lassen, dass ich mein negatives Verhältnis zur Autorität überdenken soll, um tiefe geistliche Erfahrungen mit dem Ordensleben machen zu können. Mir reicht's! Ich will hemmungslos rauchen, will Peter Gabriel in voller Lautstärke hören, mit Max um die Häuser ziehen und mich nie wieder bevormunden lassen!

»Nicht aufgeben«, flüstert es neben mir, als ich im Vorbeigehen einen zusammengefalteten Zettel in die Hand gedrückt bekomme.

Wir müssen unsere Segel in den unendlichen Wind stellen,
erst dann werden wir zu voller Fahrt in der Lage sein.
Alfred Delp,

lese ich und schaue abwechselnd auf das kleine Papier und die davoneilende Schwester Raphaela. Keine Ahnung, was der Spruch bedeutet, aber später werfe ich ihr in der Kirche ein gerührtes Lächeln zu.

Vielleicht bleibe ich noch.

3

Die Novizin im Spiegel

Das vierte Mal in diesem Monat, dass ich verschlafe und noch dazu an einem Sonntag. Damit halte ich den Noviziatsrekord. Warum kann ich mich nicht daran gewöhnen, frühmorgens um halb sechs aufzustehen? Die Magistra wird wieder den Eifer für den Gottesdienst anmahnen, und die von der strengen Fraktion werden Hildegard vorwerfen, sie hätte ihre Postulantin nicht im Griff. Dabei wollte ich gerade jetzt einen guten Eindruck auf alle machen. Ungewaschen und nur notdürftig gekämmt, nehme ich zwei Treppenstufen auf einmal, renne fröstelnd über den Hof, versuche mich zu erinnern, wer für diese Woche zum Kaffeekochen und Frühstückvorbereiten eingeteilt ist. Noch vor einem halben Jahr wäre ich ohne meinen Lidstrich nicht einmal Brötchen holen gegangen. Durch die halb offene Küchentür sehe ich Maria. Ich stoppe, stecke den Kopf herein, winke ihr zu. Wortlos reicht sie mir einen Becher heißen Kaffee und macht Zeichen, dass ich mich beeilen soll.

Zu Beginn des zweiten Psalms schlüpfe ich so leise wie möglich durch die hintere Kirchentür, verneige mich, murmle ein zerknirschtes »Tut mir sehr leid« vor Priorin Germana und verfluche innerlich meinen Platz, der mich zwingt, vor aller Augen die ganze Länge des Nonnenchors abzuschreiten.

Schwester Hedwig blickt von gegenüber missbilligend über den Rand ihres Gesangbuchs, senkt schließlich verhalten schmunzelnd den Blick, nachdem ich ihr mein reumütigstes Gesicht entgegengehalten habe. Die ist besänftigt.

»Ich erhebe dich, Herr,

denn du zogst mich empor aus der Tiefe,

du ließest nicht zu, dass über mich meine Feinde frohlocken.«

Ein gutes Omen? Da bejubelt der Psalmist, dass er der Schadenfreude seiner Gegner entzogen wurde, da findet einer Trost und Befreiung. Vom ersten Tag an mochte ich diese alten Psalmtexte, denen ist nichts fremd: Es wird geflucht, gezürnt, verwünscht, geliebt, angeklagt und gejubelt. Sie haben im klösterlichen Alltag eine solche Präsenz, dass sie auch dann noch durch den Kopf geistern, wenn man gerade mal nicht mit Psalmenrezitation beschäftigt ist. Textfetzen ziehen durchs Hirn, krallen sich fest, verselbstständigen sich, mutieren zu neuen Bildern.

Hedwigs kräftiger Alt übermalt die zarten Sopranstimmen von Hildegard und Cäcilia, die heute mit ihr die Vorsängerinnengruppe bilden. Wie kann man so früh am Morgen bereits derart gut bei Stimme sein? Paula behauptet, Schwester Hedwig würde ab fünf Uhr ihre Zellennachbarinnen mit Stimmübungen nerven und sämtliche Beschwerden mit dem Hinweis abschmettern, das sei schließlich beispielhafter Einsatz für das gemeinschaftliche Gebet.

Die Magistra scheint mich noch nicht bemerkt zu haben.

Warum mache ich das noch immer, sitze schlaftrunken

in einer mäßig geheizten Kirche, versuche dem Psalm, der gerade gesungen wird, Bedeutung abzugewinnen und ängstige mich, weil mir die Zulassung zur Einkleidung verweigert werden könnte. Warum wünsche ich mir, dieses Nonnenkleid tragen zu dürfen? Um endlich sichtbar dazuzugehören? Eine Schwelle zu überschreiten, die dieses Gewand für Außenstehende darstellt? Schutz, Versteck, Aufbruch zu neuen Ufern?

Als Janwillem van de Wetering bei seiner Ankunft im Zen-Kloster sagt, er wünsche den Sinn des Lebens zu finden, bekommt er von seinem Meister zur Antwort, die Ausbildung im Kloster diene dazu, in sich selbst die Tasse zu formen, in die der Tee, der seinen Durst zu löschen vermag, gefüllt werden kann. Ist es das, was ich will? Wenn ja, ist dies die Art Ausbildung, die mich dazu befähigen wird, ein tragfähiges Gefäß zu bilden, das Wissen, Glauben oder Sicherheit beinhalten könnte? Sinnstiftendes Dasein? Tiefere Einsicht in die Zusammenhänge? Viel eher will mir scheinen, dass ich teilweise in pubertäre Verhaltensweisen zurückfalle, von denen ich glaubte, sie längst hinter mir gelassen zu haben. Die Magistra hat erst letzte Woche gewarnt, das viele »Warum?« würde es mir unmöglich machen, etwas fraglos anzunehmen. Sie war bestürzt, als ich ihr entgegnete, dies könnte nie mein Ziel sein. Verlangt die intellektuelle Redlichkeit nicht, den Dingen auf den Grund zu gehen, es wenigstens zu versuchen? Glauben, ohne zu hinterfragen, das gebe innere Sicherheit, sagte sie, aber das würde ich wahrscheinlich erst verstehen, wenn ich länger dabei sei. Da habe ich den Versuch aufgegeben, mich ernsthaft mit der Frau auseinanderzusetzen, die mich als geistliche Lehrerin durch die Zeit der Einübung ins Klosterleben begleiten soll. Kein Interesse an dieser Art Gläubigkeit.

Trotzdem: Es ist die erste Gemeinschaft von Menschen, in die ich hineinzuwachsen versuche; so schnell will ich nicht aufgeben. Das Leben mit anderen teilen, nicht allein für mich sein. Ich hab keine Lust mehr auf Steppenwolf – jetzt will ich mich als Teil einer Kommune versuchen. Es muss mehr zu finden sein, als mir nach diesen ersten Monaten scheinen will. Mit der Einkleidung gehe ich noch keine Bindung ein. Ich kann jederzeit ohne Angabe von Gründen wieder gehen, gehöre nur äußerlich dazu. Übungszeit für den Ernstfall. Warum also jetzt aufgeben?

Abends im Bett fühle ich mich hin und wieder verdammt allein. Ansonsten mag ich das Klosterleben. Meistens. Gelegentlich finde ich es sogar wunderschön. Weihnachten zum Beispiel. Ich habe es früher gehasst, dieses emotionsgeladene Familienfest, an dem mit dem Alkoholspiegel die Wut des Vaters noch schneller stieg als an gewöhnlichen Tagen. Je mehr man auf der Hut war, desto eher brach es über einen herein. In den Jahren, in denen ich allein war, fand Weihnachten nicht statt, ich lehnte gut gemeinte Einladungen von fürsorglichen Menschen ab, versuchte die Innenstadt weiträumig zu umgehen und nahm Kerzenlicht, kitschige Musik und buntverpackte Gegenstände möglichst nicht zur Kenntnis. Weihnachten im Kloster ist anders. Je mehr es auf das Fest zugeht, desto stiller wird es. Selbst die Orgel schweigt im Advent. Das Buch Jesaja bestimmt mehr und mehr die Texte von Messe und Stundengebet, es wird sehnsüchtig, erwartungsvoll, kämpferisch:

»Um Zions willen kann ich nicht schweigen
und um Jerusalems willen nicht ruhn,
bis ihre Gerechtigkeit hervorbricht wie ein Licht,
ihr Heil wie eine lodernde Fackel.«

Nichts von rot-weiß-goldener Süßigkeit! Am vierund-
zwanzigsten Dezember liegt die Stille wie eine Decke
über dem Kloster, während Schwester Luise ihre wür-
zig duftenden Tannengestecke im Haus verteilt. Abends
um sieben ist Ruhe angesagt, die Nonnen gehen ins Bett.
Wer kann, versucht ein wenig zu schlafen. Kurz vor drei-
undzwanzig Uhr wird jede Konventschwester nach ur-
alter Tradition mit dem Spruch geweckt:

»Verbum carum factum est. Alleluja! Das Wort ist
Fleisch geworden. Alleluja!«

Sie antwortet: »Et habitavit in nobis. Alleluja! Und hat
unter uns gewohnt. Alleluja!«

Kurz darauf versammelt sich die Gemeinschaft in
der nächtlich dunklen Kirche, meditiert, wartet. Eine
einzelne kraftvolle Frauenstimme durchschneidet die
Stille: »Christus ist uns geboren heute. Kommt, lasset
uns anbeten.« Die Schwestern stimmen ein, singen sich
wechselchörig während der langen Vigilien dem Höhepunkt der Heiligen Nacht entgegen: »Lux fulgebit ho-
die super nos ...« Ein Licht erstrahlt uns heute. Die
Mitternachtsmesse beginnt, die Orgel braust auf, und
spätestens jetzt ist auch die größte Weihnachtshasserin
gefesselt von Gesängen, die sie nur zur Hälfte versteht,
vom Weihrauch, der noch Tage später aus allen Kleidern riecht, von einem angedeuteten Geheimnis, das ihr
rätselhafter denn je erscheint, von einer Feierlichkeit, der
sie sich nicht entziehen kann. Und drei Gottesdienst-

stunden lang merkt man trotz der späten Stunde nicht, wie die Zeit vergeht.

Am nächsten Morgen wünschen sich alle übernächtigt frohe Weihnachten und versichern, dass das Weihnachtsfest im Kloster unnachahmlich ist. Ich habe ihnen zugestimmt.

Geschenke, wenn man von dem Teller mit Keksen, Schokolade und Mandarinen absieht, den jede Schwester an ihrem Platz im Refektorium vorfindet, gibt es seitens des Klosters nicht. Von Verwandten oder Freunden zugeschickte Weihnachtspäckchen werden in den Tagen vor dem Fest bei der Priorin vorgezeigt. Überflüssiges kommt in einen großen Korb, aus dem sich jede nach Rücksprache etwas nehmen kann. So kam ich dieses Jahr zu einem Druckbleistift, Briefpapier, einer Riesentüte Gummibärchen und Badesalz mit Melissenduft.

Stefan hat mir eine Ausgabe der »Jahrestage« von Uwe Johnson geschickt. Ich durfte sie behalten. In der Weihnachtszeit, wurde mir gesagt, dürfe man auch mal etwas »Nichtgeistliches« lesen. Als ich Paula fragte, ob sie wirklich das ganze Jahr über nur fromme Bücher lese, zeigte sie mir einen Vogel. »Da würde ich ja verrückt werden!«

Hedwig wedelt in meine Richtung. Ich habe mal wieder vor mich hin geträumt, statt mitzusingen. Mein Projekt, die Psalmen der Laudes auswendig zu lernen, macht sich bezahlt: Ich finde, ohne ins Buch schauen zu müssen, die richtige Stelle.

Heute ist die Konventversammlung, in der ich zur Einkleidung zugelassen werde. Oder auch nicht. Noch kann die Priorin im Einvernehmen mit der Magistra die Entscheidung allein treffen. Eine Abstimmung aller Konventschwestern erwartet mich erst in zwei Jahren. Germana wird für mich sein, und Hildegard wird ihr hoffentlich nicht allzu sehr widersprechen. Meine Novizenmeisterin zweifelt an mir, das spüre ich. Dass auch ich zweifle, will ich ihr nicht sagen, sie könnte meine Unsicherheit gegen mich verwenden.

Beim Auszug deutet Antonia auf meine Beine. Ich habe zwei verschiedene Strümpfe an. Sie hebt kurz ihr Habit und flüstert: »Da drunter sieht man so was nicht mehr.«

Die Stimmung ist heiter, so kurz vor Karneval. Schwester Clementia zieht aus geheimen Quellen immer neue Tücher, Hüte und sonstige bunte Teile hervor, um die Schwestern für den Rosenmontag auszustatten. Cäcilia übt Boogie-Woogie auf dem Klavier. »Feiern und fasten«, sagt Schwester Luise, »beides muss man können.« Ob ich nicht einen Beitrag zur Rosenmontagsrekreation leisten könnte, wurde ich gefragt. Man war etwas enttäuscht, als ich erwiderte, für lustige Auftritte hätte ich so gar kein Talent, nahm aber begeistert an, als ich, um nicht als Spielverderberin dazustehen, erzählte, ich könne Freiwillige schminken, das hätte ich schon für die Jugendlichen im Heim gemacht. Clementia fand nach längerem Suchen in ihrem unerschöpflichen Fundus ein reichlich verklebtes, aber brauchbares Päckchen Schminkstifte, das sie mir mit den Worten »Und den Rest des Jahres über wird wieder gemeckert, weil ich alles aufhebe« aushändigte. Jetzt hängt am Schwarzen Brett das Angebot, sich vor der Faschingsfeier im Noviziatsraum das Gesicht anmalen zu lassen. Schwester Hildegard hat es mit dem Hinweis erlaubt, es dürfe aber nicht vergessen werden, dass man sich in einem Kloster befinde. Als ich mir den Zettel näher ansehe, bereue ich augenblicklich meine Idee: Namentlich eingetragen hat sich Schwester Subpriorin Radegundis.

Die Sonntagsmesse ist wie immer feierlich und lang-atmig. Pater Rhabanus mahnt in seiner scheinbar end-losen Predigt, dass auch in den fröhlichen Tagen des Karnevals der Notleidenden gedacht werden solle und der Ernst des christlichen Lebens nicht vernachlässigt werden dürfe. Währenddessen beobachte ich, wie die Köpfe einiger ehrwürdiger Mitschwestern nach unten sinken. Priorin Germana kämpft, schüttelt sich in kur-zen Abständen, erliegt schließlich doch und sinkt im Zeitlupentempo auf die Schulter der neben ihr sitzenden Radegundis, die ihrerseits aus dem Schlaf aufschrickt und irritiert die Priorin abzuwehren versucht. Plötzlich löst sich von gegenüber ein Ton, der an ein erstickendes kleines Tier erinnert. Dann passiert es: Die Kommunität bricht in Gelächter aus. Der Pater hält inne, fährt dann, jedes Wort extra betonend, mit einem Kirchenväterzitat fort. Hedwig klammert sich an Maria, Schwester Ger-mana streckt in Richtung Noviziat die Zunge heraus, gemeinschaftlich wird nach Luft geschnappt. »Die wird sich beim Herrn Pater entschuldigen müssen«, höre ich hinter mir Schwester Mauras zornige Stimme, während die Schwestern um mich herum sich allmählich wieder auf die Tugend der Selbstbeherrschung besinnen.

Sonntags hat jede knapp drei Stunden frei. Küchenarbeit und Betreuung der Gäste wird mittels »Sonntagsplan« unter den Schwestern verteilt, die Werkstätten bleiben zu. Seit Maria mich auf die Möglichkeit hingewiesen hat, am Sonntag im Noviziatsgruppenraum Musik zu hören, verbringe ich die freie Zeit den Winter über dort und strapaziere den kommunitären Kopfhörer. Einmal pro Woche Musik zu hören wird der geistlichen Einübung nicht schaden, denke ich. Auch die Nonnen hören zum sonntäglichen Abendessen statt der üblichen Tischlesung Musik, die Schwester Hedwig, wie sie mir erzählt hat, nach vorgegebenen Kriterien auswählt: nichts Modernes, nichts Anstrengendes, keine Vokalmusik. Der Plattenschrank im Noviziatsraum hat sich als Fundgrube erwiesen. Zwischen Brahms' Requiem, Bach-Kantaten und Rachmaninoffs Klavierkonzerten finden sich weitere Schätze wie Suzanne Vega, »Making Movies« von den Dire Straits und eine Live-Aufnahme von Billie Holiday. Ich liege wohlig ausgestreckt auf dem Teppich, gerade klingen mir die letzten Takte von »That old devil called love« ins Ohr, als ich vor mir die Füße meiner Magistra erkenne.

»Was hören Sie da für Musik?«

»Von der Queen of the Blues, wunderbar traurig und schön. Wollen Sie mal?«

Sie setzt den Kopfhörer auf, schließt die Augen, wiegt sich hin und her, nimmt ihn nach einer Weile wieder ab, lächelt.

»Wirklich schön, aber ich halte mich doch lieber weiterhin an Mozart, der hellt mich auf.«

Sie zögert kurz.

»Aber für gewöhnlich höre ich gar keine Musik. Ich nutze meine freien Vor- oder Nachmittage lieber für die geistliche Lesung.«

Wenn sie nicht dauernd auf gestrenge Frau Magistra machen würde, könnte man sie stellenweise ganz nett finden.

»Weswegen ich gekommen bin …«

Die Konventversammlung! An die hatte ich gar nicht mehr gedacht!

»Schwester Priorin Germana hat Sie in Absprache mit den Schwestern des Konvents für den Sonntag Laetare, dem vierten Fastensonntag, zur Einkleidung zugelassen.«

Was sagt man dazu passenderweise?

»Fällt Ihnen das sehr schwer, Schwester Hildegard?«

»Ach Sie, was Sie immer denken.«

Ihre Augen röten sich.

»Entschuldigen Sie, sollte ein Scherz sein.«

»Es liegt mir viel daran, mich besser mit Ihnen zu verstehen, aber oft empfinde ich Sie als, nun ja, etwas sperrig.«

»Schwester, ich tue meistens nur so. Wir werden uns schon vertragen, ja?«

Sie nickt heftig und sieht dabei so dankbar aus, dass sie mir schon wieder auf die Nerven geht.

»Es ist für Schwester Germana als Priorin wie auch für mich in der Funktion der Magistra die erste Einkleidung. Wir werden in den kommenden Wochen den Ritus üben müssen, damit alles klappt. Außerdem werde ich Sie zu Einkleidungsvorbereitungen bitten, um die geistlichen Grundlagen mit Ihnen zu vertiefen.«

Ich kämpfe einen aufkommenden Panikanfall nieder und versichere ihr, das sei kein Problem. Sie drückt mir ein kopiertes DIN-A5-Heftchen in die Hand: *Die Feier der Einkleidung einer Novizin.* Ich soll es mir bis nächsten Mittwoch möglichst genau einprägen.

»Ist der Ritus kompliziert?«

»Früher war die Einkleidung wesentlich aufwendiger. Die Schwestern erschienen im weißen Brautkleid, bekamen die Haare abgeschnitten, wurden aufs Feierlichste besungen, das hat Stunden gedauert! Heute ist alles schlichter. Man verzichtet auf die Brautsymbolik, will die Einkleidung nicht mehr so betonen, damit die Profess als die eigentliche Bindung an die Gemeinschaft herausgehoben wird. Erfahrungsgemäß verlassen relativ viele Schwestern nach der Einkleidung die Gemeinschaft wieder. Das Ordenskleid ist nur ein äußeres Zeichen. ›Der Habit macht nicht den Mönch‹, sagen die Wüstenväter. Er beeinflusst die Person, die ihn trägt, nur so weit, als sie sich auf die tägliche Erinnerung daran einlässt, dass sie ein geistliches Leben zu führen wünscht.«

Die Tür springt auf und knallt gegen die Wand.

»Was seht ihr so ernst aus? Dafür ist ab Aschermittwoch noch Zeit!«

Schwester Clementia hat sich eine pinkfarbene Federboa um den Hals gelegt, mit deren Enden sie kokett herumwedelt.

»Na, ist das nicht etwas für die Frau Magistra? Seien Sie wild, Schwester, wenigstens am Rosenmontag!«

Schwach lächelnd lässt Hildegard sich in flauschiges Pink hüllen, sagt zu mir, wir hätten ja fürs Erste alles geklärt, und verlässt den Raum.

»Und Sie, Schwester in spe, was ziehen Sie an Fasching an?«

»Was immer Sie wollen.«

Clementia strahlt.

»Gut, sehr gut! Da habe ich etwas ganz Besonderes!«

Sie verschwindet kurz im Flur, kommt mit einer gro-ßen Plastiktasche wieder herein, aus der sie eine lederne Kniebundhose samt Tirolerhut mit riesigem Gamsbart zieht.

»Das ist noch nicht alles!«

Aus der erstaunlich geräumigen Tasche bringt sie noch ein blau-weiß kariertes Hemd nebst ebenso gemusterter überdimensionaler Fliege zum Vorschein. Gruselig! Ich will es ihr gerade zurückreichen, doch meine zukünftige Mitschwester spiegelt reine, freudige Erwartung.

»Das nehme ich. Das ist genau das Richtige!«

Nachdem Clementia mich kurz mit ihrem Ringergriff ans Herz gedrückt hat, macht sie sich auf die Suche nach weiteren Opfern. Im Treppenhaus beginnt sie laut zu sin-gen: »Wenn die Elisabeth nicht so schöne Beine hätt …«

Ich lege »Making Movies« auf. Bis zur Vesper ist noch Zeit, zwei- oder dreimal »Solid Rock« zu hören und mir mein Gesicht unter dem Schleier vorzustellen.

Soll einer mal sagen, Klosterleben sei emotional ein-seitig.

Die Vesper wird am Rosenmontag eine Stunde vorver-legt, damit später mehr Zeit zum Feiern bleibt. Selbst Schwester Hedwig lässt beim Chorgebet die ihr sonst eigene Aufmerksamkeit vermissen und zeigt außerge-wöhnliche Milde bei Fehlern ihrer Schola-Mitglieder.

Nach der Vesper eilig in meine Bayerntracht gezwängt, mich so unerotisch fühlend wie noch nie, sitze ich im Noviziatsaufenthaltsraum und warte auf Kundschaft, die sich von mir schminken lassen möchte.

Nachdem ich Maria in eine Katze, Paula in einen Piraten mit zackigem Schnurrbart und Luise in einen lachenden Clown verwandelt habe, kommt Schwester Radegundis, korrekt mit Habit, Schleier und Skapulier bekleidet, ins Zimmer, setzt sich seufzend und fragt: »Wenn Sie das Gesicht anmalen, dann könnte ich mir das kindische Verkleiden sparen, was meinen Sie?«

»Gehen Sie doch als Nonne.«

»Wie bitte?«

»Verzeihung, an welche Art Maske haben Sie denn gedacht?«

»Schwester Germana erzählt, Sie hätten eine künstlerische Ader. Wie wäre es mit etwas klassisch Abstraktem, oder asymmetrisch-modern? Ihrer Kreativität sind keine Grenzen gesetzt.«

Ich widerstehe dem Impuls, mich zu bekreuzigen, und mache mich ans Werk.

Zehn Minuten später bin ich fertig: das Gesicht weiß, die Lippen schwarz, um jedes Auge ein schwarzer, sich nach oben ziehender Stern: Gene Simmons im Nonnengewand!

Radegundis tritt vor den Spiegel.

»Sieht gut aus! Eigenwillig und doch ganz auf die klösterlichen Farben beschränkt. Macht mich irgendwie jünger, nicht?«

»Auf jeden Fall.«

Als wir gemeinsam den mit bunten Lampions und

Luftschlangen geschmückten Konventraum betreten, an dessen Längsseite das vielversprechend aussehende Büffet aufgebaut ist, verstummt das Gespräch schlagartig. Alle starren ihre Subpriorin an. Germana kommt auf Radegundis zu, nimmt sie an den Schultern und bewundert ihre kunstvolle Maskierung. Clementia fuchtelt mit dem Fotoapparat herum.

»An was erinnert mich das bloß?«, murmelt Schwester Hildegard.

Schwester Cäcilia kriegt sich nicht wieder ein vor Lachen, Maria blickt halb besorgt, halb belustigt in die Runde. Kaum zu glauben, aber die beiden scheinen außer mir die Einzigen zu sein, die die Rockgruppe »Kiss« kennen.

16. Februar 1988

Liebe Lina,

stimmt schon: Du hast mir in den vergangenen fünfeinhalb Monaten beinahe jede Woche geschrieben, von meiner Seite dagegen kamen zwei Postkarten, deren Informationswert gleich null war. Entschuldige, aber Du hast nicht ernsthaft damit gerechnet, regelmäßig lange Briefe von mir zu erhalten, oder?

Es geht mir gut hier, wahrscheinlich werde ich noch eine Weile bleiben. Eine eigene kleine Welt, in der ich nicht mehr ganz so fremd bin wie in den ersten Tagen, wartet darauf, weiter von mir erkundet zu werden. Eine Zeit lang an diesem Ort, mit diesen Frauen, nach dieser Idee zu leben, scheint mir die Chance zu sein, etwas herauszufinden, was ich nirgendwo anders lernen kann. Einige von denen haben etwas, das ich auch gerne hätte.

Mein Tag wird strukturiert vom Läuten der Glocke. Er beginnt um sechs Uhr mit der Morgengebetszeit, endet gegen halb zehn abends nach den Nachtgebeten. Dazwischen läuft die Alltagsausführung des benediktinischen »Ora et labora«, wobei sie hier Wert darauf legen, dass man den Begriff der »Lectio« mit aufzählt: Lesung, Studium, Meditation gehören ebenso in den klösterlichen Tag wie die Arbeits- und Gebetszeiten. Letzteren allerdings soll nach der Weisung des heiligen Benedikt nichts vorgezogen werden, was im Notfall dann doch Theorie bleiben muss, wenn zum Beispiel, wie letzten Dienstag, eine halbe Stunde vor der Vesper ein Wasserrohrbruch den sofortigen Einsatz vieler Hände und Wischlappen erfordert.

In den Wochen vor Weihnachten habe ich bei Schwester Luise in der Gärtnerei gearbeitet. Über hundert Weihnachtsgestecke für Freunde, Wohltäter und Nachbarn des Klosters waren anzufertigen. Seit Neujahr arbeite ich vormittags in der Kalten Küche, plage mich mit dem Arrangieren von Wurstplatten und Brotkörben, lerne aber auch die Innenseite des Klosters von diesem zentralen Arbeitsplatz aus besser kennen. Vermutlich ist dies der Sinn der häufigen Arbeitsplatzwechsel während der Noviziatszeit.

Still ist es. Ich habe hier so viel Zeit zum Nachdenken wie noch nie.

Nach dem Abendgebet wird bis zum Morgengebet nicht mehr gesprochen. Das heißt: Niemand braucht mehr etwas zu sagen. Man begegnet sich auf dem Flur, nickt einander mehr oder weniger freundlich zu und ist jeglichem Zwang zur Konversation enthoben. Das ist gut. Auch tagsüber gibt es Schweigezonen: Treppenhäuser,

Kreuzgang, vor den Zimmern der Nonnen. Kaum einer hält sich konsequent daran, was auch wieder nett ist. Wer sich dringend verständigen muss, tut das. Wer nichts sagen will, schweigt.

Das ganz andere Leben? Ja, meistens anders als erwartet. Jetzt bin ich die längste Zeit Postulantin gewesen, das hinterste Lichtlein in der Kette. Manchmal klein, dumm, verunsichert; manchmal aufsässig, unbelehrbar, dickköpfig; manchmal beschwingt, hoffnungsvoll, mutig. Einmal zu leise, dann wieder zu laut … Das Dasein hier braucht jede Farbe, die die Palette zu bieten hat.

In etwa vier Wochen, am 27. März, werde ich als Novizin eingekleidet. Die Zeremonie findet innerhalb der Kommunität im Kapitelsaal hinter verschlossenen Türen statt, zur anschließenden Gebetszeit und zum Kaffeetrinken im Gästehaus darf ich die Leute einladen, die mir wichtig sind. Angeblich sind bei den meisten meiner Vorgängerinnen ganze Wagenladungen von Familie, Freunden und Bekannten angerückt, ich möchte aber nur wenige Menschen da haben: Dich zum Beispiel. Kommst Du?

Es grüßt Dich Deine V.

Lieber Stefan,

danke für die zwei Kästen Bier. Klug von Dir, der ganzen Gemeinschaft ein Geschenk zu machen. So gab es vorgestern zum Abendessen Jever für alle. Priorin Germana hat mir noch eine Flasche zugesteckt, die ich spätabends auf meiner Fensterbank auf Dein Wohl geleert habe. Nur so habe ich die Tatsache überleben können, dass Du an der Klosterpforte warst, ohne dass ich Dich sehen durfte.

Ich lese viel in den Jahrestagen, *wandere abends, auf meiner Fensterbank sitzend, mit Gesine Cresspahl durch New York und bedauere etwas, niemals dort gewesen zu sein. Oder in Griechenland. Oder in Amsterdam. Oder in Rom.*

Ich habe mich für die »Reise nach innen« entschieden; man kann nicht alles haben.

Gestern war Faschingsmontag, und die Nonnen haben ausgelassen gefeiert, sich verkleidet, getanzt, Wein getrunken und bemerkenswert gute Comedy aufgeführt. Jedes Mal, wenn ich denke, nun kenne ich die Mädels, zeigen sie mir eine neue Seite ihrer Persönlichkeit.

Jetzt liegt die Fastenzeit vor uns, morgen kriegen wir Asche aufs Haupt gestreut, üben uns verstärkt in Umkehr, Gebet und Schweigen.

»Das Leben in einem Frauenkloster ist unbedingt als neurosefördernd zu bezeichnen. Allerdings gehen die echten Neurotikerinnen meistens wieder weg, bevor es richtig schlimm wird«, hat mir eine kluge Nonne erzählt. Vorerst scheinen meine Neurosen den Toleranzbereich nicht zu sprengen, jedenfalls werde ich laut Beschluss der Priorin am letzten Sonntag im März eingekleidet und hoffe, dass Du kommst, um Dich gemeinsam mit mir über mich schlapp zu lachen. Vielleicht ist mir auch gar nicht zum Lachen, dann komm erst recht!

Lieber, ich lasse mir dieses Nonnengewand verpassen, habe sogar darum gebeten. Kann man das begreifen?

Bis dahin bin ich Deine V.

Am Nachmittag, wurde mir ausgerichtet, soll ich mich im Nähzimmer zur Anprobe einfinden. Auf dem Weg dorthin werfe ich meine Briefe in den Holzkasten, der neben Schwester Germanas Büro an der Wand hängt. Die Priorin wird sie mit denen der anderen Schwestern abends herausnehmen und an Clementia weitergeben, die sie frankieren und morgen früh dem Postboten aushändigen wird. Immerhin gibt man die Briefe geschlossen ab. Eine Verletzung des Briefgeheimnisses gilt auch im Kloster als Straftat.

Ich klopfe an der Tür mit der Aufschrift *Vestiarium*. Noch immer irritiert es mich, dass ein laut gerufenes »Ave!« aus dem Mund besonders monastisch auftretender Nonnen die Aufforderung zum Eintreten ist.

Schwester Franziska, die in dem riesigen, mit mehreren großen Arbeitstischen ausgestatteten Raum an ihrer Nähmaschine sitzt, folgt meinem Blick.

»Ursprünglich wurde das als Arbeitsplatz für mehrere Schwestern eingerichtet, aber seitdem wir die Paramentenstickerei aufgegeben haben, bin ich alleine hier oben.«

Sie springt mit dem Metermaß um mich herum, zupft hier, misst dort und verschwindet in einer meterlangen Schrankwand. Als sie wieder auftaucht, hält sie ein Habit in der Hand.

»Schwester Monika, die uns im vergangenen Jahr verlassen hat, hatte in etwa Ihre Figur.«

Bevor ich mich wehren kann, streift sie mir das Kleid über, klatscht begeistert in die Hände.

»Fertig ist der kleine Mönch!«

Mir wird leicht übel.

»Schauen Sie nicht so finster, das erspart viel Geld, viel Arbeit. Sogar die Schleierlänge stimmt. Den probieren wir aber erst an, wenn's ernst wird. Und schon sind wir beide fertig miteinander. Seien Sie froh!«

Ich bedanke mich und verschwinde so rasch wie möglich.

Um 17.00 Uhr ist *Üben mit großer Besetzung* anberaumt, wie auf dem Mitteilungszettel steht, den ich an meinem Platz im Refektorium finde. Als ich im Kapitelsaal ankomme, sind die Schwestern Hildegard, Hedwig, Germana und die als Zeremonienmeisterin fungierende Schwester Simone bereits damit beschäftigt, sich über den korrekten Ablauf der Feier zu streiten. Sie bedeuten mir, mich noch etwas zu gedulden. Ich setze mich auf eine der Bänke, die an den Wänden entlang aufgestellt sind, und beobachte fasziniert, wie vier Nonnen um ihre jeweiligen Kompetenzen ringen. Man diskutiert die Frage, ob Schwester Priorin Germana zu diesem Anlass auf dem verwaisten Sitz der Äbtissin Platz nehmen darf. Germana ist dagegen, will sich nichts anmaßen, Hildegard enthält sich, Hedwig regt sich über die Enthaltung auf, Simone führt praktische Gründe an, die es sinnvoll machen würden, die Priorin auf dem in der Mitte der Stirnwand erhöht stehenden Sessel zu platzieren, um den Ritus so vollziehen zu können, wie er vorgesehen ist.

»Wir wissen alle, dass Schwester Germana nicht Äbtissin ist, da kann sie doch mal da sitzen.«

»Es geht nicht darum, was alle wissen, es geht um das Zeichen!«

»Was sagt überhaupt die Magistra dazu? Sind Sie nun hier zuständig oder nicht?«

Die Angesprochene schweigt.

»Macht doch, was ihr wollt, ich habe mehr als genug zu tun.«

Hedwig verlässt den Raum.

Germana bemerkt, sie sei schließlich Priorin-Administratorin, sie könne auch bestimmen, wo sie *nicht* sitzt. Im Übrigen komme sie auf dem Äbtissinenthron mit den Füßen nicht bis zum Boden und würde ein lächerliches Bild abgeben.

Hedwig steckt den Kopf zur Türe herein und fragt gereizt, ob man jetzt die Gesänge üben könne. Stand im Heft etwas von Gesängen?

»Muss ich alleine singen?«

Die Schwestern wenden sich mir zu, überrascht, dass ich auch noch da bin.

»Nein, solo gesungen wird erst bei der Profess. Es geht um das, was die Gemeinschaft singt, das üben wir mit allen in der Gesangsstunde. Schwester Hedwig ist als Beraterin, nicht als Kantorin hier.«

Germana spricht mit ungewohnt autoritärem Unterton, der Hildegard einen besorgten Blick auf ihre Priorin abringt.

Hedwig ist erneut verschwunden, erscheint nach kurzer Zeit wieder, einen Stuhl aus dem Konventraum in der Hand.

»So, den stellen wir direkt davor, dann kann der Ablauf bleiben, wie er ist, und Schwester Germana braucht sich nicht auf dem Podest zu quälen.«

Sie schaut triumphierend in die Runde, Germana ist zufrieden, Hildegard nickt devot, Schwester Simone lässt sich leise schimpfend neben mir auf die Bank fallen.

Ich verstehe nur Satzfetzen wie »erwachsene Menschen«, »Kindergarten« und »unorganisierter Haufen«.

Die Glocken beginnen zu läuten.

»Schon so spät?«

Schwester Germana ordnet ein Treffen zwecks Übens der Einkleidung für morgen um die gleiche Zeit an. Auf meine Frage hin, ob ich dabei benötigt würde, bekomme ich ein unwirsches »Aber selbstverständlich!« zur Antwort.

Worauf habe ich mich da eingelassen?

Inbrünstig singende Nonnen im mit Forsythien geschmückten Kapitelsaal.

»Welche Freude, da man mir sagte:

Wir ziehen zum Haus des Herrn!«

In der Mitte einsam auf einem massiven Hocker platziert, denke ich einen Moment nicht daran, dass da keine Rückenlehne ist, und verliere die Andacht bei dem Versuch, nicht vor versammelter Gemeinschaft aufs Parkett zu knallen. Schwester Germana, mir gegenüber auf dem Ersatzstuhl, blättert ebenso unandächtig in ihren Notizen. Der Psalm verklingt, Germana nimmt Haltung an und beginnt mit hochoffizieller Miene, ihre eigens für diesen Anlass verfasste Ansprache vorzulesen.

»Eine unserer Schwestern empfängt heute das Gewand dieser klösterlichen Gemeinschaft, auf dass sie in den nächsten Monaten und Jahren erprobe, ob sie berufen ist zu einem solchen Leben. Gott ruft Menschen, die in einem ganz eigenartigen Sinn ein Dasein führen, das aus dem Gewöhnlichen herausgerückt ist ...«

Bislang redete Germana zwar Bayerisch, aber ansonsten ganz normal. Jetzt klingt sie wie Pater Rhabanus' weibliche Kopie in bemühtem Hochdeutsch.

Sie spricht ausführlich von den Frauen in der Nachfolge Jesu Christi, von der Legende der Veronika, die Jesus auf dem Kreuzweg ihr Tuch reicht, um seinen Schweiß abzuwischen, worauf sich sein Gesicht darin abbildet, was als Zeichen für die prägende und alles verändernde Kraft der Hingabe gedeutet werden kann. Sie meint mit Hingabe sicher etwas anderes als das, was mir gerade durch den Sinn geht, obwohl ich derartige Gedanken aus der Feier meiner Einkleidung verbannen sollte. Es scheint hundert Jahre her zu sein, seit Max vor meinem Bett stand.

Ich wage nicht, auf die Uhr zu sehen, aber zeitlich müsste Germana den redefreudigen Pater bereits getoppt haben. Neben ihr auf dem kleinen mit Intarsien geschmückten Beistelltisch liegt, akkurat zusammengefaltet, das Ordenskleid mit Habit, Skapulier, Gürtel, Schleier und sonstigem Zubehör. Obenauf: ein weißes Läppchen, auf dem etwa sechs Stecknadeln in säuberlichen Abständen parallel nebeneinanderstecken.

Ein Königreich für eine Zigarette!

»Empfangen Sie das Kleid des Ordens des heiligen Benediktus; tragen Sie es in Ehrfurcht und Würde.«

Germana schließt ihre Ansprache mit einem Segensspruch, sieht mich aufmunternd an. Wie hinreichend eingeübt, erhebe ich mich von meinem Platz, trete vor sie hin, beuge die Knie und halte ihr meine ausgestreckten Arme entgegen, in die sie das Kleiderpäckchen mit den Worten legt: »Ziehen Sie den neuen Menschen an, der nach Gottes Bild geschaffen ist, damit Sie wahrhaft gerecht und heilig leben.«

Es ist gar nicht so einfach, aus dem Knien in den Stand zu kommen, wenn man vor sich einen Haufen Stoff so balancieren muss, dass er nicht auf dem Boden landet. Ich habe das so lange trainiert, bis der Muskelkater in den Oberschenkeln lästig, das Ergebnis aber verhältnismäßig souverän wurde. Hildegard tritt neben mich, wir verneigen uns gemeinsam vor der Priorin und verlassen unter Psalmengesang gemessenen Schrittes den Saal.

Eine kleine Unendlichkeit später, mit der Hilfe von Schwester Hildegards vor Aufregung zitternden, sich mehrmals an einer Stecknadel piksenden Händen in eine Menge schwarzen und weißen Stoff gehüllt, stehe ich vor der geschlossenen Kapitelsaaltür, aus der noch immer der Gesang der Mitschwestern tönt. Die Magistra wischt sich den blutenden Zeigefinger an ihrem Taschentuch ab, legt die Hand auf die Klinke.

»Ich gehe da nicht rein!«

»Das kannst du jetzt echt nicht bringen!«

Ich bin so verblüfft über diesen Satz aus Hildegards Mund, dass ich mich in den Saal drängen lasse, ehe irgendein weiterer Gedanke in mein Hirn passt. Drin wird es plötzlich schön. Wohlklang, milde lächelnde Mitschwestern, die Gemeinschaft erhebt sich zur Begrüßung von Schwester Veronika. Das bin ich.

Und dann habe ich den verdammten Ritus doch vergessen. Was, um Himmels willen, muss ich jetzt machen? Hilflos drehe ich mich nach Hildegard um, die weist mit ausgestreckter Hand auf Germana.

Hinknien, leicht nach vorne beugen, die Priorin legt der neuen Novizin den Ledergürtel um.

»Gerechtigkeit und Treue seien der Gürtel Ihrer Len-

den. Bedenken Sie, dass von nun an ein anderer Sie gür-
ten und führen wird, wohin Sie nicht wollen.«

Mir bricht der Schweiß aus. Schwester Germana nestelt noch immer an der Gürtelschnalle herum, mein linker Fuß schläft ein. Schließlich hat sie es geschafft, lehnt
sich zurück, zupft noch etwas am Schleier herum, betrachtet zufrieden ihr Werk. Beim Aufstehen muss ich
mich an Germanas rheumatischen Knien festhalten, um
nicht über den Saum des langen Kleides zu fallen. Sie
verzieht schmerzvoll das Gesicht, erhebt sich mühsam,
wobei ich sie äußerst unrituell stütze und zum Ausgang
führe.

Ich will gerade zurücktreten, als die Priorin den Druck
auf meinen Arm verstärkt.

»Wenn ich schon nicht Äbtissin bin, kann ich zur Feier
des Tages auch mal mit einer Novizin an meiner Seite
einziehen!«

Placida schnäuzt in ihr Taschentuch, Luise lacht mich
an, Paula wirft mir eine Kusshand zu. Jetzt haben die es
doch noch fertiggebracht: Ich bin gerührt.

Beim Betreten der Kirche sehe ich, ohne den gewohnten Sichtschutz durch den Rücken einer Schwester vor
mir, wer in der ersten Reihe der Gästekapelle sitzt: Lina
mit ihrem Bruder Georg, Stefan, meine Ex-Kollegin Silvia nebst derzeitigem Freund, Jan mit seiner Mutter und
Max in der schwarzen Motorradlederjacke, die ich ihm
vorletztes Jahr zu Weihnachten geschenkt habe. Einige
ältere Damen, die sich kein klösterliches Ereignis entge-
hen lassen, wofür sie von Paula als »Klosterwanzen« bezeichnet werden, haben sich neben Lina in die Kirchenbank gezwängt. Muss ich die nachher auch begrüßen?

Die dicke Frau Krappmann fällt Placida bei jeder Begegnung derart herzlich um den Hals, dass man um deren Leben fürchten muss. Germana hat erklärt, sie spendet große Summen zugunsten des Klosters, weshalb man doch bitte nett zu ihr sein soll.

Hedwig stimmt die Antiphon an, ich reihe mich in den Chor der Nonnen ein, spüre bei jeder Bewegung Wolle an der Haut, warm und weich. Zu warm. Der Blick nach rechts und links endet in einer weißen Stoffwand. Jetzt bedauere ich es, vorhin im Ankleideraum nicht in den Spiegel geschaut zu haben.

Die ausgestreckten Arme von Frau Krappmann ignorierend, laufe ich an der Gruppe mit den Klosterwanzen vorbei, die sich strategisch günstig neben der Klausurtür postiert haben. Die Ermahnung zur Höflichkeit gegenüber den Gästen hole ich mir nachher gerne bei der Priorin ab, das ist es wert. Ich bremse am Ende des Flurs vor Stefan, der mich mit verschränkten Armen, den obligatorischen Zigarillo im Mundwinkel, von oben bis unten mustert.

»Süße, ich hab noch einen Platz im Auto frei.«

»Sehr witzig!«

Jan tritt neben ihn, einen großen Strauß weißer Rosen in der Hand. Was denkt der, was das hier ist? Seine Mutter schüttelt mir feuchten Blickes lange die Hand, wimmert, sie habe von der ersten Begegnung an daran geglaubt, dass ich den geistlichen Weg einschlagen würde, da hätte sie unbedingt mitkommen müssen. Ich sehe sie noch lauernd hinter dem Vorhang stehen, wenn ich Jan vor seinem Haus abgesetzt habe, erinnere mich daran, wie sehr sie um die Unschuld ihres Priestersohnes fürchtete, sobald der mit einer Frau sprach, die jünger als achtzig Jahre alt war. Und dann auch noch ich, die Dahergelaufene, von der man wusste, dass sie Kontakt zu den Hausbesetzern in der Raabestraße hat!

Jan sieht meinen Blick, hebt entschuldigend die Achseln. Wahrscheinlich ist er sie nicht losgeworden, als sie herausbekommen hat, wo er hinfährt. Silvia kommt heran, umarmt mich zögernd, zündet sich eine Zigarette an.

»Darf man hier rauchen?«

»Du schon.«

Weitere Umarmungen. Ein Gefühl von Fremdheit breitet sich aus, das mir Angst zu machen beginnt.

»Wo ist Max?«

Lina nimmt mich auf die Seite.

»Er ist weggefahren. Ich soll dir das hier geben.«

Ein Buch, in Packpapier eingepackt, die Nachricht quer darübergeschrieben:

»Wollte versuchen zu verstehen, kann nicht. Tut mir leid, aber ich möchte dich nie wiedersehen.«

Als ich das Papier abwickle, habe ich Peter Rühmkorfs *Irdisches Vergnügen in g* in der Hand. Max hat ein Lesezeichen reingelegt und die erste Zeile eines Gedichts mit gelbem Leuchtstift markiert:

»Wildernd im Ungewissen,
im Abflussrohr der Zeit;
etwas Größe unter den Nagel gerissen,
etwas Vollkommenheit.«

Ich lese, halte Lina das Buch hin.

»Verstehst du das?«

Lina beginnt zu weinen.

Ich will mich gerade abwenden, als Stefan sich breitschultrig vor mich stellt, mir kurz seinen Zigarillo zwischen die Lippen steckt.

»Lasst es gut sein, hier gibt's irgendwo Kaffee.«

Er legt seine Arme um Lina und mich, zieht uns mit sich ins kleinere Speisezimmer, wo Schwester Placida mit dem besten Kaffeegeschirr liebevoll den Tisch gedeckt hat. Auf jedem Teller liegt eine Margeritenblüte, die Kuchenmenge würde locker für dreimal so viele Leute reichen. Lina weint noch immer. Ich setze mich so, dass ich ihr Gesicht nicht sehen muss.

Silvia beugt sich zu mir, spricht so leise, dass ich sie nur mit Mühe verstehe.

»Ich wollte erst nicht kommen, habe mich sogar ein wenig davor gefürchtet, aber dir ist das hier sehr wichtig, ja?«

»Ja.«

»Mir ist das fremd, diese Frauen, die Mauer, dieser Glaube. Ich kenne dich, du mochtest deine Arbeit, hast dich politisch engagiert, hattest einen Freund, hast Spaß gehabt. Und jetzt? Kannst du es mir erklären?«

»Nein.«

»Lina meint, es muss etwas mit deiner Kindheit zu tun haben.«

»Lina hat keine Ahnung.«

»Und du willst wirklich keinen Sex mehr? Ich meine, *das* ist doch etwas Wichtiges, oder? Zugegeben: Manchmal kann es kompliziert werden, aber … Hey, wie kann man das aus seinem Leben ausklammern?«

»Ich bin nicht hier, weil ich keinen Sex mehr will. Für

mich ist das ein echter Verzicht, es tut weh. Oft genug denke ich, das werde ich nicht schaffen, aber ich muss es versuchen. Nicht weil ich keine Lust mehr auf Kerle habe, sondern weil ich etwas herausfinden will, was möglicherweise jenseits dessen eine Erfüllung schenkt, die ich sonst nicht finden würde. Nicht besser, sondern anders. Verstehst du?«

»Nee, ist mir zu abgehoben.«

Schwester Hildegard betritt den Raum, beginnt honigsüß meine Gäste, die sich artig erhoben haben, willkommen zu heißen. Sie begrüßt Stefan, erkennt in ihm den Spender des leckeren friesischen Biers, das am Faschingssonntag so gut geschmeckt hat. Der küsst ihr »sehr erfreut!« die Hand, worauf sie kichernd errötet. Nachdem sie mit jedem ein paar Worte gewechselt hat, schaut die Magistra zögerlich in die Runde, bemerkt, sie käme vor der Vesper nochmals vorbei und geht. Wahrscheinlich hätte ich sie einladen müssen, sich zu uns zu setzen.

»So eine bezaubernde Schwester, was für ein strahlendes Lächeln!«, schwärmt Jans Mutter, wofür der von mir einen wütenden Blick kassiert.

Silvia möchte wissen, was ich mit meinem Auto gemacht habe.

»Verkauft.«

»Dann ist es dir wirklich ernst!«

Stefan beginnt, Kuchenstücke zu verteilen, erzählt einen Nonnenwitz, fordert mich auf, die Mitbringsel auszupacken.

Die Gesellschaft entspannt sich. Silvia erhebt die Kaffeetasse, bringt, während sie Rauch in meine Richtung bläst, einen Toast auf ein glückliches Leben ohne

Männer und Zigaretten aus und steckt ihrem Freund die Zunge ins Ohr. Sie hat eine Platte von Patti Smith mitgebracht, »damit du dein revolutionäres Potenzial nicht vergisst!«. Stefan meint zu seiner Wahl der ledergebundenen Ausgabe von Dostojewskis *Die Brüder Karamasow*, darin sei ziemlich viel von Gott die Rede. Lina hat mir eine schwarze Jacke gestrickt. »Ich dachte, die kannst du vielleicht brauchen.« Sie muss bei ihrem Tempo wochenlang daran gearbeitet haben. Ihr Bruder Georg, der den ganzen Nachmittag lang kein Wort von sich gegeben hat, entschuldigt sich, dass er nur die Taschenbuchausgabe von *Till Eulenspiegel* kaufen konnte, er sei chronisch pleite, das wüsste ich ja. Jan überreicht einen Kunstbildband mit Arbeiten auf Papier von Mark Rothko. Seine Mutter regt sich auf: »Ihr hättet mir sagen können, dass man Geschenke mitbringt. Ich werde Pralinen schicken!«

Als es zur Vesper läutet, ohne dass Hildegard noch einmal aufgetaucht wäre, verabschieden sich alle. Silvia bittet, dass sie wiederkommen und noch einige Fragen stellen darf, Jan hindert seine Mutter an nochmaligen Sympathiebekundungen, Lina verspricht, beim nächsten Mal garantiert nicht zu heulen. Als Letzter bleibt Stefan zurück.

»Scheißkerl, hast mit der Magistra geflirtet!«

»Hattest du den Eindruck, dass ihr das nicht gefallen hat?«

Ich lege meinen Kopf auf seine Schulter.

»Danke für alles! Kommst du mich nach Ostern besuchen?«

»Sicher.«

»Hast du mit Max gesprochen?«

Stefan macht mit dem Kopf ein Zeichen in Richtung Klausurtür, wo Placida mit dem Schlüssel rasselt.

»Dem war nicht nach Reden zumute, ich kann dir nicht helfen, denk selber nach.«

Er küsst mich sanft aufs leinene Stirnband, dann lange auf den Mund.

»Jetzt aber ganz schnell!«

Placida nimmt meine Hand, verabschiedet Stefan, schließt hinter ihm die Pforte ab.

»Entschuldigen Sie, Schwester, wegen mir werden Sie zu spät zur Vesper kommen.«

»Macht nichts, bin auch mal jung gewesen. Und jetzt heb das Kleid an, wir werden rennen.«

Letzter Termin des heutigen Tages: »Große Festrekreation« mit dem ganzen Konvent. Ich werde von Arm zu Arm gereicht, empfange Glückwünsche, geistliche Ermutigungen und mit Sinnsprüchen geschmückte Kunstpostkarten, die eine Art Klosterwährung darstellen, wie ich in den vergangenen Monaten gelernt habe. Sie werden ausgetauscht, weitergegeben, umgestaltet. Je höher der gestalterische Aufwand, desto größer die Wertschätzung, die sich daraus ablesen lässt. Bei flüchtiger Durchsicht entdecke ich einige sehr aufwendig gefertigte Exemplare und freue mich.

Als die Priorin mich bittet, den Platz neben ihr einzunehmen, der an gewöhnlichen Tagen ihrer Stellvertreterin, Subpriorin Radegundis vorbehalten ist, fühle ich mich an meinen ersten Auftritt in dieser Runde erinnert. Inzwischen sind mir die Gesichter, von denen die meisten mir jetzt aufmerksam-freundlich zugewandt sind, vertraut. Ich erkenne meine Mitschwestern an der Stimme, an der Art, wie sie gehen, habe gelernt, wie viel Individualismus sich hinter der äußerlichen Gleichförmigkeit verbergen kann. Dennoch: Nach einem halben Jahr Kloster bin ich mit dem heutigen Tag erst »Novizin«, ein Neuling. Die Kirche hat Zeit, Blitzkarrieren sind eher selten, im Kloster so gut wie undenkbar. Ich wollte das, ein Leben jenseits von Leistung und Aufstieg im herkömmlichen Sinne. Den Verzicht auf Ausübung von Macht wählen, ohne die eigene Persönlichkeit dabei aufzugeben. Habe ich mir mal so gedacht. Bin weit davon entfernt, solange ich bei jeder verweigerten Erlaubnis um Fassung ringe. Nun, wie mein neuer Status besagt: Ich bin die, die anfängt. Ich fange eben weiter an.

Schwester Germana fragt, ob ich etwas sagen möchte. Ich bedanke mich bei der Kommunität für die Aufnahme ins Noviziat, bringe es sogar über mich, Hildegard für ihre Hilfe zu danken, und hoffe, fürs Erste genug Offenheit gegenüber der Gemeinschaft, wie die Priorin mir erst gestern ans Herz gelegt hat, gezeigt zu haben. Etwas mehr Aufgeschlossenheit meinerseits würde den Schwestern helfen, mich als eine der Ihren zu betrachten, sagte sie. Als ich sie fragte, wie streng das Kontaktverbot zu Konventschwestern gehandhabt werde, zwinkerte sie mir zu und meinte, ich sollte ihr da mal nicht die Gabe absprechen, zwischen theoretischer Vorschrift und praktischer Umsetzung zu unterscheiden. Sie sei auch mal Novizin gewesen und habe sich zu helfen gewusst, obwohl es damals weitaus strenger zugegangen sei. Persönliche Freundschaften seien strengstens verboten gewesen, es habe sie aber selbstverständlich gegeben.

Paula erzählt die Geschichte, wie sie meine Vorstellung einer Nonne bei unserer ersten Begegnung mit ihrer Arbeitskluft auf den Kopf gestellt hat, und frotzelt in Richtung der stets überkorrekt gekleideten Schwester Hedwig, das habe mich ja wohl auch nicht davon abgeschreckt, jetzt selbst hier in Schwarz-Weiß zu sitzen. Hedwig entgegnet gut gelaunt, es könne nicht jeder einen solchen Charme unter zerlöcherten Tropenhelmen entwickeln wie Schwester Paula, weshalb sie selbst auf den guten Eindruck einer makellosen Ordenstracht angewiesen sei.

Man beginnt Anekdoten zu erzählen über Schleier, die der Sturm davongeweht hat, in Zugtüren verheddderte Ordenskleider, mit Sahne gefüllte Habitärmel. Mir fällt auf, dass das Skapulier einen ganz entscheidenden Vorteil hat: Man weiß in solchen Runden endlich, wohin mit seinen Händen.

Schwester Franziska will wissen, was denn meine Eltern zu der Einkleidung gesagt haben.

»Ich habe nicht mit ihnen darüber gesprochen.«

»Waren die heute nicht da?«

»Nein.«

Germana greift ein, meint, das sei eine lange und unglückliche Geschichte, es wäre gut, mich damit nicht zu belasten.

»Man wird doch wohl fragen dürfen!« Franziska schüttelt sichtlich entsetzt den Kopf, flüstert mit der neben ihr sitzenden Schwester Maura, wobei beide nicht gerade so aussehen, als seien sie von Mitleid und Herzenswärme erfüllt. Sanft legt sich für einen Moment eine breite Hand auf meinen Arm, die Spuren jahrelanger schwerer Arbeit trägt. Als Schwester Justina, die älteste Konvent- schwester, die ich noch nie in öffentlicher Runde etwas habe sagen hören, heiser zu sprechen beginnt, wird es augenblicklich still im Raum.

»Jede von uns hat ihre Geschichte. Mein Vater hat fünf- zehn Jahre lang kein Wort mit mir gesprochen, nachdem ich ins Kloster gegangen war. Gott sieht das Herz, wir wissen gar nichts.«

Die Schwester, die ihre Tage im Küchenkeller beim Kartoffelschälen verbringt, nachdem sie als frühere Bauerntochter jahrelang für die Pflege des Viehs zustän- dig war, spricht mit einer Stimme, der ich alles glauben würde.

»Beenden wir hiermit die Rekreation, und wünschen wir unserer jungen Mitschwester Gottes Segen für den neuen Lebensabschnitt.«

Der Konvent ist zum abendlichen Küchendienst ent- lassen, von dem ich heute befreit bin.

»Schwester Germana, was mache ich damit?«

Die Priorin wirft einen flüchtigen Blick auf die Plastik- tüte mit meinen Geschenken und wendet sich Hildegard zu: »Soll sie mal alles mitnehmen und behalten, ist ja we- nig im Vergleich zu früheren Novizinnen.«

Die Magistra will etwas entgegnen, wird aber von Schwester Germana mit abwehrender Handbewegung am Sprechen gehindert.

»Genug für heute, man muss auch mal fünf gerade sein lassen können, das gehört ebenfalls zur Geistlichen Kunst! Veronika, Sie sind vom Nachtgebet befreit, war ein anstrengender Tag. Hildegard, Sie gehen auch ins Bett!«

Am Schwarzen Brett treffe ich Maria.

»Wie fühlen Sie sich im neuen Kleid?«

»Der Habit ist ganz gemütlich, aber der Schleier! Ich schwitze, sehe nichts, fühle mich eingepackt. Keine Ahnung, wie ich aus den Klamotten wieder rauskommen soll.«

»Ging mir am ersten Tag genauso. Klopfen Sie nachher an meiner Tür, dann helfe ich Ihnen aus den Kleidern.«

Sie greift mir mit beiden Händen in den Schleier, schiebt ihn über die Schultern zurück, streicht saubere Falten in den frischgestärkten Stoff.

»So, jetzt müsste das Sichtfeld schon erheblich weiter sein. Den Rest zeige ich Ihnen später. Es gibt ein paar Tricks. Aber nicht Schwester Antonia erzählen! Ich überschreite da meine Kompetenzen.«

Ich seufze entnervt. Maria küsst mich rechts und links auf die Wange, lächelt.

»Bist eine schöne Nonne! Aber du riechst ein wenig nach Rauch.«

»Trotz der ganzen Einkleidungsvorbereitungen bin ich mir selbst fremd in dem Gewand. Was hat es deiner Meinung nach mit diesem Ordenskleid auf sich, Maria?«

»Es prägt und erinnert.«

»Das habe ich von Schwester Hildegard schon gehört, klang aber eher nach Theorie. Was bedeutet es für dich?«

»Ich bewege mich anders in diesem Kleid. Die Menschen, denen ich begegne, schauen mich oft mit befremdeten Blicken an. Ich erkenne in ihren Augen, dass ich anders bin als sie. Wenn ich mit dem Auto unterwegs bin, beim Arzt im Wartezimmer sitze, für Besorgungen in der Stadt herumlaufe, bei allem, was ich tue, signalisiere ich durch mein Äußeres, was ich lebe. Immer. Ohne ein Wort verlieren zu müssen, mache ich den Männern klar, dass ich nicht verfügbar bin. Ich kann für keinen Moment verleugnen, was für jeden weithin sichtbar ist, ich bin jederzeit mitverantwortlich für das Erscheinungsbild des Klosters.«

»Da kann man ja Angst kriegen.«

»Ja, auch das.«

»Wünschst du dir nicht ab und zu, als ganz normale Frau durch die Stadt zu gehen, ohne als Reklameschild für eine geistliche Lebensform herhalten zu müssen?«

»Mein Kleid ist ein Ausdruck, keine Reklame. Es ist mein Wunsch und meine Entscheidung, so zu leben. Umso besser, wenn es alle gleich merken.«

»Als ich heute zwischen meinen Freunden saß, hatte ich plötzlich das Gefühl, dass mich dieses totale Anderssein überfordern wird.«

»Du solltest den Rückhalt, den die Gemeinschaft trotz aller menschlichen Unzulänglichkeiten geben kann, nicht unterschätzen. Versuch es erst mal. Das Noviziat ist zum Ausprobieren da.«

Schwester Hildegard schiebt sich zwischen uns.

»Kommen Sie, ich gehe mit Ihnen auf die Zelle und helfe beim Auskleiden.«

Ich werfe Maria einen hilfesuchenden Blick zu, aber die legt ihren Zeigefinger an die Lippen und entfernt sich rasch.

Hildegard läuft neben mir her, plaudert, als hätte sie

einen großartigen Tag gehabt. Wie nett meine Freunde seien, schwärmt sie, unkonventionell, aber nett. Und wie gut alles geklappt habe, sie sei ja so aufgeregt gewesen, ihre erste Einkleidung, das werde uns jetzt aber sicher verbinden.

»Wie?«

»Innerlich!«

»Ach so.«

Wir betreten mein Zimmer, wo jemand den Rosenstrauß von Jan in einer passenden Vase arrangiert hat. Auf dem Bett liegt ein Paket mit klösterlicher Wäsche: ein zweiter Habit, Schleier, Unterschleier, Stirnbänder, Hauben, die man hier »Hülle« nennt, zwei blaue Arbeitskleider, Kopftücher, ein schwarzer Schleier.

»Wofür ist der denn?«

»Wenn Sie in die Stadt müssen, zum Arzt oder so.«

»Da geht man nicht in Weiß?«

»Nein. Zu Ihrem eigenen Schutz sind Sie da nicht als Novizin kenntlich.«

»Wieso das?«

»War schon immer so, wir können morgen gemeinsam überlegen. Heute bin ich zu müde fürs Warumfragen.«

Sie beginnt die Stecknadeln aus meinem Schleier zu ziehen, der an der Seite noch ihre Blutspuren trägt. Nach erfreulich wenigen Handgriffen kann ich befreit den Kopf schütteln und Hildegard eine gute Nacht wünschen.

Die Geschenke sind auf dem Schreibtisch aufgestapelt, als wären die Freunde gerade hier im Raum gewesen, und jeder hätte ein Zeichen von sich dagelassen. Überflüssige Dinge haben Einzug gehalten in meine hübsche, leere

Klosterzelle. Ich lege den Rothko-Band aufgeschlagen in die kleine Meditationsecke, die ich mir mit einer von der Magistra spendierten Kerze und einem alten Stück Holz aus dem Klostergarten eingerichtet habe. So wie ich Jan kenne, hat er sich viel bei der Wahl seines Geschenks gedacht. Ein tieforangenes Quadrat versinkt in Karminrot, auf der Nachbarseite trifft leuchtendes Himmelblau auf schweres Erdbraun. Farbträume, denen keine Gegenständlichkeit Grenzen setzt. Ikonen ohne schematisierte Christusköpfe, Marien, die Kinder an sich drücken, gepunzte Heiligenscheine. Bislang keine Bilder hier, diese könnten bleiben. Sie schenken Platz, statt welchen zu nehmen. Im Vorwort wird von Rothkos Vorliebe für das Byzantinische berichtet, das wird Schwester Hildegard gefallen.

Silvias Platte werde ich morgen im Noviziats-Plattenschrank deponieren. *Die Brüder Karamasow* stehen gut neben *Regula Benedikti* und Psalmenkommentar. Die anderen Sachen werde ich wieder abgeben. Kein Privatbesitz, an den man sein Herz hängt. Freiheit vom Habenmüssen.

Zum zweiten Mal heute das kaum zu bändigende Bedürfnis zu rauchen. Selbst wenn ich zu einem Automaten gelangen könnte, wäre ich nicht in der Lage, Zigaretten zu holen. Die Benediktinerin hat keinerlei eigenes Geld. Obwohl der heilige Benedikt in der Regel schreibt, jedem im Kloster werde nach seinen Bedürfnissen gegeben, hätte Schwester Simone kaum Verständnis, wenn ich aufs Cellerariat ginge und um Geld bitten würde, weil ich etwas zum Rauchen brauche. Freiwillige Armut heißt: lernen, was man alles nicht braucht.

Ich halte die Nase in die Rosen. Sie riechen nach nichts. Linas Jacke, das einzige »nützliche« Geschenk des heutigen Tages, erweist sich als zu groß, aber schön warm. Mit den Abenteuern von Till Eulenspiegel setze ich mich auf die Fensterbank, schlage es in der Mitte auf, beginne zu lesen: *Gesottenes und Gebratenes wollte Eulenspiegel allezeit essen, darum musste er sehen, woher er das nahm.*

Wenn ein Tag wie dieser mit einem Lachen endet, kann das als gutes Zeichen gewertet werden.

Schwester Simone hat mir zur Einkleidung einen neuen Wecker geschenkt. »Extra laut für Frühaufsteher!«, war ihr Kommentar. Der klingelt heute vier Uhr dreißig, eine Stunde früher. Mein Blick fällt auf die Kleiderstange, die am Schrank befestigt ist. Ein weißer Schleier hängt daran. Ich quäle mich aus dem Bett, obwohl ich das Gefühl habe, erst einen kurzen Moment geschlafen zu haben. Als Schwester Hildegard um halb sechs an meine Tür klopft, um mir beim Ankleiden zu helfen, stehe ich als fertig angezogene Novizin vor ihr.

»Naturtalent! Die meisten benötigen mehrere Tage, bis sie das hinbekommen.«

Ohne eine Antwort zu erwarten, geht sie wieder. Kein schlechter Anfang für den ersten Morgen als Novizin.

Erst jetzt wage ich es, in den Spiegel zu schauen. Eine Nonne sieht mich an, ziemlich blass, das Gesicht vom weißen Leinen der »Hülle« eingerahmt, die unreine Haut an der Stirn gnädig unter dem Stirnband verborgen, blütenweißer Stoff, der vom Kopf über die Schultern bis zu den Ellenbogen fließt. Fremd ist sie, könnte mir gefallen. Vielleicht.

Nach der Messe winkt Schwester Simone Hildegard und mich in einen Seitenflur, wo es für kurze Verständigungen erlaubt ist zu sprechen.

»Zwei Dinge: Zum einen braucht Schwester Luise dringend Hilfe. Schwester Veronika geht bitte ab morgen zur Arbeit in die Gärtnerei. Die Kalte Küche besetzen wir anders.«

Schwester Hildegard will zum Protest ansetzen, Simone fällt ihr unwirsch ins Wort.

»Ich weiß, dass die Arbeitseinsätze der Novizinnen vorher mit der Magistra abgesprochen werden, aber manchmal zwingen die praktischen Notwendigkeiten zum Handeln, ohne den langwierigen Dienstweg einzuhalten. Ich bin als Cellerarin dafür verantwortlich, dass sich hier keiner totarbeitet! Veronika hilft Luise, und damit Schluss!«

Ich finde sie toll, die Cellerarin!

»Und was war das zweite Ding?«

»Haben Sie andere schwarze Schuhe als diese Sandalen?«

Sie deutet auf meine Füße. Ich verneine.

»Dann fahren Sie heute Morgen in die Stadt und kaufen sich welche. Das Auto ist ab zehn Uhr frei. Holen Sie nachher bei mir im Büro Geld, und nehmen Sie bitte Schwester Paula mit, die braucht dringend neue Gummistiefel.«

Noch etwas, was die Novizin der Postulantin voraushat: Sie darf eines der beiden klösterlichen Autos chauffieren. Schwester Margarita verbringt den halben Tag damit, Freiwillige zu finden, die alte Mitschwestern zum Zahnarzt, zur Massage, zum Bahnhof, zur Untersuchung bringen. Antonia und Cäcilia beschweren sich regelmäßig, dass sie so oft »nach draußen« müssen. Ich habe den Tag herbeigesehnt, an dem ich wieder ein Gaspedal unter den Füßen spüre. Den ersten Ausflug gleich am ersten Tag, und dann noch mit Paula. Besser geht's nicht.

Auf dem Weg ins Cellerariat pfeife ich fröhlich ein paar Takte »Exodus«, als plötzlich Schwester Maura vor mir steht, die lautlos aus dem Skriptorium geschwebt sein muss.

»Mädchen, die pfeifen, Hühnern, die krähen, soll man *beizeiten* die Hälse umdrehen.«

Sie hätte mir genauso gut vor die Füße spucken können.

»Tut mir leid, Schwester Maura, ich dachte, hier wäre niemand.«

»Sie sollen die Stille um ihres Wertes willen achten, nicht weil Sie jemand anders hören könnte. Wurde Ihnen das nicht beigebracht?«

»…«

»Vergessen Sie es, ich habe ja nichts mehr zu sagen!«

Bevor ich mich des unerlaubten Beschimpfens einer Konventschwester schuldig mache, fliehe ich durch die Cellerariatstür, die hinter mir ins Schloss knallt.

»Mal langsam, klopfen Sie demnächst an, ja? Was ist denn mit Ihnen los?«

Schwester Simone sieht ehrlich besorgt aus.

»Entspricht das dem klösterlichen Miteinander, eine Novizin wie ein lästiges Insekt zu behandeln?«

»Erzählen Sie!«

Sie hört sich geduldig meinen Bericht an, nickt ab und zu verständnisvoll und meint, sie wäre an meiner Stelle auch sauer. Im Übrigen könne sie nur raten, in Zukunft nicht mehr auf dem Abteigang zu pfeifen und meiner Magistra von dem Vorfall zu berichten, bevor Schwester Maura es täte. Sie reicht mir ein schwarzes Portemonnaie nebst Autoschlüssel.

»Habe ich das nicht schön arrangiert, den Ausflug mit Schwester Paula? Und kaufen Sie gute Schuhe, kein Billigzeug, das nach vier Wochen kaputt ist. Viel Spaß!«

Am Auto wartet Paula.

»Habe dich gar nicht erkannt mit dem schwarzen Schleier. Sag bloß, du fährst mich in die Stadt!«

»Du hast mich so oft auf deinem Trecker durchgeschüttelt, jetzt bin ich dran.«

Sie lacht aus vollem Hals und lässt sich beim Einsteigen helfen. Ich habe das Autofahren immer gemocht. Wenn mich mein Kontostand am Monatsende zwang, die Wahl zwischen Abendessen oder Benzin zu treffen, habe ich keine Sekunde gezögert und bin zur Tankstelle gefahren. Zusehen, wie der nette Student, dessen Umschlag mit tausend Mark in bar ich auf dem Cellerariat abgegeben habe, meinen Käfer vom Klosterparkplatz fährt, war eine der schwersten Übungen. Aber auch befreiend.

Jetzt starte ich den dunkelblauen Passat, lenke den Wagen zum großen Eisentor, das sich auf Knopfdruck langsam aufschiebt, um uns herauszulassen. Das merkwürdige Gefühl, einen sicheren Raum zu verlassen, mischt sich mit Unsicherheit angesichts des bevorstehenden Auftritts im Gewand einer noch fremden Existenz. Vielleicht doch keine so gute Idee, den ersten Tag als Nonne mit Stadtgang zu verschönern.

Paula erzählt das Neueste von Sam, dem kleinen Kater, den wir, nachdem ich ihn krank vor dem Noviziatshaus gefunden hatte, den Winter über in der Imkerei versteckt und mit geklauten Essensresten gefüttert haben, bis er langsam wieder zu Kräften kam. Jetzt läuft er Paula und mir mit solch hartnäckiger Anhänglichkeit nach, dass wir ihn regelmäßig aus dem Nonnenchor werfen müssen, wenn Schwester Franziska die Tür zum Lüften auflässt, und mancher Mitschwester gegenüber in Erklärungsnotstand geraten, wieso das Tier derart hinter uns her ist.

»Hörst du mir überhaupt zu? Was sitzt du so steif hinter dem Steuer?«

»Tut mir leid, ich fühle mich noch nicht besonders zu Hause in der neuen Rolle.«

»Eine Rolle sollst du nicht spielen.«

»Ich muss noch üben, das zu sein, was ich mit diesem Gewand darstelle.«

»Das müssen wir alle.«

Nach einer weiteren Kurve endet der Wald, die Landstraße führt schnurgerade durch brache Wiesenlandschaft. Gas geben, spüren, wie der Wagen mit einer Kraft beschleunigt, die mein alter Käfer nie aufgebracht hätte, die verspannten Schultern lockern, durchatmen. Zen in der Kunst des Autofahrens.

Wir erreichen die Stadt, suchen lange nach einem Parkplatz, laufen Arm in Arm durch die Fußgängerzone. Wildfremde Menschen wünschen uns einen guten Tag. Eine alte Frau grüßt uns mit »Gelobt sei Jesus Christus!«.

»Ja, Grüß Gott auch«, sagt Paula und flüstert: »Nie werde ich mich an diese Bayern gewöhnen!«

»Was wollte die?«

»Sie erwartet, dass wir ›in Ewigkeit, Amen‹ antworten.«

»Wieso?«

»Wir sind Nonnen, das machte man früher so. Schöner alter Brauch, ich krieg's nur nicht über mich.«

»Im Kloster habe ich das noch nie gehört.«

»Das fällt unter ›Volksfrömmigkeit‹, und die ist bei den meisten intellektuell-liturgiebewegten Mitschwestern wenig beliebt.«

Paula bleibt stehen, stemmt die Hände in die Hüften und schaut auf ein Plakat, das übergroß an der gegenüberliegenden Hauswand prangt: Eine junge Frau mit dichten kastanienbraunen Locken rekelt sich im Sand und präsentiert den Passanten ihren makellosen Körper, den nichts als ein knapper Slip bedeckt, während die sonnengelbe Schrift über ihrer rechten Schulter für Last-Minute-Flüge in den Süden wirbt.

»Warum tut sich ein junges, hübsches Mädchen das an?«

»Was?«

»Sich so auszuliefern.«

»Die kriegt dafür viel Geld. Seit wann bist du prüde, Paula?«

»Hat mit prüde nichts zu tun. Die Frau da macht sich zum Objekt, lässt sich auf ihren Körper reduzieren, setzt sich ungeschützt geilen, respektlosen Blicken aus. Wo, bitte schön, will die noch Intimsphäre haben? Und was macht sie, wenn sie mal alt und runzelig ist? Sich umbringen, weil nichts mehr von dem übrig ist, was ihren Wert ausgemacht hat? Nee, nee, da laufe ich lieber in meinen Nonnenklamotten rum.«

Der Schuhverkäufer hält uns die Tür auf, begrüßt die »ehrwürdigen Schwestern« aufs Herzlichste, fragt, was er für uns tun kann. Paula erzählt ihm vom Traktorfahren im Regen, und wenige Minuten später lachen die beiden gemeinsam über ein Paar geblümter Gummistiefel, in denen Paula durch den Laden humpelt.

Ein weiterer Verkäufer nähert sich, fragt, ob er mir den zweiten Schuh zu dem, den ich gerade in der Hand halte, bringen soll. Als er zurückkommt, sieht er mir lange staunend ins Gesicht, schüttelt den Kopf, entschuldigt sich.

»Sie sind sehr jung! So etwas sieht man nicht mehr allzu oft heutzutage.«

Ich nehme ihm den Schuhlöffel aus der Hand, versichere, dass ich ohne Hilfe zurechtkomme. Flache schwarze Halbschuhe mit Gummisohlen, die auf den Steinböden keinen Krach machen. Die hätte ich früher nie angezogen, aber sie sind zweckmäßig und passen einigermaßen. Bevor ich dem dienstbeflissenen Herrn weitere Gelegenheit gebe, zu schwärmen, wie ermutigend es doch sei, dass sich heutzutage noch junge Menschen für den Dienst in der Kirche entscheiden, stelle ich das Paar Schuhe an die Kasse und frage Paula, ob sie so weit fertig ist. Eigentlich erstaunlich, aber unter »Dienst in der Kirche« habe ich mein derzeitiges Leben noch nie gesehen. Die Institution als solche ist mir eher fremd geblieben. Will ich mein Dasein in diesem Kontext sehen? Traditionell sind die Benediktinerinnen mit ihrem Prinzip der autonomen Abteien dezentral organisiert. Übergeordnete Autorität, und sei es in Form eines päpstlichen Machtworts, wird eher kritisch aufgenommen, habe ich mir sagen lassen. Das hat mir gefallen. Trotzdem entwickle ich bei der Beschäftigung mit der Geschichte der Kirche einen gewissen Respekt vor einer Organisation, die sich trotz aller Missstände über die Zeitläufte halten konnte und noch im zwanzigsten Jahrhundert in der Lage ist, mit dem Zweiten Vatikanischen Konzil eine grundlegende Reform durchzuführen und vielen Menschen eine religiöse Heimat zu geben. Andererseits … Ich muss auf dem Rückweg Paula danach fragen, sie schimpft oft über »moraltheologische Engstirnigkeiten aus Rom« und versichert, sie sei Katholikin geworden, weil man nur dort Benediktinerin sein könne. Luise hat einmal die Bedeutung der kirchlichen, weltumspannenden Dimension unseres Daseins erwähnt. Wie gut, dass ich sie um Rat bitten kann, wenn ich ab morgen wieder täglich mit ihr arbeite.

Als wir den Laden verlassen, stellt sich ein hochgewachsener Punk breitbeinig vor uns. Zerrissene Hose, dunkel geschminkte Augen, Sicherheitsnadeln durch Ohr und Nase, Irokesenschnitt, die Haare stachelartig in Pink und Giftgrün weit vom Kopf abstehend. Er mustert uns von oben bis unten, zieht geräuschvoll die Nase hoch, spuckt knapp neben Paulas Füße. Die hält mich zurück, bittet, kurz ihre Tüte zu halten, verschränkt die Arme, lässt den Blick wie in Zeitlupe über ihr Gegenüber wandern und ruft, wobei sie den Kopf in den Nacken legen muss, um zu ihm aufsehen zu können: »So originell wie du sind wir allemal!«

Der Punk starrt sie verblüfft an. »Stimmt eigentlich.«
»Dann kannst du ja auch höflich sein.«

Sein Gesicht verzieht sich zu einem anerkennenden Lächeln, das Paula mild erwidert.

»Ihr Nonnen habt nicht zufällig eine Mark für mich?«
»Nee, wir sind selber pleite.«

Paula lehnt dankend den angebotenen Kaugummi ab, verabschiedet sich mit guten Wünschen, nimmt ihre Tüte und setzt sich in Bewegung. Ein paar Schritte weiter sagt sie: »Ich frage mich, wie lange der morgens braucht, bis er die Haare so schön hat.«

Wir biegen in eine Gasse ein, kommen auf den großen Marktplatz.

Ich stelle mir vor, wir sind kostümierte Statisten, die durch eine Filmszene laufen. Im Vordergrund zündet Marcello Mastroianni eine Zigarette an, während er darauf wartet, dass Anouk Aimée barfüßig aus dem Auto steigt. Im Hintergrund kommen zwei Nonnen von links ins Bild, bleiben kurz am Brunnen stehen. »Aus!« Fellini ruft einem Techniker etwas zu, ermahnt die Statisten, langsamer zu gehen. Der Requisiteur reicht Mastroianni eine neue Zigarette, Aimée steigt wieder ins Auto, die Nonnen gehen zu ihrem markierten Ausgangspunkt zurück.

Paula muss noch in die Apotheke.

Gnadenlos grüßende Passanten, meist Angehörige der älteren Generation, signalisieren Kontaktfreudigkeit, die ich zu ignorieren versuche.

Eine junge Frau mit Kinderwagen fragt nach dem Weg, wir können ihr nicht weiterhelfen. Zwei Obdachlose sprechen uns an, erhalten von Paula die Wegbeschreibung zum Kloster mit dem Hinweis, dort könnten sie etwas zu essen bekommen. Eine alte Frau bittet in der Apotheke »die junge Schwester«, kurz auf ihre zwei vollgepackten Einkaufstaschen zu achten. Ich blicke hinter mich, bis ich kapiere, dass sie mit mir spricht.

Als Nonne scheint man vertrauenswürdiges Allgemeingut zu sein.

»Grüß Gott, die Schwestern!« – »Einen schönen Tag den ehrwürdigen Schwestern!« – »Gott zum Gruße, die Schwestern!«

Wenn wir nicht bald beim Auto sind, bekomme ich noch Verfolgungswahn!

Paula reicht mir ein Pfefferminzbonbon.

»Kleine, du musst aber noch viel lockerer werden!«

4

Wendezeiten

Ist es dafür nicht noch zu kühl?«
»Wir haben mindestens fünfundzwanzig Grad.«
Schwester Germana lächelt meine nackten Füße an,
beugt sich über die mit langstieligen gelben Rosen gefüllte Schubkarre.

»Aus unserem Treibhaus?«

»Doktor Hartmann hat sie schicken lassen für die Feier
zum Gründungstag. Ich soll Kirche und Konventraum
damit schmücken.«

»Muss ihn ein kleines Vermögen gekostet haben.
Macht nichts, der verdient gut an uns. Kriege ich eine für
meine Zelle?«

»Klar, auch zwei. Sie sind die Chefin!«

»Die längste Zeit gewesen.«

Sie sieht müde aus, wie oft in letzter Zeit. Im Konvent
wird gemunkelt, sie würde eventuell nicht wiederkommen nach der Hüftoperation, die sie bis zum Ende ihrer
Amtszeit aufgeschoben hat. Hedwig meint, sie habe das
Gerücht selbst in die Welt gesetzt. Fest steht: Sie wird
fortgehen, bald. Für drei Wochen, drei Monate, ein halbes Jahr? »Bis die neue Äbtissin mich dazu auffordert,
in die Gemeinschaft zurückzukehren«, sagte sie mir vor
einigen Tagen. Dies solle der Nachfolgerin den Einstieg
in den Dienst der Leitung erleichtern.

Sie hat ein liebevolles Auge auf mich gehabt in den vergangenen zwanzig Monaten. Und nicht nur das. Oft hat sie in Konflikten mit Schwester Hildegard vermittelt, hat mich verteidigt, um Verständnis geworben. Die Freundschaft mit Paula, mein angeblich zu starkes Interesse an »weltlicher« Musik und Literatur, die »allzu profane Herangehensweise bezüglich der klösterlichen Normen und Werte«, die unzähligen Ausrutscher in den Fallen des monastischen Alltags: Germana hat sich immer schützend vor mich gestellt. Als ich einmal, nach einer heftigen Auseinandersetzung mit Schwester Hildegard, bei ihr im Büro erschien, um meinen Austritt zu vermelden, wies sie mich mit den Worten zurück: »Wenn Sie gehen, dann nicht, weil Sie vor der Magistra kneifen; suchen Sie sich einen besseren Grund.« Noch am selben Nachmittag wurde sie bei einem langen Spaziergang mit Hildegard gesichtet, die mich danach tagelang mit Samthandschuhen anfasste.

Im Herbst wird der Konvent über meine Mitgliedschaft abstimmen, unter einer Oberin, deren Namen noch niemand kennt. Das Gute daran: Ich kann gehen, wenn mir das Wahlergebnis nicht passt; das Schlechte: Ich muss gehen, wenn ich Germanas Nachfolgerin nicht passe.

Als Novizin bin ich, ebenso wie die Schwestern mit zeitlichen Gelübden, nicht wahlberechtigt. Es wurde uns angekündigt, dass wir an den Wahltagen Küche und Telefonzentrale zu versorgen hätten, während der Konvent sich in den Kapitelsaal zurückzieht. Gästehaus, Werkstätten und Buchhandlung werden geschlossen, das Kloster wird praktisch lahmgelegt sein. Für wie lange, weiß keiner. Es soll in anderen Klöstern Wahlen gegeben haben, die über eine Woche dauerten. Ein Abt wird anreisen, um der Wahl vorzustehen.

»Braucht man einen Außenstehenden dazu?«, habe ich die Magistra gefragt. Sie antwortete, das habe etwas mit der Jurisdiktionsgewalt zu tun, die könne nur der Abt, sprich: ein zum Priester geweihter Mann, ausüben. Es folgte ein längerer kirchenrechtlicher Vortrag, bei dem mir nur eines klar wurde: dass ich die viel gepriesene Selbstständigkeit der benediktinischen Frauenabteien innerhalb der Kirche überschätzt hatte.

Immerhin: Gewählt wird streng geheim und demokratisch. Jedes Vollmitglied der Kommunität besitzt aktives wie passives Wahlrecht.

»Schwester Germana, ich fürchte mich vor dem, was nach Ihrem Rücktritt kommt.«

»Ich auch. Uns bleibt nichts anderes übrig, als auf Gott zu vertrauen.«

»Wenn das so einfach wäre.«

»Habe ich gesagt, dass es einfach ist?«

»Es wird hinter vorgehaltener Hand geflüstert, dass nicht wenige für Schwester Hildegard stimmen werden.«

»Die braucht noch Zeit. Wenn sie lernt, mit ihrer Unsicherheit umzugehen, könnte sie in zehn oder zwölf Jahren eine gute Vorsteherin sein.«

Ich melde Zweifel an, aber Germana will nicht darauf eingehen.

»Wir sollten solche Gespräche nicht führen. Ich muss lernen loszulassen, und Sie müssen lernen zuzulassen. Darauf sollten wir uns konzentrieren.«

Schwer auf ihren Stock gestützt, geht sie zum Haupthaus, hält die Rosen in der linken Hand. Zwei auf und ab hüpfende Flecken leuchten gelb auf schwarzem Tuch. Eine alte Frau, die seit über fünfzig Jahren im Kloster lebt, hat Angst, ihr Zuhause zu verlassen.

In der Kirche übt Schwester Cäcilia einen Choral von Bach. »Jesus bleibet meine Freude«, wenn ich mich nicht irre. Sie spielt gut, vielleicht eine Idee zu schnell, was aber daran liegen mag, dass ich Schwester Apollonias Stil der extremen Verlangsamung gewohnt bin. Cäcilia hat vor zwei Monaten ihre ewige Profess gefeiert und ward seitdem nicht mehr ohne schwarzen Schleier gesehen. Paula behauptet, sie putzt sogar ihre Zelle im Habit. Die alte Organistin überlässt ihr ungern die Orgelbank, aber nach einem Machtwort der Priorin hat sie seit Kurzem morgens eine Stunde Zeit zum Üben, damit sie in der Lage ist, Apollonia im Krankheitsfall zu vertreten. Mit knapp vierzig Jahren ist man im Kloster noch immer »die Junge«, die sich den Älteren unterzuordnen hat. Während ich dem Bach-Choral lausche, muss ich gegen die Versuchung ankämpfen, meiner hochverdienten alten Mitschwester Apollonia die Grippe an den Hals zu wünschen, um Cäcilias Spiel öfter genießen zu können. Sie lässt den Schlussakkord lange ausklingen, nimmt dann ruckartig die Hände von den Tasten und beugt sich über die Brüstung der Orgelempore.

»Wie finden Sie den Bach?«

»Fetzig!«

»Bitte?«

»Feierlich-dynamisch, meine ich. Wirklich schön!«

»Danke! Was meinen Sie, soll ich es an Schwester Germanas Abschiedstag zum Auszug spielen?«

»Nein!«

Ich greife meine restlichen Blumen, lasse den halb fertigen Kirchenschmuck, wie er ist, und verschwinde. Abschiedsfeierlichkeiten habe ich schon immer gehasst, egal, wen sie betreffen.

Der diesjährige Jahrestag der Gründung fällt auf einen Freitag. Es gibt trotzdem Fleisch und Wein zum Mittagessen, Bier, Hawaiitoast und Vivaldi zum Abendbrot. Niemand lächelt, als Schwester Maria der Priorin beim Tischdienst ein Maiglöckchen überreicht. Letztes Jahr war die Stimmung deutlich entspannter. Zur abendlichen Rekreation wurde Pater Rhabanus eingeladen, der darüber so erfreut war, dass er es sich nicht nehmen ließ, höchstpersönlich im Wald die Maikräuter zu sammeln, mit denen er eine Bowle nach dem Rezept seiner verstorbenen Mutter zubereiten ließ. Sie fand begeisterte Abnehmerinnen, und nachdem Schwester Apollonia sich selbst am Flügel zu »Ich hab noch einen Koffer in Berlin« begleitet hatte, forderten die jüngeren Schwestern, die Gründerinnen mögen von den Anfängen berichten. Die zierten sich kurz, maulten halbherzig, dass sie die alten Geschichten jedes Jahr zum Besten gäben, wer die denn noch hören wolle. »Alle!«, rief es im Chor, und eine nach der anderen begann fröhlich, manche mit glänzenden Augen, zu erzählen: Wie die Gründungsgruppe mit einem feierlichen Gottesdienst das Gelände in Besitz nahm und die Aufbruchsstimmung selbst die hartnäckigsten Skeptiker des benachbarten Dorfes für die kleine Nonnengemeinschaft einnahm; von den ersten Wochen, in denen alle gemeinsam Trümmer und Bauschutt aus den Gebäuden geschafft haben, um wenigstens einige bewohnbare Zimmer herrichten zu können; wie sie in den Fluren Gebetszeiten auf Campingstühlen abhielten, weil man in der Kirche vor lauter Baulärm das eigene Wort nicht verstand; von dem Tag, als der Lastwagen mit den ersten Muttersauen auf den Hof fuhr und Schwester Franziska augenblicklich zurück in ihr Herkunftskloster wollte; wie Schwester Clementia vom Nachbarbauern ein frisch geworfenes Ferkel ausgeliehen hatte, um der dringend aufmunterungsbedürftigen Schwesternschaft zur Rekreation das Tier als »ersten eigenen Nachwuchs« zu präsentieren. Sie redeten ohne Pause, lachten laut, überzogen die Rekreation so lange, dass man die Komplet verschieben musste. Für die Dauer einer Stunde liebte ich sie alle.

Dieses Jahr sind die Schwestern stiller, die Geschichten ernster. Schwester Apollonia weigert sich aufgrund akuter Kopfschmerzen, etwas zu singen. Schwester Hedwig sagt, ihr sei zurzeit nicht nach Cellospielen, man solle eine Platte auflegen, wenn man unbedingt Musik wünsche. Der Pater scheint als Einziger bester Laune zu sein, bedankt sich überschwänglich, dass er dieses Jahr wiederkommen durfte, scherzt über seinen Einstand im Kloster vor zwanzig Jahren, bei dem ihm vor der »Übermacht der starken Frauen« angst und bange war. Man schmunzelt verhalten. Schwester Germana wirkt abwesend, putzt sich die Nase, spielt nervös mit dem Ring an ihrem Finger. Nach der Rekreation winkt sie mich zu sich.

»Pater Rhabanus lässt Ihnen ausrichten, Sie könnten ohne Scheu einmal zum Beichten kommen.«

»Muss ich?«

»Niemand kann Sie dazu zwingen, aber ich rate Ihnen, sich darauf einzulassen und Ihre eigenen Erfahrungen zu machen.«

»Ich gehe nicht in den Holzschrank, da bekomme ich Platzangst.«

»Erstens ist ein Beichtstuhl kein Schrank, und zweitens können Sie, wenn Ihnen das lieber ist, zum Beichtgespräch ins Sprechzimmer an der Pforte gehen, da sitzen Sie dem Pater gegenüber und unterhalten sich ganz normal mit ihm.«

»Gut, ich versuche es.«

Bereits am folgenden Morgen spricht mich Schwester Placida mit gedämpfter Stimme an.

»Hochwürden lässt fragen, ob Ihnen heute Nachmittag, fünfzehn Uhr passen würde.«

»Hhmm.«

»Heißt das ›Ja‹?«

»Hhmm.«

Der Pater steht auf, als ich das Zimmer betrete, kommt mir mit ausgestrecktem Arm und seltsam hölzern nach vorne gebeugtem Oberkörper entgegen. Dass er mich in diesem Moment an Linas halbseitig gelähmten Onkel Alfred erinnert, versuche ich mir ganz schnell wieder aus dem Kopf zu schlagen.

Er schüttelt mir lange die Hand. »Wie schön, dass Sie den Weg zu mir gefunden haben!«

»Ja.«

Ich will sofort hier raus!

Er bittet mich, Platz zu nehmen, legt seine gefalteten Hände auf den Tisch, sieht mich erwartungsvoll an.

Nach unendlich langem Schweigen sagt er: »Nun?«

»Nun was?«

»Sie sollten schon etwas sagen.«

»Können Sie nicht Fragen stellen?«

»Das ist ein Beichtgespräch, es will Gelegenheit geben, über das zu sprechen, was Ihnen am Herzen liegt, wofür Sie einen geistlichen Rat wünschen oder was Sie vielleicht belastet. Die Themen sollten von Ihnen vorgegeben werden. Schließlich geht es ja um Sie.«

»Mir geht's gut.«

Wenn ich Priester wäre, würde ich eine Packung Pistazien auf den Tisch legen oder eine Gebetskette, irgendetwas, womit man seine Finger beschäftigen kann.

»Pater, ich ...«

Warum nutze ich nicht die Gelegenheit und rede mit dem Mann, der seinem Glauben nach eher sein Leben lassen würde, als etwas vom Inhalt des Gesprächs preiszugeben? Stefan gegenüber habe ich eisern die Theorie vertreten, dass die katholische Praxis, bei der den Menschen die Möglichkeit angeboten wird, im Schutzraum des Beichtgeheimnisses Schuld oder das, was sie als solche empfinden, ins Wort zu bringen, manch psychisch bedingtes Krankheitsbild lindern könne. Ich habe eineinhalb Jahre Therapie hinter mir, musste während meiner Ausbildung die Grundregeln der Gesprächsführung lernen, bekam die besten Zensuren in mündlichen Prüfungen, und nun sitze ich hier und benehme mich wie ein Kindergartenkind, das überfordert ist, wenn es vor dem Nikolaus ein Gedicht aufsagen soll.

»Fühlen Sie sich belastet, wollen Sie sich in irgendeiner Weise erleichtern?«

Ich werde lachen. Wenn ich nicht in einer Sekunde hier raus bin, werde ich diesen freundlichen alten Mönch auslachen und mich hinterher unsagbar elend fühlen.

»Entschuldigen Sie bitte, ich bin nicht vorbereitet, muss mich mit dem Thema Beichte noch beschäftigen, vielleicht können Sie mir ein Buch empfehlen …«

Die Tür ist hinter mir zu, bevor er etwas erwidern kann. Manchmal hasse ich mich! Als ich auf die Uhr sehe, stelle ich fest, dass nur zehn Minuten seit Betreten des Sprechzimmers vergangen sind. Fest steht: Nie wieder! Es muss bei mir auch ohne priesterlichen Beistand gehen, auf die Absolution wird fortan verzichtet. Hoffentlich bleibt Schwester Germana noch genug Zeit, um mich da wieder herauszuhauen.

Bleibt ihr nicht. Beim Abendessen verkündet Radegundis, Schwester Germana habe Nachricht von der Klinik, der Operationstermin sei um eine Woche vorverlegt, sie fahre morgen nach der Messe ab, Konvent und Noviziat mögen bitte jetzt geschlossen zur Abschiedsrekreation erscheinen, die Priorin werde ihr Amt niederlegen.

Es ist ungewöhnlich still, als ich den Konventraum betrete. Sobald wir alle Platz genommen haben, ergreift Schwester Hedwig das Wort.

»Schwester Germana hat sich für unser Zusammensein die Gestaltung einer Musikmeditation gewünscht. Weil keine Zeit für die Vorbereitung blieb, wähle ich etwas aus dem Kurs, den ich letzte Woche gehalten habe:

Bach-Werke-Verzeichnis dreiundsiebzig, eine Kantate aus dem Leipziger Zyklus.«

Die Vorliebe der Priorin für Bach ist allgemein bekannt, trotzdem wäre mir ausnahmsweise die Fortsetzung von Vivaldis heiterem Flötenkonzert lieber gewesen. Wir sitzen im Kreis, hören Hedwigs einführenden Kommentar, warten, bis sie den Plattenspieler in Gang gesetzt hat. Niemand sagt etwas, selbst Paula sitzt ruhig da, ohne mit Placida neben ihr zu reden. Als die Musik einsetzt, bewegen sich Germanas Hände unter dem Skapulier im Takt, ihre Gesichtszüge entspannen sich.

Bläser, Streicher, Chor: »Herr, wie du willst, so schick's mit mir …«

Die meisten Schwestern haben die Augen geschlossen, sodass ich unbemerkt eine nach der anderen ansehen kann. Wer wird wen wählen? Ich versuche eine Einschätzung, weise jeder eine Stimme zu, überschlage kurz die Zahlen, erstelle die Prognose. Spekulation, was ich hier mache, ist reine Spekulation! Wie lange werde ich brauchen, um die Koffer vom Dachboden zu holen, woher nehme ich das Geld für ein Taxi? Zu Lina oder doch lieber zu Stefan? Auf keinen Fall zu Max, der wird mich besserwisserisch angrinsen und sagen: »Na, fertig mit deinem Experiment?« Und wenn schon, dann war es das eben. Aber es ist Frühling, man kann im Garten durch blühende weiß-rosa Baumreihen laufen, sich am Duft der Apfelblüten betrinken, unterm Pflaumenbaum sitzen und warten, bis eines von Nachbars Pferden am Horizont entlanggaloppiert. Paula und ich wollen bald das Bienenhaus streichen, und die ersten Kirschen reifen in wenigen Wochen. Ich will jetzt nicht weg. Im Herbst vielleicht, oder im Winter, wenn die Äpfel aufgebraucht sind und der Küchendienst wartet. Oder wenn sich endgültig herausstellt, dass hier keine Antworten zu finden sind.

Hedwig liest den Text der folgenden Arie vor, weist darauf hin, dass diese zu Recht berühmt ist für ihre Freiheit in Ausdruck und Rhythmus, lässt die Nadel wieder auf die Platte sinken. Ich lehne mich zurück und fange an, die Bassstimme zu genießen, die sich über den Klang einiger Streicher legt. Vielleicht doch keine so schlechte Idee, auf eine bedrückte Abschiedsgesprächsrunde zu verzichten und stattdessen gemeinsam Bach anzuhören.

Pizzicato, wieder der Bass: »So schlagt ihr Leichenglocken, ich folge unerschrocken, mein Jammer ist nunmehr gestillt …« Die haben Nerven, die Nonnen! Ich schaue auf, Luise lächelt mir zu, die Priorin scheint in ihre eigenen Gedanken versunken zu sein.

Nach dem Schlusschoral erhebt sich Schwester Radegundis, die Hände feierlich ineinandergelegt, und beginnt mit bedeutungsvoller Miene eine Ansprache zu halten.

»Schwester Priorin-Administratorin Germana, ich darf Sie ein letztes Mal so nennen. Sie haben bei Ihrem Amtsantritt bewusst auf die Anrede ›Mutter‹ verzichtet, wollten weiterhin Schwester unter Schwestern sein. Ich danke Ihnen heute im Namen der Kommunität für die vergangenen drei Jahre, in denen Sie unserer Gemeinschaft Ihre mütterliche Sorge zukommen ließen …«

Sie spricht volle zehn Minuten, gebraucht ungefähr siebzehn mal das Wort »Führerin«, flicht griechische wie lateinische Zitate ein, von denen ich nicht einmal ansatzweise den Sinn erfasse, und bringt sogar Schwester Franziska, die sonst jeder Predigt andächtig zuhört, dazu, einen genervten Blick mit ihrer Nachbarin zu wechseln. Immerhin scheint der wachsende Unmut über die Worte der Subpriorin die Kommunität etwas aufzulockern. Paula streckt ihre kurzen Beine aus, rutscht bis zur Stuhlkante vor und lässt aufstöhnend die Arme baumeln, während sie, den Kopf im Nacken, die Neonröhren an der Decke betrachtet. Placida zischt ihr etwas zu, Paula kichert und richtet sich wieder auf. Hedwig reicht Luise ein Hustenbonbon, Clementia macht Zeichen, dass sie auch eins will. Radegundis lässt sich vom Rascheln des Bonbonpapiers kurz irritieren, schaut mit hochgezogenen Brauen in die Runde, was niemanden weiter beunruhigt, und kündigt schließlich offiziell den Termin für die Äbtissinnenwahl an: zwanzigster Mai. In vierzehn Tagen. Abt Lukas habe bereits zugesagt. Außer den Schwestern des Noviziats macht keine den Eindruck, dies nicht bereits zu wissen.

Germana steht auf.

»Schwestern, es fällt mir schwer, sehr schwer, fortzugehen. Der Abschied kommt nun doch schneller, als wir dachten. Ich habe mich gefürchtet vor diesem Tag, aber nun ist er da, und vielleicht ist das auch gut. Wir alle stehen vor einer Wende, einem Neuanfang …«

Sie räuspert sich, wischt eine Träne aus dem Augenwinkel, räuspert sich erneut. »Ach, was soll's, ich spare mir die Abschiedsrede. Schwester Radegundis übernimmt die Amtsgeschäfte bis zur Wahl. Danke für das Vertrauen in den letzten drei Jahren, machen Sie's gut. Beten Sie für mich.«

Die Türklinke in der Hand, dreht sie sich noch einmal um. »Ich würde gerne bald zurückkommen, eine andere Aufgabe übernehmen und wieder ein Teil von Ihnen sein. Diejenige, die das Amt antritt, wer auch immer es sei, soll wissen, dass ich ihr nicht im Weg stehen werde.« Jetzt laufen ihr Tränen die Wangen hinunter, die sie in beinahe kindlicher Hilflosigkeit mit ihrem Ärmel abwischt. Warum tut keiner etwas?

»Germana, lies die Deklarationen, und reiß dich zusammen!« Schwester Mauras gebieterischer Ausruf scheint das betretene Schweigen in große Splitter zu brechen, wofür ich ihr fast dankbar bin.

Schwester Raphaela steht auf und wirft Maura einen wütenden Blick zu. Sie legt ihren Arm um Germanas Schultern, reicht ihr ein Taschentuch und führt sie nach draußen.

»Da ist gerade eine Ära zu Ende gegangen«, flüstert Maria mir zu.

»Glauben Sie, dass sie wiederkommt?«

»Natürlich kommt die wieder. Spätestens nach der Reha ist sie zurück.«

»Mir hat sie erzählt, dass ihre Rückkehr von der Gnade der neuen Äbtissin abhängig ist.«

»Schwester Germana hat genau wie alle anderen ihre Gelübde auf dieses Kloster abgelegt und muss nicht fortgehen, wenn sie nicht will. Die Regelung, das Haus nach dem Rücktritt erst einmal zu verlassen, gilt für geweihte Äbtissinnen. Germana hat sich da ein wenig hineingesteigert. Man muss ihr das nachsehen, sie verliert ihr Amt, ist erschöpft und fürchtet sich vor Operation und Altenteil.«

Marias zeitliche Profess läuft in vier Monaten ab. Das

wäre normalerweise der Termin für die Ablegung ihrer ewigen Gelübde. Sie weiß nicht, in wessen Hände sie die Professurkunde legen wird, darf noch nicht einmal mitwählen. Woher nimmt sie die Gelassenheit? Sie würde mir antworten, dass ihre persönliche Entscheidung unabhängig von Menschen sein muss, aber reden hier nicht dauernd alle von der prägenden Wirkung einer bestimmten Amtsführung?

»Machen Sie sich keine Sorgen? Was, wenn Schwester Hildegard Äbtissin wird und uns das Leben zur Hölle macht?«

»Auf keinen Fall macht die uns das Leben zur Hölle, so etwas sollten Sie nicht einmal denken. Wenn sie gewählt wird, versucht sie, ihr Bestes zu geben, ich werde sie nach Kräften unterstützen, und Sie sollten das auch tun.«

»Sie glauben, dass sie gewählt wird?«

»Ich bin offen für jede Mitschwester. Der Konvent wird die richtige bestimmen. Schließlich gibt es so etwas wie den Heiligen Geist.«

Maria ist vermutlich ein großes Vorbild in Gottvertrauen und klösterlicher Hingabe, aber ich komme nicht umhin, ihr eine Hardlinerin von der »Alten Schule« an den Hals zu wünschen. Was würde sie davon halten? Ginge ihre beispielhafte Offenheit so weit? In dem Fall könnte *ich* allerdings gleich einpacken. Dann lieber Hildegard? Nein, die Herrschaft der Ängstlichen gerät leicht zur Diktatur.

Im Notfall frage ich Jan, ob er in seinem großen Pfarrhaus noch ein Zimmer frei hat. Dann flippt seine Mutter endgültig aus. Stefan meinte letztens, er hätte jederzeit einen Job für mich. Ich bin noch nicht so lange aus dem Beruf, dass ein Wiedereinstieg mir Probleme bereiten könnte. Schichtdienst, Warten auf den Gehaltsstreifen, Ärger, weil der Vermieter mal wieder die Heizung nicht anschaltet, den nächsten Urlaub planen, an der Karriere arbeiten, auf das neue Auto sparen …? Keine Lust.

»Nun bist du schon über zweieinhalb Jahre hier und immer noch auf dem Sprung«, sagte Paula gestern.

»Ich bin noch da, das ist doch was«, habe ich ihr geantwortet, worauf sie mit einer wegwerfenden Handbewegung auf ihren Traktor stieg und mir im Losfahren zurief: »Man muss erst mal ankommen, um in die Tiefe vordringen zu können.«

Was hat sie gemeint? Halte ich es aus dem Grund so lange aus, weil ich mir täglich sage, dass mich niemand davon abhalten wird, einfach hier herauszuspazieren, und dass ich deshalb genauso gut abwarten kann, was als Nächstes passiert? Die Freiheit zu gehen als Motivation zu bleiben. Reicht das?

Trotz der Beteuerungen, alles der Macht des Heiligen Geistes überlassen zu wollen, scheint das bevorstehende Ereignis die Gemüter mehr und mehr zu beunruhigen. Immer öfter treffe ich im Haus auf Grüppchen von zwei oder drei Nonnen, die sich hektisch flüsternd unterhalten und schweigend auseinandergehen, sobald sie mich bemerkt haben. Satzfetzen geistern durchs Kloster, auch da, wo Stille herrschen sollte: »Zu jung …, früher wäre das nicht …, fehlt die Erfahrung …, zu alt …, wir haben schon genug Probleme mit …, die soll aufhören, sich in den Vordergrund zu spielen.«

Luise bringt es auf den Punkt: »Es wird Zeit, dass das vorbei ist!«

Paula sagt: »Manch eine hat auch Angst um ihren Posten.«

»Warum?«

»Mit der Einsetzung einer neuen Äbtissin erlöschen alle Ämter. Sie können bestätigt werden, aber grundsätzlich wird jede Offizialin neu ernannt, jedes Amt neu besetzt. Priorin, Subpriorin, das Seniorat, die Magistra, die Cellerarin ... So ist das Prinzip: Die Chefin wird demokratisch gewählt und kann fortan autonom regieren. Nicht in allem, aber in den meisten Fällen.«

Sie sieht mich aufmerken und fängt an zu lachen. »Ja, vielleicht hast du Glück. Aber sei nicht ungerecht zu Hildegard, so übel ist sie nicht. Sie will ihre Sache gut machen, zu gut vielleicht. Die hat sich den Magistrajob nicht ausgesucht, wäre viel lieber Kantorin geworden.«

»Bist du sicher?«

»Nee, könnte ich mir aber vorstellen.«

Auf dem Weg zur Arbeit spricht mich Schwester Sophia an: »Ich habe gehört, dass Sie handwerklich geschickt und künstlerisch interessiert sein sollen. Könnten Sie sich denken, ein Praktikum bei mir in der Restaurierungswerkstatt zu machen?«

»Ja, schon.«

»Nicht begeistert? Es gibt einige Mitschwestern, die sich über die Gelegenheit zur Mitarbeit sehr freuen würden.«

»Doch, natürlich.«

»Nun, ich sollte das mit Ihrer Magistra besprechen. Im

Übrigen wird es wohl das Beste sein, abzuwarten, ob Sie Ende des Jahres zur ersten Profess zugelassen werden, sonst lerne ich Sie ganz umsonst an.«

Mir fällt nicht ein, was ich darauf erwidern könnte, und so beschließe ich, mich kommentarlos aus dem Staub zu machen.

Vor dem Treibhaus steht eine junge Frau in zerlöcherten Jeans. Ihr Haar ist so kurz geschnitten, dass man spontan an ein stacheliges Pelzchen erinnert wird, über das zu streicheln schön sein muss. Sie lächelt, als ich vor ihr stehe, mit einer Reihe unregelmäßiger kleiner Zähne, die ihrem Gesicht etwas Koboldhaftes geben. Ein sympathischer Kobold mit sehr dünnen Beinen.

»Ich bin Pia.«

»Veronika.«

»Schwester Veronika?«

»Wenn wir's genau nehmen, ja.«

»Ich soll mich bei dir zur Gartenarbeit melden. Bin für einige Tage da, um mir das Klosterleben anzusehen.«

Sie zeigt nicht die Spur einer Unsicherheit, schleppt wie selbstverständlich zwei Frühbeetfenster gleichzeitig, nimmt mir Hacke und Spaten ab, als arbeiteten wir bereits längere Zeit miteinander.

»Kann ich dich etwas fragen, oder schweigst du lieber?«

»Kommt auf die Frage an.«

Sie lacht und verzichtet aufs Reden, ohne im Geringsten beleidigt zu sein.

Am Ende des Vormittags wäscht sie sich neben mir, gut gelaunt vor sich hin pfeifend, die völlig verdreckten Hände.

»Was wolltest du vorhin fragen?«

»War zu persönlich. Ich bin nur neugierig, weil ich überlege, hier einzutreten.«

»Ich werde dich nicht davon abhalten, aber sprich lieber mit der Magistra.«

»Wie ist die denn so?«

»Lern sie selbst kennen.«

Pias Mundwinkel wandern spöttisch nach oben, sie bläst sich eine nicht vorhandene Strähne aus der Stirn.

»Na, dann vielleicht bis morgen, große Schweigeschwester.«

Bevor der Wasserstrahl sie erreichen kann, ist sie schon aus dem Treibhaus.

Hedwig steckt den Kopf herein und will wissen, wo Schwester Luise ist.

»Im Sprechzimmer, ihr Bruder ist mit Familie da. Die wird erst heute Nachmittag wieder hier sein.«

Hedwig kommt näher, bleibt dicht vor mir stehen und spricht mit gesenkter Stimme, obwohl weit und breit kein Mensch ist.

»Mal ehrlich, Sie wollen doch auch nicht, dass Schwester Hildegard Äbtissin wird, oder?«

»Meine Meinung ist wohl kaum von Bedeutung.«

»Immerhin leben Sie hier und bekommen vieles mit. Was wird denn im Noviziat geredet?«

»Da redet man hauptsächlich von benediktinischen Grundbegriffen und der Notwendigkeit, die Dinge aus einer spirituellen Sichtweise zu betrachten.«

»Nun stellen Sie sich mal nicht so an. Sie wissen genau, was ich meine.«

Spricht's und schlägt krachend die Treibhaustür hinter sich zu. Die Scheiben müssen unbedingt mit neuem Kitt versehen werden, sonst fallen sie beim nächsten Mal raus, denke ich, und dass Schwester Hedwigs schwungvolle Abgänge in letzter Zeit eine Spur zu theatralisch geraten.

Kurz vor der Kirchentreppe hakt sich Paula bei mir unter.

»Na, Kleine, wie steht's?«

»Die nerven mit ihrem Wahlgequatsche. Als ob es kein anderes Thema mehr gibt.«

»Mach dir keine Sorgen, ich habe schon manche Oberin kommen und gehen sehen, alles halb so wild. Da wird eine Menge Wind gemacht, aber im Grunde kommt es auf jede einzelne Mitschwester an, wenn aus dem Laden hier was werden soll. Du bist zäh, geh deinen eigenen Weg. Was wir hier viel eher bräuchten, wären mehr vernünftige junge Leute, die mit anpacken.«

»Heute war ein Mädchen im Garten, die dir gefallen würde.«

Von hinten nähern sich Schritte, Paula legt den Finger an den Mund. Wir sollen hier nicht reden. Gleich wird uns ein missbilligender Blick treffen, und mit etwas Pech macht mich Hildegard morgen früh nach dem Unterricht mit vor Enttäuschung zitternder Stimme darauf aufmerksam, dass sich wieder eine Konventschwester bei ihr über meinen Kontakt mit Schwester Paula außerhalb der Arbeitszeit, noch dazu in einer Schweigezone, beschwert habe. Dann werde ich zu hören bekommen, dass die monastischen Regeln einen Sinn haben, dessen

Wert ich schleunigst erkennen sollte, wenn ich ... Die Schritte überholen uns.

»Ihr beide versteht euch, das ist schön!«

Schwester Raphaela dreht sich zu uns um, hebt grüßend die Hand, verschwindet in der Kirchentür. Paula seufzt. »Die ist in Ordnung!«

Es wird morgen früh keinen Ärger geben.

Pater Rhabanus hat die Kommunität zum Vortrag zwecks geistlicher Vorbereitung auf die Äbtissinnenwahl gebeten und spricht schon eine Weile über die Bedeutung des Amtes und darüber, dass ein Kloster mit der Weihe einer Äbtissin erst vollständig sei. Mir hat in dieser Hinsicht bislang nichts gefehlt. Es ist merkwürdig, dass sich bei dem ganzen Gerede vom »Hirtendienst« niemand darüber aufregt, dass dieser Vergleich eine Herde von zu führenden Schafen voraussetzt, mit denen sich zu identifizieren nur mäßig erstrebenswert scheint. Wahrscheinlich fehlt mir auch hierzu eine geistlichere Sicht der Dinge. Der Pater ist beim hohen Maßstab angelangt, den die *Regula Benedicti* für den Umgang des Abtes mit den Brüdern vorgibt, und zitiert zum wiederholten Mal die Ordensregel: »Der Abt bevorzuge im Kloster keinen wegen seines Ansehens. Den einen liebe er nicht mehr als den anderen. Er ziehe nicht den Freigeborenen einem vor, der als Sklave ins Kloster eintritt ...«

Das gefällt mir schon besser.

Die wichtigste Eigenschaft des Abtes aber sei, so Pater Rhabanus, die Discretio, die Gabe der Unterscheidung: »Benedikt mahnt den Abt in seiner Regel: ›So halte er in allem Maß, damit die Starken finden, wonach sie verlangen, und die Schwachen nicht davonlaufen.‹ Das rechte Maß verlangt keine Mittelmäßigkeit, die Starken müssen sich herausgefordert fühlen und ihre Kraft entfalten, die Schwachen aber sollen nicht entmutigt werden. Eine Äbtissin muss für eine gesunde Spannung in der Gemeinschaft sorgen, soll Freude wecken am geistlichen Weg, den Einzelnen befähigen, sein Bestes für die Gemeinschaft zu geben.«

Er redet weitere zehn Minuten von Christus als dem eigentlichen Herrscher des Klosters, und ich frage mich gerade, warum man im Katholizismus nicht auf eine gewisse Terminologie der Unterdrückung verzichten kann, als Pater Rhabanus endlich mit noch nie dagewesener Inbrunst zum Schlusssatz kommt: »Denn ob Sklave oder Freier, in Christus sind wir alle eins, und unter dem einen Herrn tragen wir die Last des gleichen Dienstes.«

Der Satz ist nicht von ihm, glaube ich, er hat ihn aber schön gesagt.

Johanna steht am Herd und rührt die Suppe um. Sie schaut über den Rand des riesigen Kochtopfs, lächelt mir aufmunternd zu. Die Alte mag mich, steckt mir regelmäßig Leckereien aus der Küche zu und spricht mit mir in vollständigen Sätzen, was eine besondere Auszeichnung darstellt. Ich lege ihr die Salatköpfe auf den Tisch, nehme mir eine der geschälten Möhren aus einer Plastikschüssel.

»Lass dich nicht von Schwester Küchenmeisterin erwischen!«

»Die Nonnen tauchen doch erst frühestens in zwei Stunden wieder auf.«

»Vor einer Weile sind drei Schwestern mit dem Abt hier durchgegangen. Ich hab mich gewundert.«

»Schon etwas gehört?«

»Die sagen nichts.«

Seit gestern verbringen die Konventschwestern den Tag im Kapitelsaal, kommen nur für kurze Pausen, zum Gebet oder zum Essen heraus und schweigen sich uns Nichtwählerinnen gegenüber aus. Maria passt auf das Telefon auf, Antonia liegt mit Migräne im Bett, und ich pendle zwischen Küche, Garten und Gewächshäusern. Noch nie habe ich das Haus so ruhig erlebt, die Schwestern so konsequent schweigend.

»Wie lange hat es beim letzten Mal gedauert?«

»Vier Tage, aber da konnten sie sich nicht einigen.«

Johanna hat die Ruhe weg. Ihr ist es egal, wer hier künftig den Kurs bestimmt, solange sie nur pünktlich Salat, Kräuter und Gemüse geliefert bekommt. Sie freut sich auf die Weihe, überlegt seit Wochen, was sie zu diesem Fest kochen soll, erzählt Geschichten von Mutter Anastasia, der Vorgängerin, die sie sehr geliebt hat.

»Als nach dem Konzil aus Rom die Erlaubnis kam, die Gitter aus den Sprechzimmern zu entfernen, hat sie sofort den Hausmeister mit seiner Flex herbeizitiert und selbst zum Vorschlaghammer gegriffen. Das war eine patente Frau, so eine gibt es nicht noch mal!«

Die Küchentür wird aufgerissen, ich lasse die Möhre fallen und schaue in Luises gerötetes Gesicht.

»Da sind Sie ja. Schnell, nehmen Sie die Blumen aus dem Kühlraum und schmücken Sie die Räume der Äbtissin. Ganz schön! Nehmen Sie alles, was wir haben. Sie machen das, ja? Ich muss noch mal rein.«

Bevor ich etwas sagen kann, ist sie schon wieder verschwunden.

Johanna lacht.

»Mach schon! Weißer Rauch!«

»Wie bitte?«

»Habemus Papam! Geh, schmück die Abtei, damit die Neue sich willkommen fühlt.«

Tulpen, halbverblühte Freesien, einige Rosen, Gräser, die ich eben vor der Tür abgeschnitten habe … Warum können die ihre Äbtissin nicht im Juni wählen, da haben wir den ganzen Garten voller Blumen. Hildegard mag keine Forsythien. Ich breche rasch noch ein paar Zweige, die kann ich auf dem Schreibtisch arrangieren.

Als ich die Vase hinstellen will, höre ich ein Räuspern hinter mir. Vor der Tür zu den Abteiräumen stehen Abt Lukas, Schwester Raphaela und Schwester Radegundis, die mich bittet, das Zimmer zu verlassen, mich umzuziehen und in einer Viertelstunde im Kapitelsaal zur Einsetzung und anschließender Gelübdeübertragung zu erscheinen.

»Gelübdeübertragung?«

»Lassen Sie sich das bitte von Ihrer Magistra erklären, wir müssen den Ritus besprechen.«

Dass Radegundis als amtierende Oberin mit dem Abt hier auftaucht, scheint logisch, aber Schwester Raphaela?

Raphaela! An diese Möglichkeit habe ich gar nicht gedacht.

Die frisch gewählte Äbtissin sieht aus, als bräuchte sie einen doppelten Schnaps statt der Besprechung. Sie ist leichenblass, sagt kein Wort und erwidert, zum ersten

Mal seit ich sie kenne, mein Lächeln nicht. Radegundis schiebt mich aus der Tür.

Meine Koffer können vorläufig auf dem Dachboden bleiben.

Im Flur treffe ich Schwester Placida. Sie strahlt, nimmt mich um die Hüfte, macht ein paar Tanzschritte, singt fröhlich einige Takte »O du lieber Augustin« und fängt laut an zu lachen. »Es haben sich einige hier schon mit dem Äbtissinnenstab in der Hand gesehen, und nun das! Ich sage dir, da hatte ein anderer die Hand im Spiel, das ist nicht mit rechten Dingen zugegangen!«

»...?«

»Guck nicht so, ich spreche vom lieben Gott.«

»Schwester Raphaela sah gerade nicht sehr begeistert aus.«

»Natürlich nicht, wer seinen Verstand beisammen hat, reißt sich nicht um dieses Amt. Da oben wird man ganz schnell einsam. Und jeden Mist muss man sich anhören. Nein, da bleibe ich doch lieber an der Pforte.«

Paula gesellt sich zu uns, zwinkert mir zu. »Na, zufrieden?«

Ich zucke mit den Schultern. »Was soll ich dazu sagen?«

»Freuen sollst du dich! Das ist ein guter Tag für uns alle. Hier wird ein neuer Wind wehen!«

Ob Paula recht hat? Raphaela ist weder Vertreterin der »strengen Schule« noch eine, die den Eindruck macht, als pfeife sie auf die klösterlichen Werte. Sie hat eine sehr spezielle Art der liebevollen, aber nie zudringlichen Aufmerksamkeit, strahlt eine Mischung aus Gesetztheit und Experimentierfreudigkeit aus, die ich in der Kombination bei keiner sonst gefunden habe. Einmal traf ich sie während der Mittagspause im Garten. Sie saß auf der Wiese und las aufmerksam in einem dicken Buch, das sich beim Näherkommen nicht als *Die Bibel*, sondern als *Die Libelle* von John le Carré herausstellte. Sie bemerkte meine Überraschung und sagte: »Ungewöhnliche geistliche Literatur, nicht wahr? Ich muss immer mal wieder mein Hirn in andere Regionen vordringen lassen, sonst roste ich ein. Und dies hier ist politisch wie menschlich höchst spannend und informativ. Ich lerne viel dabei.«

Paula hat erzählt, dass Schwester Raphaela eine erfolgreiche Karriere aufgegeben hat, um ins Kloster einzutreten, und hart kämpfen musste, als man ihr im Noviziat abverlangte, sich unterzuordnen, Anweisungen Folge zu leisten, deren Sinn nicht unmittelbar einleuchtet. Wie auch immer sie das geschafft hat, man merkt ihr heute weder die Ex-Geschäftsfrau noch den Kampf um die Eingliederung in die Gemeinschaft an. Sie wirkt zufrieden mit sich und ihrem Dasein, ohne Selbstgefälligkeit auszustrahlen.

Was bedeutet ihre Wahl für die Zukunft des Klosters?

Der Idealfall geht von der größtmöglichen menschlichen wie spirituellen Kompetenz der Leitungsfigur aus, um das Kloster zu dem zu machen, was es sein soll: Alte und Junge führen gemeinsam ein religiöses Leben in gegenseitiger Verantwortung, in Gütergemeinschaft und, zumindest theoretisch, gleichberechtigt unter »Regel und Abt«, wie gerne zitiert wird. Das Konzept kann nur funktionieren, wenn man für die Stelle der Äbtissin eine Frau findet, die die Rolle der Schlüsselfigur in jeder Hinsicht glaubhaft verkörpern kann.

Raphaela könnte eine solche Frau sein.

Während ich noch mit dem Versuch beschäftigt bin, im Gehen die Bänder meines Schleiers zusammenzuknoten, überholt mich Schwester Maria auf dem Weg zum Haupthaus.

»Sie wissen Bescheid?«

»Da ich noch keine Gelübde abgelegt habe, gehe ich davon aus, dass ich auch nichts übertragen muss. Die Veranstaltung betrifft mich nicht.«

»Passen Sie auf sich auf, ja? Bei einigen hier liegen die Nerven blank.«

Bevor ich fragen kann, was sie damit meint, erscheint Schwester Hildegard in der geöffneten Haustür.

»Wir versammeln uns im Kapitelsaal, wo das Pectorale und symbolisch der Schlüssel des Klosters überreicht werden. Anschließend ziehen wir in die Kirche. Dort wird jede Schwester ihre Gelübde in Form eines Gehorsamsversprechens in die Hände der neugewählten Äbtissin legen.«

Wenn die Magistra diesen offiziellen Ton annimmt, entwickle ich regelmäßig die Phantasie von einer Torte, deren Flugbahn in ihrem Gesicht endet.

»Soll ich draußen bleiben oder in der Kirche zusehen?«

»Selbstverständlich nehmen Sie teil. Ich habe mit Abt Lukas gesprochen; er sagt, dass auch Novizinnen der Neugewählten den Gehorsam versprechen. Beeilen Sie sich. Den Text können Sie ablesen.«

»Was soll das denn?«

Sie hört meine Frage nicht mehr.

Die Einzige, die noch später im Kapitelsaal erscheint als ich, ist Schwester Raphaela. Sie ist außer Atem, nestelt an ihrer Kukulle herum, bittet um Verzeihung und ob ihr jemand mal mit dem Haken behilflich sein kann. Schwester Maura schüttelt missbilligend den Kopf, jemand flüstert: »Veronika, Sie sitzen am nächsten bei der Tür, nun helfen Sie ihr doch!«

Raphaela, deren Blässe sich in tiefes Rot verwandelt hat, nickt mir dankend zu, tritt in die Mitte des Raumes, wo Abt Lukas steht und fragt, ob man nun mit der Zeremonie beginnen könne. Erst jetzt fällt mir auf, wie gut der hochgewachsene Mann im schwarzen Mönchsgewand aussieht. Ich bin gerade damit fertig, eine Filmszene zu entwickeln – mit ihm als englischem Geheimagenten, der mich, in der Rolle der schönen russischen Spionin, zum Cocktail einlädt –, als die Schwestern sich zum Auszug hinter ihrer neuen Äbtissin einreihen, um deren Hals nun das edelsteinbesetzte Brustkreuz hängt.

Beim Eintritt in die Kirche, wie immer als Schlusslicht am Ende der Reihe, sehe ich Raphaela auf dem in die Mitte des Nonnenchors gerückten Äbtissinnenstuhl sitzen. Schwester Radegundis kniet vor ihr und legt ihre Hände in die Raphaelas, während sie kaum hörbar die Formel von einem Blatt, das Maria ihr vorhält, abliest.

Wenig später sehe ich Paula zum ersten Mal weinen. Sie hat sich schwerfällig auf die kranken Knie niedergelassen und versucht, unter Schluchzen ihren Text zu sprechen. Ich will aufstehen, sie da wegholen, als jemand von hinten fest auf meine Schulter drückt. Als ich mich umdrehe, formt Luise lautlos die Worte »Lass es!«.

Vorne ist Schwester Raphaela aufgestanden, hebt Paula

hoch, redet sanft auf sie ein, streichelt ihr über das tränennasse Gesicht und führt sie zu ihrem Platz im Chor. Dies verstößt ganz und gar gegen die protokollarischen Vorschriften, denke ich, und finde meine Vermutung in den schockierten Blicken von Sophia und Franziska bestätigt. Hedwig und Cäcilia dagegen scheinen sich über etwas anderes aufzuregen, das mehr mit der Gestaltung der Feier zu tun zu haben scheint, wenn ich deren Mienenspiel richtig deute. Sie wird es nicht leicht haben, die Neue, den einen zu liberal, den anderen zu konservativ. Was Raphaela erwartet, ist mit Sicherheit nicht einfacher als Stepptanz auf einem Drahtseil.

Schließlich bin ich an der Reihe. Zweifelnd, ob ich mich nicht doch dagegen hätte wehren sollen, knie ich vor Raphaela, nehme das Blatt in Augenschein, überfliege die ersten Worte: *Mutter Raphaela, hiermit verspreche ich ...* und verliere die Stimme. Es kommt einfach kein Ton raus.

Während sie nach meinen Händen greift, höre ich sie flüstern: »Sie müssen den Text nicht ablesen, gebrauchen Sie ruhig Ihre eigenen Worte.«

Neben mir hustet es, jemand rutscht ungeduldig auf seinem Sitz hin und her.

»Kann ich die Anrede weglassen?«

Der Druck auf meine Hände verstärkt sich. In wenigen Monaten will ich die ersten Gelübde ablegen, da kann ich ihr genauso gut jetzt schon Loyalität und Gehorsam versprechen. Ohne noch einmal aufzusehen, bringe ich es hinter mich und eile, schneller, als es der liturgische Anstand zulässt, an meinen Platz zurück.

Sie wartet nach dem Nachtgebet vor der Bibliothek auf mich.

»Woher wussten Sie, dass ich hier vorbeikomme?«

Raphaela legt den Finger an den Mund, zieht mich in den Raum.

»Ich habe beobachtet, dass Sie oft abends zu den Kunstbüchern gehen, besonders wenn Sie einen harten Tag hatten, stimmt's?«

»Falls es wegen heute Morgen ist, es tut mir leid, ich meinte es nicht persönlich, mich freut Ihre Wahl sehr.«

»Schon gut, ich bin nicht böse. Was war los?«

»Nur das eine Wort.«

»Mutter?«

»Ja.«

»Lassen Sie sich Zeit damit.«

Sie streckt die Arme aus, als ob sie mich umarmen möchte, hält in der Bewegung inne, lässt es bei einem sanften Klopfen auf meine rechte Schulter bewenden und geht.

Tagelang rechne ich damit, dass sie mehr wissen will, mich zum Gespräch bittet, aber es kommt nichts. Sie lässt mich in Ruhe.

Selbst das Wetter spielt mit an diesem frühsommerlichen Weihetag. Der schöne Abt Lukas steigt aus dem Auto, fragt, wo er sich umziehen kann. Neben ihm hält der Wagen des Bischofs. Der Chauffeur zündet sich einen Zigarillo an, während sein Chef sich auf dem Rücksitz die Haare kämmt. Raphaela wollte Fahnen und Blumenkübel vor dem Haus, Eintopf mit Würstchen statt des von Johanna geplanten Bratens, ein Bierzelt im Garten. Das hat sie sich vom hiesigen Getränkemarkt ausgeliehen, obwohl eine Reihe Schwestern der Meinung war, der blaurot-goldene Schriftzug »Erdinger Weißbräu« sei mehr als unpassend. Alle sollten kommen dürfen und dennoch die ohnehin knappen Finanzen des Klosters nicht überstrapaziert werden, da müsse man Zugeständnisse machen, entschied die neue Äbtissin, ließ noch gleich die Gärtnerei aus dem Nachbardorf Werbeschilder an die Kübel anbringen und bekam ihren Blumenschmuck umsonst.

Die Festvorbereitungen haben die Klostergemeinschaft wochenlang in Anspruch genommen, nicht zuletzt, weil sich die Zusammensetzung des Komitees aufgrund von Uneinigkeit mehrmals änderte. Mein Job als eine Art Mittelding zwischen Ordnerin und Türsteher entbindet mich von der Teilnahme an der letzten Chorprobe vor dem Gottesdienst, die angesichts Hedwigs steigender Nervosität ohnehin kein Vergnügen gewesen wäre. Ein fettleibiger Prälat ist verstimmt, als ich seinen Namen lange auf der Gästeliste suchen muss, zwei Jugendliche mit Geigenkästen wollen wissen, wo die Angehörigen Platz nehmen sollen und ob ich ihnen etwas zum Ablauf sagen kann, sie seien evangelisch. Abt Lukas nimmt sich des ungeduldigen Prälaten an, versichert mir, er fände den Weg zur Sakristei. Die beiden Geiger stellen sich als Neffen der zu Weihenden vor, möchten wissen, ob ein spontanes Ständchen nach der Feier angemessen sei. Auch wenn ich damit meine Kompetenzen überschreite, rate ich ihnen, sie sollen es von der Stimmung abhängig machen und auf keinen Fall sagen, dass sie mich vorher gefragt haben. Zwischen einer alten Dame, die eine Spende für das Kloster abgeben will und einem kleinen Mädchen, das ein Pflaster für sein aufge-schrammtes Knie braucht, sehe ich Schwester Radegun-dis auf mich zueilen. Sie will wissen, warum der Herr Abt und Prälat Doktor Reinacher sich alleine den Weg suchen müssen, während ich mich hier unterhalte.

»Schwester, ich kann die Leute doch nicht einfach ste-henlassen, Abt Lukas kennt sich hier aus. Ich wäre lieber mit dem Mann mitgegangen, glauben Sie mir.«

Radegundis schnaubt etwas Unverständliches und hetzt im Laufschritt Richtung Kirche.

Als ich eine Viertelstunde später dort ankomme, tönt die Orgel aus allen Registern, die Nonnen sind bereits mit dem feierlichen Einzug beschäftigt, die Gästekapelle ist völlig überfüllt.

Die Herren Bischof, Äbte und Priester betreten weiß-gold gewandet den Altarraum, Pater Rhabanus wedelt hinter ihnen mit dem Weihrauchfass, die Gemeinde er-hebt sich angesichts der segnend hin- und herschwen-kenden Bischofshand. Schwester Apollonia gibt alles, die Schola zeigt sich bereits beim Introitus in Bestform.

Äbtissin Raphaela, rechts und links begleitet von der gestern bestens erholt zurückgekehrten Schwester Ger-mana und einer feierlich dreinblickenden Schwester Si-mone, tritt zum Altar, verneigt sich vor den Geistlichen, nimmt auf der für sie bereitgestellten Sedilie Platz.

Nach Lesungen, Gesängen und dem von Abt Lukas mit klangvoller Stimme vorgetragenen Evangelium »vom Schatz und von der Perle«, das sich Raphaela zu diesem Tag gewünscht hat, bekommt der Bischof von seinem Assistenten die Mitra aufgesetzt, deren Ähn-lichkeit mit einem Kaffeewärmer nicht von der Hand zu weisen ist. Der hochwürdige Herr greift zum Stab und predigt, angenehm kurz und erstaunlich benediktinisch akzentuiert, von der menschlichen wie geistlichen Glaubwürdigkeit sowie der integren Lebensführung, die das Amt der Äbtissin erfordern.

Es wird totenstill, als er nach Segenswünschen für die Klostergemeinschaft vor Raphaela tritt, um die eigentliche Weihehandlung vorzunehmen.

Ich kämpfe gegen ein aufkommendes Gefühl von Ergriffenheit an und beschließe, um jeden Preis cool zu bleiben.

Vorne am Altar spricht jemand die Deuteworte zur Verleihung von Stab, Siegelring und Ordensregel: »Ich übergebe dir dies als Zeichen deines Amtes. Trage Sorge für die Schwestern, die dir anvertraut sind und für die du am jüngsten Tag Rechenschaft ablegen musst.«

Die neue Lichtgestalt unseres Mikrokosmos singt schräg. Hedwig zuckt schmerzvoll zusammen, faucht mich an, als ich meinen Einsatz verpasse.

Ein von allen geschmettertes »Großer Gott, wir loben Dich« gibt das Signal zum Auszug der Nonnen und leitet zum geselligen Teil des Tages über. Mehr Feierlichkeit wäre kaum mehr im Rahmen des Erträglichen gewesen und dennoch …

»Festliche Gottesdienste zelebrieren, darin sind wir wirklich erstklassig«, sagt Antonia beim Rausgehen. Genau.

Aus der Gästekapelle klingt ein fröhliches kleines Geigenduett herüber, Mutter Raphaela wirft am Fuß der Kirchentreppe mit einem erleichterten Aufseufzen die Kukulle von sich, drückt mir ihren Stab in die Hand und sagt: »Bring das bitte in die Abteiräume, ich brauche jetzt erst mal was zu trinken!«

Im Klostergarten, der normalerweise nicht öffentlich zugänglich ist, stehen gut angezogene Menschen mit Sektgläsern in der Hand. Einige der Frauen tragen ausladende Hüte, die Männer dunkle Anzüge mit dezenten Krawatten. Wenn nicht die zahlreichen Mönche, Priester und Ordensfrauen dazwischen wären, könnte man meinen, dass gleich jemand einen Vollblüter am Zügel vorbeiführt, bevor das erste Rennen beginnt.

»Was stehen Sie hier rum? Holen Sie sich ein Tablett, und tun Sie, wofür Sie eingeteilt sind!«

Schwester Cäcilia, die für die Verteilung von Essen und Getränken zuständig ist, dirigiert die Helferinnen mit der Präzision und dem Ton eines Brigadegenerals.

»Woher weiß ich, wofür ich eingeteilt bin?«

Sie bläst die Wangen auf, beschenkt mich mit einem Blick, der »Arschloch« bedeuten würde, wenn dieses Wort in ihrem Sprachgebrauch vorkäme, greift in die Tasche und hält mir einige zerknüllte Kopien vor die Nase.

»Das hatte jede in ihrem Postfach. Sie auch!«

Auf Seite drei, unter »V« findet sich mein Name aufgelistet.

»Nach der Feier bis 14.00 Uhr Herumreichen von Schnittchen; 14.00 bis 15.00 Uhr Kaffeekochen; 15.00 bis 17.00 Uhr Bedienen am Kuchenbüffet; 17.00 bis Ende Servieren von nichtalkoholischen Getränken.«

»Gibt es in dem Programm nicht mal eine Pause zum Mitfeiern?«

Cäcilia hält mich keiner Entgegnung für würdig, stopft die Zettel in ihren Habit zurück und lässt mich stehen.

»Hey, Novizinnen schinden ist schlecht für die Statistik!«

Zwei konsterniert aufblickende Damen in pastellfarbenen Kostümen werden Zeugen, wie ich einer Konventschwester hinterherbrülle.

Cäcilia bleibt abrupt stehen. Der Oberkörper neigt sich langsam nach vorne, ihre Hände stützen sich auf die Knie, die ganze Frau beginnt zu zittern. Ich eile zu ihr, überlege, wo ich die zwei Männer vom Sanitätsdienst zuletzt gesehen habe, und bemerke, dass sie lacht. Sie prustet, schnappt nach Luft und keucht, ich solle bloß machen, dass ich wegkäme.

Eine junge Frau mit Block und Kugelschreiber in der Hand stellt sich als Lokalredakteurin des »Niederbayerischen Anzeigers« vor und bittet, ihr einige Fragen zu beantworten. Ich empfehle ihr, sich an die Nonnen mit schwarzem Schleier zu halten, vorzugsweise die mit Kreuz um den Hals.

»Sie sind nicht auskunftsberechtigt?«

Der kämpferische Unterton lässt nichts Gutes bezüglich des Grundtenors ihres späteren Artikels ahnen, was aber nicht mein Problem sein soll.

In der Küche, wo riesige, mit bunten Häppchen belegte Silberplatten darauf warten, von mir herumgereicht zu werden, treffe ich auf Johanna, die sich weigert, zu den Festgästen zu gehen. Sie ist stocksauer, dass man den Caterer bestellt hat, ohne sie zu fragen.

Ich versuche ihr zu erklären, dass sie unmöglich für über dreihundert Gäste Schweinebraten hätte zubereiten können, aber sie mault, wir könnten ja sehen, wie wir demnächst ohne sie zurechtkämen.

Nachdem ich Paula mit ausreichend Lachshäppchen versorgt habe, bahne ich mir, das Tablett über meinem Kopf balancierend, den Weg durch die Menge und verliere mich in einer munteren Betriebsamkeit, von der ich nicht wusste, dass sie zu meinem Repertoire gehört.

Mutter Raphaela verkündet im Anschluss an die Komplet, alle hätten sich bis zur Erschöpfung eingesetzt, es werde erst morgen aufgeräumt. Wer wolle, könne den Tag gemütlich ausklingen lassen, das Schweigen sei für heute aufgehoben und am Büffet seien noch reichlich Würstchen vorhanden.

»Es ist für mich ein traumschönes Fest gewesen, tausend Dank!«

Ich lasse mich neben Maria auf eine der leeren Bierbänke fallen und greife dankbar nach dem Plastikbecher, den sie aus der Flasche zwischen ihren Füßen halbvollgegossen hat.

»Prost, das haben wir uns verdient!«

Wir betrachten eine Weile schweigend den Sonnenuntergang.

Nach einem weiteren Becher Wein vergisst Maria mich zu siezen. »Was denkst du gerade?«

»Ich wundere mich darüber, wie wenig ich Schwester Germana vermisst habe.«

»Siehst du, Einzelpersonen sind nicht wichtig.«

»Einzelpersonen sind enorm wichtig!«

Maria kämpft mit einem Schluckauf, schenkt uns beiden nach.

»An Tagen wie diesen weiß ich wieder, dass sich das Ganze hier lohnt.«

»Ja?«

»Ein Kosmos, vorangetrieben durch die nicht aufhaltbare Dynamik einer Energie, die sich letztlich als Liebesenergie erweist.«

»Woher hast du das?«

»Teilhard de Chardin.«

»Du solltest jetzt aufhören zu trinken.«

Vor meiner Zimmertür liegt am nächsten Morgen ein kleines Buch: *Meditationen* von Alexej Jawlensky. Als ich es aufnehme, fällt ein Zettel in Postkartengröße heraus.

Dass Sie mich bei der Gratulation mit ›Mutter‹ angeredet haben, gehörte zu den schönsten Geschenken, die ich zu meiner Weihe erhalten habe.
Ihre Mutter: Raphaela.

Der Schweißausbruch könnte auch vom Duschen kommen und muss nichts bedeuten.

Die kommenden Wochen verbringe ich damit, der Äbtissin aus dem Weg zu gehen.

Sie macht sich, aus sicherer Entfernung beobachtet, erstaunlich souverän als neue Chefin. Mit heiterer Würde bewegt sie sich durchs Haus, lässt die Dinge langsam angehen, erscheint immer noch zum Erdbeerenpflücken im geflickten Arbeitskittel, bemüht sich, die um sie herumschwirrenden, allzu dienstwilligen Geister höflich abzuwimmeln. Als nach einer Woche der Konvent unruhig zu werden beginnt, weil noch immer nicht klar ist, welche Ämter neu besetzt werden, beruft sie eine Versammlung ein, in der mitgeteilt wird, dass fürs Erste jede an ihrem Platz weitermachen soll, Schwester Radegundis übernimmt das Amt der Priorin. Expriorin Germana läuft drei Tage mit übelster Laune durchs Haus, bis Raphaela sie schließlich doch zur Gastmeisterin ernennt.

Die Gemeinschaft wendet sich wieder dem Alltag zu, man plant Renovierungsarbeiten, denkt über mögliche Finanzierung nach. Die Stimmung ist verhältnismäßig entspannt, der Umgangston etwas lockerer, auch wenn die Lager der »Erneuerer« und »Bewahrer« wie gehabt aneinandergeraten. Raphaela versucht zu vermitteln, betont, sie will Äbtissin für alle sein, bemüht sich nach Kräften, es jeder recht zu machen, was gelegentlich zu Verstimmungen auf beiden Seiten führt. Von der großen geistlichen Wende ist nicht mehr die Rede, aber vielleicht hatte ich da etwas zu viel erwartet.

Maria bereitet mit der Magistra ihre feierliche Profess vor, zu der an einem Sonntag im August ein halbes fränkisches Dorf anreist.

»Da waren's nur noch zwei«, sage ich in der Noviziatsrekreation, worauf Hildegard erzählt, es könne gut sein, dass bald noch jemand dazukäme.

»Wer denn? Pia?«

»Ich möchte keine Namen nennen, bevor Mutter Raphaela offiziell den Konvent informiert hat.«

»Schwester Hildegard, nun kommen Sie schon!«

»Sie werden sie bald kennenlernen.«

Nicht Pia, sondern Dorothea zieht Mitte Oktober mit einem vw-Bus voller Umzugskisten bei uns ein. Bevor man erfahren konnte, wie alt sie ist oder was sie beruflich macht, ging bereits die Nachricht durchs Kloster, dass es sich bei der Neuen um das Patenkind von Prälat Reinacher handele, einen näheren Verwandten in verantwortungsvoller Position in Rom gäbe es ebenfalls.

Als ich sie zur Klosterführung abholen will, steht sie in Rüschenbluse, Kniestrümpfen und geblümtem Rock vor mir, mit einer dieser Föhnfrisuren, die ich in unserer Generation für ausgestorben hielt. Sie umarmt mich überschwänglich. Als ich sie frage, ob wir uns denn kennen, antwortet sie, sie habe gehört, dass sich die Benediktinerinnen mit einer schwesterlichen Umarmung begrüßen, um den Friedenswunsch auszutauschen, und da wolle sie sich doch gleich entsprechend einbringen. Beim Gang über den Hof grüßt sie den Hausmeister mit »Benedicite!«, worauf der mich fragend ansieht.

»Die Frau meint: ›Guten Tag!‹«

»Ach ja, natürlich. Grüß Gott, die Damen!«

Nachdem Dorothea mich darauf hingewiesen hat, dass sie nicht »die Frau«, sondern »unsere Postulantin« sei, und gleich anschließend wissen will, ob es mir denn erlaubt sei, dass ich beim Gehen die Hände in den Habittaschen vergrabe, beginne ich mich zu fragen, wer und aus welchem Grund die hier reingelassen hat.

Im Kreuzgang äußert sie ihren Unmut darüber, dass es keine Gebetsbank vor der Marienfigur gebe, und entrüstet sich über meine Frage, wofür die denn gut sein sollte. Ein guterzogenes katholisches Mädchen wisse das. Dass eine erwachsene Frau sich heutzutage freiwillig so tituliert, ist derart absurd, dass man es schon wieder witzig finden kann. Sie lobt ausführlich ihr Engagement in der christlichen Jugendbewegung, wo sie etwas wie die Mutter Teresa der Pfadfinder gewesen sein muss. Überhaupt komme sie aus einem vorbildlichen familiären Umfeld, in jeder Generation sei einer ins Kloster oder ins Priesterseminar eingetreten und habe dort Großes für die Kirche geleistet. Und über eine ausgebildete Singstimme verfüge sie auch. Super, wir haben jetzt Mutter Teresa und Maria Callas in Personalunion unter uns.

Wie sie von ihrem Onkel gehört habe, meint Dorothea, komme ich ja wohl aus anderen Verhältnissen, nicht aus guter Familie und so. Da sei es doch gewiss nicht leicht, sich in einem angesehenen Kloster zurechtzufinden. Aber wie schön, dass auch so jemand eine Chance bekäme.

Um zu vermeiden, dass ich der neuen Postulantin gegen eines ihrer blütenweiß bestrumpften Schienbeine trete, breche ich die Führung ab.

»Endlich mal jemand aus sauber katholischen Verhältnissen«, lästert Paula nach der abendlichen Begrüßungsrekreation, in der die Postulantin wortreich die allerherzlichsten Grüße des Herrn Prälaten an die Kommunität ausrichten ließ und dass sie recht pfleglich mit seiner Patentochter umgehen sollten, ha ha ha … Es lachen tatsächlich einige mit.

Als ich später Schwester Margarita in der Waschküche treffe, die den ersten offiziellen Auftritt der Neuen verpasst hat, ermahnt sie mich, ich solle darüber mal lieber keine Witze machen. Überhaupt solle ich etwas aufpassen, es würde geredet und manchmal nichts Gutes. Als ich sie nach Details frage, weicht sie aus, sagt, sie habe mich nur warnen wollen.

»Sprechen Sie mit Mutter Raphaela, es wird höchste Zeit!«

In der *Tagesschau* werden Bilder Tausender von Menschen gezeigt, die in Leipzig auf die Straße gehen. Sie tragen Plakate, skandieren: »Wir sind das Volk!« Der Sprecher kommentiert die Forderungen nach Demokratie und Umgestaltung der DDR, ein Pfarrer berichtet von zunehmender Angst vor dem gewaltsamen Eingreifen der Sicherheitskräfte.

»Da braut sich was zusammen, wenn das mal keinen Krieg gibt.«

Hedwig herrscht Sophia an, das würde Gorbatschow nicht zulassen, sie solle mal keine Panik machen. Placida wirft ein, sie habe gehört, die Frau des sowjetischen Staats- und Parteichefs sei Christin, Paula sagt, das könne sie sich nicht vorstellen und sie sollten ruhig sein, man verstehe ja nichts.

Ich warte nach dem Wetterbericht auf Raphaela. »Kann ich Sie sprechen?«

»Ja, aber wir sollten uns dafür Zeit nehmen. Kommen Sie morgen um 15.00 Uhr in mein Büro.«

Die Äbtissin sagt mir unverblümt, es sei anzunehmen, dass ich durch die Abstimmung für die Zulassung zur ersten Profess falle.

»Warum?«

»Es bestehen Zweifel, ob Sie auf Dauer für ein Leben in unserer Abtei geeignet sind.«

»Was für Zweifel?«

»Unterschiedlicher Art. Darf ich direkt sein?«

»Ich bitte darum!«

»Den einen sind Sie zu eigenwillig und unkonventionell, andere haben die Sorge, dass Sie mit den Möglichkeiten, die das Ordensleben bietet, nicht zufrieden sein könnten, wieder andere hegen Zweifel bezüglich Ihrer Belastbarkeit. Und dann gibt es leider auch einige, die Ihnen die geistliche Eignung für ein Dasein als Benediktinerin absprechen.«

Ich hole tief Luft, muss mehrmals ansetzen, bevor ich meine Stimme wiederfinde.

»Was denken Sie?«

»Ich wünsche mir eine Entscheidung, die gut für Sie ist.«

»Und was ist Ihrer Meinung nach gut für mich?«

»Das versuche ich herauszufinden.«

»Sie zweifeln auch an mir?«

Sie seufzt, schüttelt bekümmert den Kopf.

»Das habe ich nicht gesagt. Ich will, dass Sie glücklich sind.«

»Dann helfen Sie mir, bleiben zu können.«

Sie sieht mich lange an, legt mir eine warme Hand an die Wange.

»Wir werden sehen.«

Merkwürdig, seit mehr als zwei Jahren spiele ich beinahe täglich mit dem Gedanken zu gehen, und nun scheint mir die Möglichkeit, rausgeworfen zu werden, die schlimmste aller denkbaren Katastrophen. Mein Experiment ist noch nicht beendet, ich will zu dieser Gemeinschaft gehören, wenigstens eine Zeit lang.

Vielleicht hilft mir die Profess, endlich irgendwo anzukommen.

Luise sagt: »Versuchen Sie nichts zu erzwingen. Legen Sie die Entscheidung in die Hand Gottes, und vergessen Sie über den ganzen Auseinandersetzungen nicht, worauf es wirklich ankommt.«

»Worauf kommt es denn an?«

»Das ›weite Herz‹, von dem Benedikt in seiner Regel spricht, ist das Kriterium für echte Spiritualität!«

Wahrscheinlich ist sie die eigentlich tragende Säule des Klosters, warum wird so jemand nicht Magistra? Ich frage mich, wie sie das macht, ihre innere Ruhe, die scheinbar durch nichts zu erschütternde Zuversicht, ihre Gelassenheit im Umgang mit den Widrigkeiten des kommunitären Alltags.

Als hätte sie meine Gedanken gelesen, spricht sie weiter: »Ich lasse negative Gefühle, Anfeindungen oder Missgunst nicht an mich heran; weder die der anderen noch solche, die ich selbst entwickeln könnte. Wenn's mich zu überkommen droht, stelle ich mir die Frage: ›Lohnt es sich, dafür meine innere Freiheit aufs Spiel zu setzen?‹«

Sie schüttelt den Kopf. »Nein! Meine innere Freiheit ist das Wichtigste für mich.«

»Wichtiger als Gott?«

»Ohne Gott keine Freiheit.«

Ich berichte ihr, dass mir unter anderem vorgeworfen wird, mit einer zu profan motivierten Einstellung ans Ordensleben heranzugehen, und frage, ob sie im Klosterleben auch eine politische Dimension sieht. Sie zögert, überlegt lange.

»Wir haben hier eine eigene kleine Welt, die wir verantwortlich gestalten müssen. Wir sollten als Gemeinschaft ein Vorbild im Glauben, im Umgang miteinander sein, dann strahlen wir nach außen etwas für die Menschen aus, die uns aufsuchen, um Hilfe und Orientierung zu finden. Im Verzicht auf Macht, Besitz und familiäre Bindung, um uns ganz in der Gottsuche zu verwurzeln, setzen wir ein Zeichen, das aus der Abgeschiedenheit des Klosters in die Gesellschaft hineinwirken kann. Ist das eine politische Dimension? Ich habe mir diese Frage nie gestellt.«

Der Regen trommelt sanft aufs Treibhausdach, Luise reicht mir einen weiteren Stapel Tontöpfe.

»Sie finden, dass wir als Gemeinschaft ein Vorbild im Umgang miteinander sind?«

»Ich sagte, wir sollen es sein. Daran wird mit Recht gemessen, ob unsere Gottesbeziehung, unsere Lebensform, glaubwürdig ist. Wir müssen eine Kultur des Aufeinanderhörens pflegen, der Achtung voreinander, der Bereitschaft, sich durch die andere korrigieren zu lassen und, nicht zuletzt, der Liebe.«

»So wie man hier manchmal behandelt wird, müssten wir nach Ihrer Definition das Kloster dichtmachen. Es gibt Neid, Denunziation, Eitelkeiten, und mir werden Sachen unterstellt …«

»Liebes, wir sind eine Gemeinschaft von Menschen, die miteinander einen Weg zu gehen versuchen, auf dem man lebenslang lernen muss. Das Leben im Kloster erfordert harte Arbeit, in erster Linie an sich selbst. Was tun *Sie* für ein besseres Miteinander?«

»Ich? Ich bin die Jüngste hier. Und außerdem droht mir der Rauswurf!«

»Das dispensiert von nichts.«

Ich verstumme, sie lächelt, greift in die auf dem Tisch aufgehäufte Blumenerde.

»Ich will Ihnen Mut machen, an die gestalterische und verändernde Kraft der Einzelnen, an den Wert Ihres eigenen Beitrags zum Aufbau der Gemeinschaft zu glauben. Sie werden das schaffen. Meine Stimme ist Ihnen sicher, und die vieler anderer auch, aber das ist nicht das Wesentliche.«

»Schwester, ich weiß zurzeit überhaupt nicht mehr, was und woran ich glauben soll.«

»Denken Sie mehr über Inhalte, weniger über äußere Umstände nach. Was erhoffen Sie sich von der Fortführung Ihres monastischen Weges? Suchen Sie Gott?«

Merkwürdig, wenn Schwester Hildegard mir diese Frage gestellt hätte, wäre ich sofort in Verteidigungsstellung gegangen. Luise kann ich unbefangen antworten.

»Gottsuche? Ich bin oft ratlos. Die ›Erbauungsliteratur‹, die mir von meiner Magistra empfohlen wird, beantwortet keine meiner Fragen. Ich suche das Gegenteil vom Rückzug in eine private kleine Religiosität, die allein um das persönliche Seelenheil besorgt ist. Ich möchte mit meiner Existenz ein Zeichen setzen gegen eine Innerlichkeit, die nur mit sich selbst befasst ist. Ich will mich nicht gut fühlen, ich will gut sein, gut leben, in einem tieferen Sinn. Das Kloster sehe ich auch als Signal an eine Außenwelt, deren alleiniges Ziel es zu sein scheint, Besitz zu vergrößern. Mit meinem Leben als Teil dieses Signals sage ich: ›Schaut her, es geht anders, es gibt mehr als in Zahlen messbare Erfolge.‹ Ist das Gottsuche? Ist das zu profan? Sobald ich mich dann allerdings bei moralischen Überlegenheitsgefühlen erwische, gerät alles wieder in Schieflage. Sie sagen: arbeiten, schwerpunktmäßig an mir selbst? Dafür scheint mir die ›Schule für den Dienst des Herrn‹ gar nicht mal so ungeeignet. Ich möchte weitermachen und bleiben. Glauben Sie, dass ich darf?«

Luise legt die Pflanze aus der Hand, wischt sich die Hände an ihrer Schürze ab.

»Tun Sie mir einen Gefallen, erzählen Sie das genau so Mutter Raphaela, es wird ihr helfen, Sie zu verstehen. Wenn Sie öfter ein wenig aus sich herausgingen und den anderen etwas mehr von sich mitteilen würden, hätten wir die derzeitigen Probleme womöglich gar nicht.«

Ich versuche also zu reden. Problemgespräche, beinahe täglich. Die Äbtissin fragt nach meinen Motiven, erkundigt sich nach Schwerpunkten meiner Literaturauswahl, bedauert es, mich nicht früher aus der Reserve gelockt zu haben. In mehreren Konventsitzungen wird über meine Person diskutiert. Meine Bitte, mich in einer dieser Sitzungen selbst zu verteidigen, wird abgewiesen. Die Anwesenheit einer Novizin, über die verhandelt wird, sei unüblich. Im Übrigen würde ich nicht persönlich angegriffen, mich verteidigen zu wollen sei daher nicht der Punkt. Ansichtssache.

Raphaela bestätigt: Ich bin ein schwieriger Fall. Bei einigen, die ihr angekündigt haben, mit Nein zu stimmen, gelte ich bestenfalls als lernfähig, bei anderen nicht einmal das. Ich habe mich bislang als Klosterfrau schlecht verkauft, der Magistra wenig Gelegenheit gegeben, zu einer guten Meinung über mich zu gelangen. Und deren Einschätzung ist für viele ausschlaggebend. Immerhin werde ich wissen, wem ich die Zurückweisung zu verdanken habe. Zwei Drittel der Konventschwestern müssten mit Ja stimmen, es wird eng werden. Abends auf der Fensterbank zerbreche ich mir darüber den Kopf, was ich am nächsten Tag anstellen könnte, um mich bei meinen Gegnerinnen doch noch als zu Hoffnungen berechtigende Nachwuchsnonne zu profilieren. Manchmal schaue ich mir selbst beim Nettsein zu und möchte kotzen. Zeilen aus einem Lied von Ulla Meinecke fallen mir ein: »Wieder eine von den Nächten / für die du dich am morgen hasst / weil du weißt, dass so viel Stolz verliern / nicht zu deinem Alter passt.«

»Mach dich nicht zum Abziehbild«, sagt Paula, »die müssen dich nehmen, wie du bist, oder willst du zukünftig als korrigiertes Exemplar herumlaufen?«

Schwester Margarita balanciert das Tablett mit dem Abendessen vor ihrem Bauch, stellt es geräuschvoll neben meinem Bett ab. Orangensaft, Tee, Fruchtjoghurt, eine solche Menge liebevoll belegter Butterbrote, dass ein halbes Dutzend Kranke davon satt würden.

»Hier sieht's aus, als wären Sie gerade ausgezogen.«

»Ich mag keine überflüssigen Sachen.«

»Das sieht man. Stecken Sie das unter den Arm.«

Sie öffnet das Fenster, sieht sich die Bücher auf dem Schreibtisch an und hebt den vom Wind heruntergewehten Briefumschlag auf, aus dem ein Foto fällt.

»Wer ist der Mann auf dem Motorrad?«

»Mein Ex-Freund Max.«

»Sieht gut aus. Wer ist die Frau hinter ihm?«

»Meine Freundin Lina.«

»Sind die zusammen?«

»Jedenfalls unterwegs durch Griechenland.«

»Das ärgert Sie nicht?«

»Lina hat mich vorher gefragt, ob es mir etwas ausmachen würde.«

»Und?«

»Habe gesagt, es wäre in Ordnung.«

»Hätte ich nicht gemacht.«

»Ich kann mir schlecht die Option auf einen Mann offenhalten, wenn ich versuche, Klosterfrau zu sein.«

Margarita kichert, zieht mir das Fieberthermometer aus dem Nachthemd. »Neununddreißig fünf. Ist der falsche Zeitpunkt, aber Sie bleiben im Bett. Wenn das Fieber morgen früh noch so hoch ist, schicke ich Ihnen Doktor Hartmann auf den Hals, also bessern Sie sich! Brauchen Sie sonst noch etwas?«

»Die Zusicherung, dass ich übermorgen nicht die Koffer packen muss.«

Sie setzt sich auf die Bettkante, streicht mir übers verschwitzte Haar.

»Mädchen, wir tun ja, was wir können. Paula, Placida und ich machen regelrecht Propaganda für dich. Und Hedwig hat gestern Nachmittag zwei Stunden auf die Äbtissin eingeredet.«

»Schwester Hedwig?«

»Du hast mehr gute Freunde, als du denkst.«

Sie greift in ihre Kitteltasche, zieht einen Streifen Aspirin hervor, legt ihn neben den Teller.

»Iss was, und wenn ich dir noch einen Rat geben darf:

Es ist kaum förderlich, die Mannschaft, mit der man zusammenleben möchte, in Gute und Böse einzuteilen.«

Es muss das Fieber sein, ich weine sonst nie, grundsätzlich nicht. Margarita reicht mir eine Packung Tempotaschentücher, zieht meine Bettdecke zurecht und geht zur Tür.

»Ab morgen sieze ich dich wieder. Schlaf jetzt!«

Sie sind seit einer Stunde im Kapitelsaal. Stefan weiß Bescheid, könnte mich innerhalb von zwei Stunden mit dem Auto abholen. Wir haben die Küche fertiggemacht, das Geschirr gespült, warten darauf, dass der Konvent wiederauftaucht. Die Situation erinnert an den Wahltag vor sechs Monaten, nur dass es da nicht um meinen Kopf ging. Dorothea nervt mit dem Gerede von ihrer Einkleidung, obwohl sie gerade mal fünf Wochen da ist. Mit der ihr eigenen Feinfühligkeit plaudert sie ungefragt von der Gewissheit, die sie im Hinblick auf ihren eigenen Werdegang innerhalb der Gemeinschaft hat, eine Abstimmung bezüglich ihrer Mitgliedschaft würde reine Formsache sein und sicherlich schneller gehen. Ich solle aber im Fall, dass ich abgewiesen werde, nicht verzweifelt sein, Gottes Wege seien zwar unbegreiflich, doch immer wunderbar. Antonia reicht mir im Refektorium eine Tafel Schokolade. Für die Nerven.

Es läutet bereits zur Komplet, als auf dem Flur Schritte und das Rauschen von langen Kleidern zu hören sind. Schwester Hildegard erscheint auf der Türschwelle. »Sie sollen zu Mutter Raphaela auf die Abtei kommen.« Ihrem Gesicht ist nichts zu entnehmen.

Raphaela sieht mitgenommen aus.

»Alles gut, Sie sind zugelassen. Gehen wir jetzt beten, reden können wir morgen noch.«

Am Treppenabsatz fällt mir Paula um den Hals. »Schätzchen, es war so verdammt knapp, aber jetzt bist du dabei! Wenn die Äbtissin sich nicht noch so für dich ins Zeug gelegt hätte, ich weiß nicht, was passiert wäre.«

Ich klopfe ihr auf den Rücken, mache mich sanft los.

»Bin müde, Paula, kann jetzt nicht reagieren.«

Sie drückt fest meinen Arm, während ich sie zur Kirche führe. Ich sollte mich freuen, dankbar sein. Wollte ich es nicht so?

Während der Komplet frage ich mich, welche von denen, die hier um mich herum singen, zu den Nein-Stimmen gehören. Bei der Betrachtung der Reihe meiner Mitschwestern denke ich, dass die Erwartung einer hundertprozentigen Zustimmung aller Nonnen absolut unrealistisch gewesen wäre. Hauptsache durchgekommen, oder? Wozu trauern, dass es knapp war, sie werden mich schon noch mögen. Vor der zweiten Strophe des Hymnus lächelt Hedwig mir zu.

»Weit weiche von uns Alb und Traum,
das Wahngebild der Dunkelheit;
Herr, schlage du den Feind in Bann,
behüte uns an Seel und Leib.«

Zwei Drittel Freund, ein Drittel Feind, damit kann man leben, auch wenn's schade ist.

Nach dem Schlussgebet werde ich jäh aus meinen Grübeleien gerissen, als die kleine Holztür, die als Hintereingang zur Kirche dient, mit einem Knall gegen die Wand geschmettert wird. Schwester Apollonia, die aufgrund ihres Alters von der Teilnahme an den Nachtgebeten befreit ist, kommt in Gummischlappen und Bademantel in den Nonnenchor gerannt und scheucht uns mit wild herumwedelnden Armen auf.

»Kommen Sie schnell! Alle! Im Radio hab ich's gehört, ein Wunder ist geschehen! Macht das Fernsehen an, wir müssen uns das ansehen! Unglaublich! Die Mauer, die Mauer fällt!«

»Welche? Unsere?«

»Nein, doch! Die große! In Berlin!«

Wir verbringen die halbe Nacht vor dem Bildschirm, beobachten Trabants und Wartburgs, die im Schritttempo durch Grenzübergänge fahren. Gegen Mitternacht ist das Brandenburger Tor offen. Menschen stehen Arm in Arm auf der Mauer, schwenken Deutschlandfahnen, ziehen andere nach oben.

Schwester Simone erscheint mit zwei Flaschen Sekt. »Besondere Ereignisse erfordern besondere Maßnahmen!« Im Vorbeigehen zwinkert sie mir zu, flüstert: »Ich freue mich!« Sie erhebt ihr Glas: »Auf dass alle trennenden Mauern fallen!« Vereinzelt erntet sie irritierte Blicke, die Mehrheit lächelt zustimmend. Man stößt »Auf die Freiheit!« an und darauf, »dass Revolution ohne Gewalt möglich ist, jawohl!«.

Apollonia muss auf ihrem Stuhl gestützt werden, schluchzt hemmungslos in ein riesiges kariertes Stofftaschentuch. Jemand hat ihr warme Socken angezogen.

»Das ist sie, das ist die Wende, um die ich all die Jahre gebetet habe! Und ich darf es noch erleben!«

Raphaela beugt sich zu ihr herunter, versucht sie zu beruhigen, rät ihr, ins Bett zu gehen.

»Bitte, ehrwürdige Mutter, lassen Sie mich nach Berlin fahren. Ich bin da geboren und aufgewachsen. Die Stadt meiner Jugend ist das! Ich hole mir unser Haus zurück, die da im Osten, die müssen mir das jetzt wiedergeben!«

Auf ein Zeichen der Äbtissin hin nimmt Margarita Apollonia resolut unter den Armen, zieht sie mit sich und redet beruhigend auf sie ein: »Schwester, was wollen Sie denn mit einem Haus anfangen? Sie haben doch hier alles.«

Die Alte lacht und weint gleichzeitig. »Ja, ja, ich hab alles. Alles? Nie hat man alles! Das Haus meiner Familie! Nicht so fest, Margarita, Sie kitzeln mich ja. Berlin, Berlin, wir fahren nach Berlin!«

5

Stabilitas – von einer, die bleibt

In *Geschichte einer Nonne* gibt es folgende Szene: Tiefverschleiert, die Stirn auf die verschränkten Arme gedrückt, liegt Audrey Hepburn auf dem Kirchenboden und weiht sich Gott. Bei ihr sah das schön aus, zumal man davon ausgehen konnte, dass sie gleich ihr makelloses Gesicht in die Kamera halten und den Zuschauer mit ihrem Blick anrühren würde.

Der Länge nach auf dem Teppich ausgestreckt, kämpfe ich gegen den Drang zu niesen, der mir die Tränen in die Augen treibt. Ich werde nachher verheult aussehen. Ein Geruch, als wären viele Menschen mit Schweißfüßen darübergelaufen, was kaum vorstellbar ist. Um mich herum tönt die Allerheiligen-Litanei, die anwesende Gemeinde singt mit voller Kraft. Halbzeit in der Feier meiner ewigen Profess, schätzungsweise zwölf Minuten Pause für mich.

Eine der alten Schwestern hat erzählt, dass man früher ein weißes Leinentuch, gleich dem, das heute noch für die Verhüllung der Toten verwendet wird, über die Professschwester gebreitet hat. Der Brauch soll abgeschafft worden sein, als ein junger Mönch vor Angst unter dem Leichentuch gestorben ist. Eine dieser Geschichten, die man getrost der ordenseigenen Legendenbildung zuschreiben kann. Vielleicht hatte irgendwann einfach keiner mehr Freude daran, symbolisch zu sterben. Audrey Hepburn, soweit ich mich erinnere, lag ohne Tuch am Set. Der Film müsste aus den frühen sechziger Jahren sein. Maria behauptet, er sei schlecht recherchiert und weise Fehler auf. Zwei Wochen vor meinem Eintritt lief er im Nachtprogramm, und es war keine besonders gute Idee, ihn mit Lina anzuschauen, der ich anschließend bis in die frühen Morgenstunden erklären musste, dass der Film mit dem realen Klosterleben ungefähr so viel zu tun hat wie *James Bond* mit der Arbeit des britischen Geheimdienstes. In *Frühstück bei Tiffany* bietet mir die Rolle der Hepburn weitaus mehr Identifikationsmöglichkeiten, aber das artikuliere ich im Kreis der Nonnen lieber nicht.

»Heiliger Benediktus – Bitte für uns!
Heiliger Dominikus und Franziskus – Bittet für uns!
Heilige …« – Wer um Himmels willen war Margareta Maria Alacoque? Egal, ich kann jeden Beistand gebrauchen.
Dorotheas hoher Sopran ist deutlich herauszuhören. Sie ist seit ihrer ersten Profess am vergangenen Sonntag nicht nur stimmlich kaum noch zu bremsen, ganz Beflissenheit, ganz Hingabe, man könnte meinen, die perfekte Nonne vor sich zu haben. Vielleicht aber auch nur eine junge Frau, die nicht weiß, wie sie sich geben soll, und ihre Verunsicherung mit Übereifer zu kaschieren versucht. Wie auch immer: Sie nervt. Die Schwestern mit Ecken und Kanten, mit Schrullen, überraschenden Ansichten, die, deren Frömmigkeit mit einer extra Portion gesunden Menschenverstands gewürzt ist, sind mir die

liebsten. Davon gibt es eine Menge, es bleibt, bei aller klösterlichen Strenge, Raum für die Entfaltung eigenwilliger Persönlichkeiten.

Warum bin ich zum zweiten Mal beinahe herausgeflogen?

Paula hat mir verraten, dass Dorothea ebenfalls nicht unumstritten durch ihre Abstimmung gekommen ist, aber ich hatte keine Lust, mich von dieser Information trösten zu lassen. Immerhin hat mir die Tatsache, dass Dorothea und Hildegard sich hervorragend verstehen und dementsprechend viel Zeit mit ihren geistlichen Gesprächen verbringen, etwas Luft verschafft.

»Von allem Bösen – Herr, befreie uns!
Von aller Sünde – Herr, befreie uns!
Vom ewigen Tode – Herr, befreie uns!«
Das wäre schön.

Die schlaflose Nacht macht sich in bleierner Müdigkeit bemerkbar. Jetzt einzuschlafen würde den Geschichten, die über mich in Umlauf sind, eine weitere Peinlichkeit hinzufügen. Ich sollte ergriffen, hellwach und glücklich sein. Stattdessen ist da noch immer die Ungewissheit, die ich mit dieser Feier auslöschen wollte.

»Zweifel haben wir alle, immer wieder«, sagte Raphaela in einem unserer Vorbereitungsgespräche. »Die Entscheidung für das Klosterleben, die endgültige Bindung in der feierlichen Profess, das ist, als ob man einen Blankoscheck auf den Altar legt. Eine Herausforderung, menschlich wie geistlich. Es gibt keine Garantie, niemand haftet. Man springt über seinen eigenen Schatten in den Abgrund, von dem man erhofft, dass dort etwas wartet, das einen auffängt, trägt, beflügelt. Das kann man sich nicht verdienen, es wird einem geschenkt. Profess, das ist ein mutiger Akt jenseits der Grenze dessen, was man selbst aktiv *machen* kann.«

»Gut«, habe ich gesagt, »da wollte ich sowieso hin.«

Sie nickte mit einem Anflug von Besorgnis im Blick, den ich nicht einzuordnen wusste. Ich fragte nicht nach. Für diesen Moment wollte ich mir meiner Sache gewiss sein. Nicht nur wegen Raphaelas Theorie. Es geschieht mehr als ein hoffnungsvoller Sprung ins göttliche Alles-oder-Nichts. Das allein wäre spannend genug. Aber da gibt es auch die Sicherheit, die die Aufnahme in eine Gemeinschaft von Frauen verspricht, die zusammengehören, mitgehen auf dem beschwerlichen Weg der Sinnsuche. Es stimmt, was Luise sagt: Sie streiten, sie bekämpfen sich, aber wehe, es greift jemand von außen das Kloster oder eine einzelne Schwester an, dann werden sie zu einem unumstößlichen Block, zum Schutzraum, an dessen Außenwand fast alles abprallt. Als Schwester Hedwig im vergangenen Winter aufgrund verschiedener Umstände ihre Dozentenstelle verlieren sollte, waren selbst jene Mitschwestern bereit, sich an einem Protestbesuch der Akademie zu beteiligen, die nicht damit einverstanden waren, dass ihre Kantorin einer Arbeit außerhalb der Klostermauern nachging. Schade, dass daraus nichts wurde. Dreißig Nonnen, zur Verteidigung einer der Ihren entschlossen, beim Sit-in vor dem Büro der Rektorin, das wäre etwas gewesen.

Nachdem Schwester Justina letztes Jahr so krank wurde, dass Doktor Hartmann meinte, eine Einweisung ins Pflegeheim sei notwendig, gab es keine Diskussion. »Wir sind für unsere Schwester da, wir lassen sie nicht allein!« Ein Plan wurde ans Schwarze Brett gehängt. Jede, die ein oder zwei Stunden Zeit erübrigen konnte, sollte sich eintragen, um bei der Pflege zu helfen. Bis zum Mittag waren vierundzwanzig Stunden Betreuung organisiert, das Wort »Pflegeheim« tauchte nie wieder auf. Vier Monate lang wechselten die Nonnen sich Tag und Nacht ab. Sie fütterten Justina, wuschen sie, brachten sie auf die Bettpfanne, sangen mit ihr, lasen ihr vor, hielten ihre Hand, bis sie schließlich in Raphaelas Armen einschlief. Margarita sagte zu mir: »Wenn du so stirbst, hast du nicht ganz falsch gelebt.«

Ich werde drin sein, Teil dieser Familie.

In wenigen Minuten muss ich aufstehen und meiner Entschiedenheit in einem kirchenrechtlich höchst relevanten Akt Ausdruck verleihen.

Dem Ritus entsprechend habe ich bereits dem »Veni filia«, »Komm, Tochter«, des Abtes Folge geleistet. Bin von meinem Platz bei den Novizinnen aufgestanden, habe gemessenen Schrittes eine Kerze in den Altarraum getragen, dabei gesungen.

»Ja, ich folge aus ganzem Herzen;

in Ehrfurcht nahe ich dir und suche dein Antlitz zu schauen.

Herr, weise mich nicht zurück.

Handle an mir nach deiner Milde

und nach deinem großen Erbarmen.«

Sie sind gut, diese alten, durch Generationen von Nonnen und Mönchen getragenen Texte. Gut, um sich darin zu verlieren.

Ich habe mich in Begleitung von Schwester Hildegard und Mutter Raphaela auf den im Altarraum bereitgestellten Hocker gesetzt, Abt Lukas, den ich mir als Vorsteher der Professfeier wünschen durfte, bei seiner Predigt über die Freiheit des Christenmenschen zugehört, habe die von ihm und der Äbtissin abwechselnd gestellten rituellen Fragen vorschriftsmäßig beantwortet:

»Wollen Sie durch die ewige Profess Gott noch inniger verbunden werden?«

»Ich will.«

»Wollen Sie unter der Führung des Evangeliums ein Leben aufrichtigen Suchens nach Gott führen, ihm und den Mitmenschen dienen und der Liebe zu Christus nichts vorziehen?«

»Ich will.«

»Möchten Sie Gehorsam geloben nach der Regel unseres heiligen Vaters Benediktus?«

»Ich will.«

Will ich? Meine Koffer habe ich Margarita für die Rotkreuzsammlung gegeben. Fürs Erste kein Zurück.

»Wollen Sie in unserer klösterlichen Gemeinschaft ausharren bis zum Tode?«

»Ich will.«

Vorläufige Endgültigkeit, so sei es.

»Der in Ihnen das gute Werk begonnen hat, vollende es für den Tag Christi.«

»Amen.« Der erste Teil war geschafft.

Pater Rhabanus, für heute Assistent des Abtes, forderte die Gemeinde auf: »Beuget die Knie!« Mein Stichwort, mich zu Boden zu werfen und während der allgemeinen Anrufung der Heiligen das Signal abzuwarten, mich wieder zu erheben.

Da lieg ich nun.

Dass es gegen meine ewige Profess erneuten Widerstand seitens einiger Konventschwestern gab, stimmt mich traurig. Ich mache es ihnen anscheinend noch immer nicht leicht, mich als eine der Ihren anzunehmen.

Im frühen Mönchtum konnte es zur Erprobung des Schülers gehören, seine Bitte um Aufnahme zunächst abzulehnen. Die Ausdauer, mit der er bei seinem Wunsch blieb, wurde als Zeichen seiner Berufung gewertet. Kaum anzunehmen, dass das in meinem Fall eine Rolle gespielt hat. Meine Ablehnung war kein Test. Es kamen ähnliche Bedenken wie vor drei Jahren zur Sprache, diesmal schärfer formuliert, wie ich den Andeutungen Raphaelas entnehmen konnte: »Zu sperrig, zu vital, oft kratzbürstig, unnahbar, aufsässig, mangelnde Fähigkeit, sich anzupassen ...«, eine Liste von Eigenschaften, die ich nur bedingt die Meinen nennen möchte. Paula sagte, teilweise sei ich auch selbst schuld, ich konnte ihr nur halbherzig widersprechen. Man sorgt sich zudem wegen meiner Jugend, meiner Familiengeschichte, dem, was eine Schwester in der Konventsitzung meine »Anhänglichkeit an die Dinge dieser Welt« genannt haben soll. Äbtissin Raphaela versuchte zu vermitteln, Maria riet mir, die Auseinandersetzungen zum Anlass zu nehmen, meine Entscheidung für diese Lebensform noch einmal grundsätzlich zu überdenken. Ich war nicht bereit, mich wegschicken zu lassen, ich wollte bleiben.

»Ist es nicht genug? Hast du das nötig, schon wieder

zu riskieren, gefeuert zu werden?«, fragte Stefan, als ich ihm erzählte, es könne sein, dass meine ewige Profess auf allzu viel Widerstand stößt. »Ja«, antwortete ich, »habe ich nötig.« Und in einem Ton, den ich so nicht von ihm kannte, forderte er mich auf: »Geh von da weg, bevor es zu spät ist! Es gibt Menschen, die gerne mit dir zusammenleben würden.«

»Das ist nicht das Thema.«

Zwei Tage später rief er an, entschuldigte sich, meinte, ich müsse selbst am besten wissen, was ich tue, und versicherte, er sei in jedem Fall für mich da. Ich versuchte ihm zu erklären, dass ich jetzt noch nicht aufgeben wolle, dass ich noch immer hoffe, etwas herauszufinden, einen Sinn, eine Bestimmung, etwas, das Bestand hat. Ich bin noch nicht fertig.

Pia war sauer: »Wenn sie dich rauswerfen, gehe ich auch!«

»Das wirst du schön bleibenlassen. Leute wie du werden hier gebraucht.«

Seit sie da war, konnte man es im Noviziat einigermaßen aushalten. Pia kam in der Weihnachtszeit, als ich längst nicht mehr damit gerechnet hatte. Sie stand grinsend in der Noviziatstür und fragte, warum ich so überrascht gucken würde.

»Wie hast du es geschafft, dass sie dich in dem Jeansrock hier reinlassen?«

»Mein unwiderstehlicher Charme und der Nachweis meiner maroden Finanzlage. Papa hat die Gelder gestrichen, als ich ihm mitgeteilt habe, dass ich ins Kloster gehe. Ich bin jetzt ein armes Mädchen, das hat die Herzen gerührt.«

»Du hast dich wegen des Eintritts mit deinem Vater überworfen?«

»Ach was, der hält es nicht lange durch, mit seiner Lieblingstochter zerstritten zu sein. Wenn er sieht, dass es mir gut geht, beruhigt er sich wieder. Hast du vielleicht noch zivile Anziehsachen, die du mir leihen kannst?«

Ihre Haare hatten fast das Kinn erreicht, als sie eingekleidet wurde und mir ihre zwei älteren Brüder vorstellte. Jens, der nun schon den zweiten Sommer zur Apfelernte kommt, und Malte, der mit seiner blonden Lockenpracht regelmäßig die Sonntagsmesse verschönert.

»Du hast tolle Brüder. Beneidenswert!«

»Soll ich dir einen abgeben?«

»Lieber nicht.«

Ihre Mutter starb bei einem Autounfall, als Pia fünf war. Die übrig gebliebenen Familienmitglieder bemühten sich, einander Halt zu geben, und die Jüngste wurde mit Zuwendung überschüttet. »Wir haben uns gegenseitig zu trösten versucht«, erzählte Pia, »Die Jungs haben sich immer um mich gekümmert, hatten ständig Sorge, mir könnte etwas passieren. Manchmal musste ich sie regelrecht abhängen wie lästige Bodyguards. Gut, dass ich mich jetzt selbstständig mache.«

Wenn sie jemand wegen des frühen Verlusts der Mutter bedauert, reagiert sie unwirsch. »Mir hat es als Kind an nichts gefehlt. Mein Vater und meine Brüder haben mir bestimmt mehr Liebe gegeben, als eine Frau, die am liebsten schnelle Autos gefahren ist, es jemals gekonnt hätte.«

Ich weiß nicht, ob ich ihr das vorbehaltlos glauben soll. Die Frage, warum sie keinen Führerschein hat und lieber den Zug benutzt, habe ich mir verkniffen. Sie scheint so eins mit sich zu sein. Pia redet oft zu laut, ist aber wesentlich geschickter im Umgang mit Schwester Hildegard als ich und fügt sich bewundernswert geschmeidig in den Klosteralltag. Dass sie ein fertiges Architekturstudium vorzuweisen hat, bringt ihr Respekt ein, worüber Pia nur spottet: »Meine Diplomarbeit hat niemanden vom Hocker gerissen. Nur weil mein Vater Geld für ein teures Studium hatte, soll ich etwas im Leben geleistet haben?«

Die Arbeit in der Küche, die Studienzeit, das lange Chorgebet, das Gemeinschaftsleben, dies alles mache ihr Spaß, sagt sie, und nur selten, wenn wir im Garten sind und Nachbars Pferde wiehern hören, wird sie wehmütig und erzählt vom Hofgut ihrer Familie und dem Islandpony, das sie vor ihrem Eintritt aufgeben musste. Ein Leben ohne Ehe mache ihr nicht viel aus, meinte sie, bei ihr sei eher die Gefahr, dass sie sich in eine Frau verliebt, aber Nonnen hätten von ihr nichts zu befürchten, versprochen! Ihr Vater, der während der Einkleidung noch mit vor der Brust verschränkten Armen in der Kirche geschmollt hatte, war beim anschließenden Empfang von Mutter Raphaela so hingerissen, dass seine Tochter sich genötigt sah, ihn zur Ordnung zu rufen. Er schickt seitdem kistenweise Apfelsaft aus der familieneigenen Mosterei und bedenkt das Kloster mit größeren Spenden zu Weihnachten. Manchmal beneide ich sie um mehr als um ihre Brüder.

Die Referate, die Pia im Noviziatsunterricht vorträgt, sind stets sorgfältig ausgearbeitet, klar formuliert und termingerecht fertig. Ich dagegen belade meinen Schreibtisch mit einem Haufen Bücher, die ich dann doch nicht lese, versteige mich in philosophisch-theologische Abhandlungen, die mit dem Thema nur am Rande zu tun haben, verbringe Stunden damit, aus dem Fenster zu schauen, und muss mir vorhalten lassen, die Studienzeit nicht konsequent zu nutzen. Wahrscheinlich hat Hildegard nicht unrecht, wenn sie mir empfiehlt, Geschichte und Spiritualität des Benediktinerordens zu erforschen, statt endlos an einem Aufsatz über »geistig-geistliche Voraussetzungen eines geglückten Gemeinschaftslebens« zu arbeiten.

»Du willst zu viel«, sagte Paula, »tust immer so abgebrüht und hast doch einen Haufen Ideale im Kopf, die den Rest der Menschheit überfordern. Du kämpfst gegen Mauern an, die du selbst aufgebaut hast, als hätten wir hier nicht schon genug davon.«

»Kannst du mir verraten, wie man ein Klosterleben führen soll, ohne Ideale zu haben oder viel zu wollen?«

Sie sah mich lange an, lächelte dann, legte ihre Stirn an meine und flüsterte: »Vergiss nicht: Das hier wird weder des Rätsels Lösung noch der Himmel sein. Und ob es der Weg dahin ist, wer kann das wissen?«

Mit dem heutigen Tag ist die Zeit des Noviziats vorbei. Das Experiment tritt in seine entscheidende Phase.

Der Bestimmtheit der Äbtissin, die den Zweiflerinnen erwiderte, dass meine endgültige Zugehörigkeit zur Gemeinschaft trotz allem wünschenswert sei, verdanke ich die Tatsache, dass ich mich ab morgen als »Vollnonne« erproben darf. Hätte dieses »trotz allem« nicht Anlass für mich sein müssen zu gehen? War es ein Fehler, Marias Rat verärgert von mir zu weisen, statt darüber nachzudenken? Wieder Stolz verloren, wieder dabeigeblieben, wieder einen leicht bitteren Geschmack zurückbehalten. Damit muss ich leben lernen.

Drei Jahre seit ich im Kapitelsaal die zeitlichen Gelübde abgelegt habe, gleichermaßen angeschlagen wie froh, dass sich die Mehrheit des Konvents zu einem »Ja« durchringen konnte. Die Feier damals war ein kurzer Akt von einer Viertelstunde: Gesang, Verlesung der Professformel, das war's, ich durfte vorläufig osb hinter meinen Namen schreiben, was ich tunlichst vermieden habe. Die Triennalprofess hat mich nicht sonderlich nervös gemacht. Sobald die Entscheidung durch war, hatte das etwas Beruhigendes: ein Testlauf, dessen Ergebnis offengelassen werden konnte. Dachte ich.

Stabilitas, conversatio morum, oboedientia – Beständigkeit, klösterlicher Lebenswandel und Gehorsam. Das verspricht jede, die sich an das Kloster bindet. Mutter Raphaela versuchte, mir die Gelübde zu erklären: »Beständigkeit meint die Treue zur Lebensform und das Ausharren in der Gemeinschaft. Klösterlicher Lebenswandel heißt: Konzentration auf das Wesentliche und ständiges Mühen um Bekehrung, persönliche Besitzlosigkeit und Ehelosigkeit inbegriffen. Das, woran Sie sich so stoßen, der Gehorsam, meint die Fähigkeit und Bereitschaft, vom eigenen Willen abzusehen und die Weisungen anderer anzunehmen.«

Ab heute soll es lebenslang sein. Stabilitas, schönes Wort. Die Faszination des Bleibens für eine, deren Überlebensstrategie immer das Flüchten war.

Insgesamt fünfeinhalb Jahre liegen hinter mir. Ich habe durchgehalten, wer hätte das gedacht?

Die Klarheit eines geregelten Tagesablaufs, die Ruhe, die im Wechselklang der Psalmodie verbrachten Gebetszeiten: ein Korsett, das vor dem Auseinanderbrechen schützen kann.

»Hast du keine Angst, dass es eines Tages nicht mehr hält?«, wollte Stefan wissen. »Dann sehen wir weiter«, habe ich geantwortet, »vor einem Neuanfang fürchte ich mich nicht.«

Das war zum Teil gelogen.

Auch dass mir gar nichts fehlt, stimmte nicht wirklich. Gottesliebe, sich von Gott geliebt fühlen, das soll mit tiefem Glück erfüllen, ist jedoch an manchen Tagen etwas zu abstrakt, wenn es kalt ist und man sich nach der Wärme eines menschlichen Körpers sehnt. Von sonstigen Dingen, die sich besser für die Ausübung zu zweit als für einsame Phantasien in einer Klosterzelle eignen, gar nicht zu reden. Luise sagte, das sei völlig normal. Sie habe nach vierzig Jahren im Kloster noch immer gelegentlich Sehnsucht nach der Zuwendung eines Mannes, man habe seine Sexualität ja nicht an der Pforte abgegeben. Sie amüsierte sich über mein Erstaunen und brachte die Sache auf eine einfache Formel: »Hat man Eheleben, fällt Klosterleben flach; hat man Klosterleben, geht kein Eheleben. Man muss entscheiden, welchen Preis man zu zahlen bereit ist. Der unsrige ist hoch, es tut weh, mal mehr, mal weniger. Mir hat die Verwurzelung in der Gemeinschaft immer sehr geholfen.« Als ich ihr entgegnete, es müsse ja nicht gleich die Ehe sein, aber ein gelegentliches Ausleben meiner sexuellen Bedürfnisse würde mir schon gefallen, meinte sie, diese neumodischen Feinheiten seien ihr zu kompliziert, in ihrer Jugend gab es das nicht. »Sie wissen schon, was ich meine. Das intime Zusammensein zweier Menschen, die sich lieben, ist etwas Wunderschönes, keine Frage, aber manchmal mache ich mir Sorgen, dass heutzutage die Sexualpartner austauschbar scheinen, dass es oft nur um den Wert einer momentanen Befriedigung geht, die am nächsten Morgen schon in ein schales Gefühl der Enttäuschung, der Leere münden kann. Macht das auf Dauer zufrieden? Eine konstante Partnerschaft durch alle Höhen und Tiefen des Lebens hindurch stellt eine enorme Herausforderung dar. Wollen wir nicht alle auch dann noch lieben und geliebt werden, wenn wir krank, alt oder unansehnlich sind? Grundsätzlich bin ich der Meinung, dass die Reife für das gelungene Klosterleben eine ähnliche sein muss wie die für eine stabile Beziehung. Man sollte, wenn man Ordensfrau sein will, zu beidem in der Lage sein, dann aber den Verzicht bewusst in Kauf nehmen, um Offenheit für die Erfahrungen zu gewinnen, die sich in unserem Lebenskontext machen lassen.«

Wahrscheinlich müsste ich mir wegen dieser Aussage Sorgen machen. Ich träume öfter davon, mit einem Mann zu schlafen, aber nie davon, mit ihm aufzuwachen. Ich fürchte, für vertraute Zweisamkeit fehlt mir die Begabung, angesichts diesbezüglicher Erwartungen an meine Person habe ich schon immer den Rückzug angetreten. Bindungsfähigkeit gehörte bisher nicht zu meinen herausragenden Eigenschaften. Max war darüber einmal sehr unglücklich.

Bei aller Enge, die das Gemeinschaftsleben mit sich bringt: Wer gerne allein ist, kommt im Kloster auf seine Kosten. Das gefällt mir. Und es stimmt, was einige Nonnen sagen: In der nicht sexualisierten Umwelt, die das Kloster darstellt, wird es einem leichter gemacht: keine ekstatisch vereinten Leiber auf großformatigen Plakaten, keine Werbespots mit muskulösen Männerbrüsten, über die zarte Frauenhände begehrlich streichen, keine allgegenwärtigen Signale, dass man schlank, schön, sexy, potent, immer geil zu sein hat, um ein toller Mensch zu sein. Klar, man trägt, wie Luise meint, seine Sexualität auch als Nonne stets mit sich herum, aber es ist nicht der zentrale Punkt, um den sich im Alltagsleben alles dreht. Man läuft mitnichten als wandelnde Mangelerscheinung durch den Tag. »Frau ist Frau, auch ohne Mann«, sagte Maria einmal zu mir, und tatsächlich leben hier einige, die auch nach Jahrzehnten des Verzichts weder verklemmt noch verbittert wirken. Es scheint möglich zu sein, ohne zwangsläufig zu verkümmern. Nur manchmal, an grauen Regentagen, drängt sich mir die Frage auf, ob das zölibatäre Leben auf Dauer gut für den Menschen, gut für mich, sein kann. Wir werden sehen, ich fange ja, obwohl ich schon so lange dabei bin, erst an.

Im Noviziat hat sich viel getan in den vergangenen Jahren. Nach Dorothea und Pia kam Annamaria, die bei ihrem Eintritt aussah wie ein massiger Kerl, um dann von Woche zu Woche dünner zu werden.

Mit Hanna, der gelernten Gärtnerin, bekam Schwester Luise die Mitarbeiterin, die sie verdient. Hanna leiht sich zum Mähen den Traktor des Nachbarn aus, setzt den Komposthaufen in Rekordzeit um und fällt mit der Motorsäge ganze Bäume, lernt zudem ihre monastischen Lektionen mit der Präzision eines Uhrwerks. Das Ein-

zige, was sie nicht zu beherrschen scheint, ist Konversation, was ihr die Schweigezeiten angenehm und die
Noviziatsrekreationen zur Tortur macht. Es gibt Anlass
zu hoffen, dass Hildegard sich an Hanna die Zähne aus-
beißen wird.

Als kurz vor Ostern noch Priska, Fagottistin aus
Münster, eingekleidet wurde, war im Noviziatshaus kein
Zimmer mehr frei und der Konvent in Hochstimmung.

»Sie sehen, das Kloster blüht auf: Wir haben sechs
weiße Schleier«, sagte Raphaela stolz zum Bischof, als
der bei einem seiner Klosterbesuche zu Gast in der Rekreation war. »Warum verweist sie nicht auf die zufrie-
denen Gesichter der Alten?«, fragte Pia mich leise, »wir
Jungen sind doch Wackelkandidaten. Siehst du dich als
die Blüte des Klosters?« Die Äbtissin warf mir einen er-
bosten Blick zu, aber den alten Bischof schien es eher
zu erheitern, dass jemand unter einem der gepriesenen
weißen Schleier lachen musste.

Die stolze Nachwuchsstatistik gehörte dann auch bald
der Vergangenheit an. Annamaria kam eines Tages, nach
einem langen Gespräch mit Doktor Hartmann, weinend
aus dem Arztzimmer, erschien nicht mehr zur Vesper
und bat am nächsten Morgen ihre Mutter, sie möge sie
abholen. Die Magistra schien das als persönliches Scheitern zu betrachten und lief tagelang mit verweintem
Gesicht herum, bis Schwester Germana sie anherrschte,
sich zusammenzureißen. Der Rest des Konvents nahm
es eher gelassen. »Das ist eben so«, war Paulas Kommentar, »man freut sich, wenn Neue kommen, aber man lässt
sie auch wieder gehen. Was nützt es, wenn jemand bei
uns unglücklich ist?«

Nach weiteren drei Wochen war Priska verschwunden. Die offizielle Version lautete: Sie hätte sich doch für eine Karriere als Musikerin entschieden. Placida erzählte mir unter dem Siegel der Verschwiegenheit, dass ein junger Mann an der Pforte erschienen sei …

Hildegard hatte anscheinend gelernt und zeigte keine Zeichen der Trauer. Schließlich gab es mit mir schon genug Härtefälle im Noviziat. Schade, ich mochte Priska gern und vermisse den dunklen Klang ihres Fagotts, der nachmittags das Haus durchzog.

Ab morgen gehe ich in der Menge der schwarzen Schleier unter, dann sind es nur noch drei weiße. Immerhin, es gibt genug Klöster, denen sich seit Jahren keine neuen Mitglieder mehr angeschlossen haben, wo die Angst vor der Schließung zum täglichen Geschäft gehört.

»Christus, höre uns – Christus, erhöre uns …« Ich sollte mich auf den Gottesdienst konzentrieren, mein Einsatz steht kurz bevor.

Aus der Gästekapelle klingt das helle Lachen eines Kindes. Linas Kind? Es müsste jetzt etwas über zwei Jahre alt sein. Ein hübscher kleiner Junge, der seinem Vater wie aus dem Gesicht geschnitten ist und schreit, sobald ich ihn auf den Arm zu nehmen versuche. Lina sagt, er hat Angst vor meinem schwarzen Kleid. Nach ihrem letzten Besuch fragte Raphaela besorgt, ob es mir etwas ausmachen würde, meine Freundin als glückliche Mutter zu sehen, ob sich da nicht Wünsche regten? Meine Antwort, Lina wohne mit Mann und Kind im Reihenendhaus bei Bielefeld, das könne meinen Neid nicht herausfordern, verstand sie nicht. Ein Haus und eine kleine Familie seien doch etwas sehr Schönes. Von der Sache mit Max habe ich ihr nichts erzählt. Er ist, wie erwartet, nicht gekommen, hält sich an sein Versprechen, mich nie wiedersehen zu wollen. Zwischen Lina und mir ist er kein Thema. Ich bin nicht traurig darüber. Der heutige Max, der seinen Motorradlenker gegen den Griff eines Kinderwagens eingetauscht hat, mit Lina auf dem Standesamt war und ihre gemeinsame Existenz bei einer Zeitung sichert, die wir früher als rechtskonservativ verachtet haben, hat mit dem, der sich beim Open-Air einen Schlafsack mit mir geteilt und vom Leben im Bauwagen geschwärmt hat, nicht mehr viel gemein. Ich behalte lieber die Bilder von damals in Erinnerung, gönne Lina den »neuen Max« und verliere mich ab und zu in dem Gedanken, was gewesen wäre, wenn …

Da gibt es nichts zu bereuen.

Oder?

»Erhebet Euch!« Pater Rhabanus klingt heiser. Ein kurzer Schwindel, als ich wieder auf den Füßen stehe. Hildegard gibt mir Zeichen, ich weiß für eine Schrecksekunde nicht, was jetzt dran ist. Panik kommt auf. Dieses eine Mal wollte ich den Ritus souverän meistern, habe ihn wochenlang auswendig gelernt, jeden Schritt mit und ohne schwesterliche Unterstützung von Magistra, Äbtissin, Zeremonienmeisterin mehrfach geübt. Abt Lukas grinst zu mir herüber, macht eine undefinierbare Handbewegung, die mich noch mehr aus dem Konzept bringt. Die Magistra greift erstaunlich gelassen ein, flüstert: »Verlesen der Professformel«, nimmt resolut das Pergament, das ich mir von einem weiteren Beistelltisch selbst hätte holen sollen, und reicht es mir. Ich versuche, sie dankbar anzulächeln, wissend, dass sie wegen mir einen Formfehler begangen hat. Wahrscheinlich ist Hildegard genauso froh, mich los zu sein wie ich sie.

Das Stück Pergament mit der Professformel ist nach altem Brauch mittels Tuschfeder geschrieben, die Initiale eigenhändig verziert. Eine Miniatur, die mich an die Tradition der mönchischen Illustratoren denken ließ, die im Mittelalter große Skriptorien füllten und ihren Klöstern Ruhm einbrachten. Obwohl ich mir diesbezüglich wenig Hoffnung mache, habe ich lange an dem Bildchen gemalt. Regenbogen, ein sich um das »I« windender Palmzweig, drei Zentimeter alttestamentliche Bündnissymbolik, die es mir ermöglicht hat, leuchtende Farben zu verwenden. Schwester Sophia hatte nichts dagegen, dass ich im Atelier daran arbeitete, ein letztes Mal ihre Marderhaarpinsel benutzte. Zweieinhalb Jahre lang habe ich dort Leinwandintarsien eingesetzt, Kreidegründe geschliffen, Kittungen retuschiert, Fotodokumentationen angefertigt, Malschichten gefestigt. Angeblich war ich begabt. Meine Vergoldungen wurden gelobt, meine Arbeiten nur selten reklamiert, das meiste hat mich gelangweilt. Schwester Sophia erwies sich in der Zusammenarbeit als traurige Schweigerin, war aber stets fair und hatte bald eine stille Zuneigung zu mir gefasst, die je nach Stimmung guttat oder mich nervös machte. Meine Weigerung, das Kloster für eine Zeit lang zwecks Studium der Restaurierung von Kunstgegenständen in Köln zu verlassen, machten Sophias Hoffnungen zunichte, mich als ihre Nachfolgerin heranzubilden, und die Einarbeitung einer neuen Nachwuchskraft notwendig. Sie war mir nicht böse, meinte, das sei schade, aber verständlich. Mutter Raphaela hätte es gerne gesehen, dass ich diesen Studienaufenthalt absolviere. »Sie sind so jung«, sagte sie, »Sie sollten noch einmal eine Ausbildung machen, Ihren Horizont erweitern. Und wir brauchen gut geschulte Fachleute.« Sie redete immer wieder auf mich ein, gab ihre Pläne aber schließlich auf, ohne mich auf mein Gehorsamsversprechen hinzuweisen, wofür ich ihr dankbar war. »Eine Ordensfrau geht dorthin, wohin sie geschickt wird.« Den Satz hat Raphaela mir erspart. Pia äußerte den Verdacht, dass die Äbtissin aufgrund des Stabilitätsgelübdes nicht das Recht habe, eine Nonne gegen deren Willen für längere Zeit fortzuschicken. »Sie kann ja auch nicht von dir verlangen, mit dem Elektriker zu flirten.« Wie so oft ging die weitere Erörterung des Themas in Gelächter über und wurde nicht weiter verfolgt. Ich durfte weiterhin *innerhalb* der Klostermauern lernen und war erleichtert.

Nach der Profess wird mir ein neues Aufgabenfeld zugewiesen werden, der Arbeitsplatz in der Werkstatt ist bereits geräumt. Laut Weisung des heiligen Benedikt soll in der Kommunität niemand durch seine Arbeit überfordert, aber auch nicht unterfordert werden. Der Ordensgründer erwartet von seinen Gefolgsleuten, dass sie ihre Gaben und Fähigkeiten im Dienst für das Kloster zur Entfaltung bringen. Klingt so weit gut. Dazu wird die Bereitschaft verlangt, die Bedürfnisse der Gemeinschaft über die persönlichen Vorlieben zu stellen, wie wir im Noviziatsunterricht lernen konnten. Da wird es schon schwieriger. Schwester Simone drückt es eher pragmatisch aus: »Die Arbeit ist da, sie muss möglichst optimal verteilt und dann so erledigt werden, dass der Betrieb funktioniert, ohne dass jemand auf der Strecke bleibt.«

Ich darf wohl nicht hoffen, noch einmal Hilfskraft bei Schwester Luise sein zu dürfen.

»Lesen Sie!« Hildegards Zischen ist mit Sicherheit noch in der letzten Kirchenbank zu hören.

Hedwig hat lange mit mir den optimalen Vortrag geübt, ermahnte mich, meinen Text laut, klar und deutlich zu verkünden. Dies sei ein Gelöbnis und nicht das Verlesen des Einkaufszettels, ich solle den Ernst des Geschehens mittels kraftvoller Stimmführung zum Ausdruck bringen.

Kurz taucht der Gedanke auf, was geschehen würde, wenn ich jetzt vorträte, mich bedankte und sagte, ich hätte es mir doch anders überlegt? Das berühmte »Nein!« bei der Hochzeitsfeier, Dustin Hoffman rüttelt an der Kirchentür, schreit nach seiner Liebsten, flieht mit ihr vom Ort des Geschehens, Ende des Films … Nichts dergleichen passiert. Ich bemühe mich um deutliche Artikulation, spreche mein öffentliches Gelübde, wie es das Kirchenrecht verlangt:

»Im Namen unseres Herrn Jesus Christus, Amen.

Ich, Schwester Veronika, gelobe feierlich

Beständigkeit, klösterlichen Lebenswandel und Gehorsam

nach der Regel des heiligen Vaters Benediktus

und den Deklarationen der Frauenklöster der Benediktinerkongregation.

Vor Gott und seinen Heiligen, vor der Äbtissin dieses Klosters, Frau Raphaela Burghäuser, in Gegenwart des Herrn Abtes Lukas von Metzberg, der Nonnen und aller, die hier versammelt sind. Zur Bestätigung meines Gelöbnisses habe ich diese Urkunde eigenhändig ausgestellt.

Kloster Marienau am siebenundzwanzigsten April neunzehnhundertdreiundneunzig.«

Nach dem letzten Satz umschreite ich den Altar, lege die Urkunde darauf nieder, trete zurück und stimme das Professlied an:

»Suscipe me, Domine, secundum eloquium tuum, et vivam.

Et non confundas me ab expectatione mea.« –

»Nimm mich auf, Herr, nach deinem Wort,
und ich werde leben;
und enttäusche mich nicht in meiner Hoffnung.«

Alle benediktinischen Mönche und Nonnen durch die Jahrhunderte hindurch haben dies zur Bekräftigung ihrer Gelübde gesungen. Jede Schwester wiederholt es am Jahrestag der Profess im Kreis der Gemeinschaft. Beim Tod einer Nonne singen es die Mitschwestern, um der Sterbenden den Übergang zu erleichtern. Selbst die ansonsten nicht zu Pathos neigende Luise bezeichnete es einmal als das »Herzenslied einer jeden von uns«. Mir scheint, ich habe den Ton nicht ganz gehalten, was der Gültigkeit allerdings kaum abträglich sein wird. Der Akt ist vollzogen, fehlt nur noch das Zubehör.

Neben Raphaelas Platz steht das Tischchen, das ich von der Einkleidung her kenne. Diesmal liegt ein rein schwarzes Stoffpaket drauf: Kukulle und Schleier. Daneben: der aus Myrtenzweigen geflochtene Kranz, ein kleines Tablett mit dem schlichten goldenen Ring. Ich habe ihn in Raphaelas Büro aussuchen dürfen. Ein Kästchen, gefüllt mit Ringen, die dem Kloster auf irgendeine Weise zugekommen sind, wurde auf dem Tisch ausgekippt, und ich sollte sehen, ob mir einer davon gefällt. Traditionell bekommt die Schwester, die ihre Profess ablegt, einen Ring von ihren Eltern geschenkt, womit ich leider nicht dienen konnte. Ich wühlte lange in dem kleinen klimpernden Goldhaufen, während Raphaela mir versicherte, sie würde mir einen kaufen, wenn nichts für mich dabei wäre, aber eventuell könne man sich das Geld ja sparen. Es fand sich ein einzelner Ehering, in den kurioserweise mein Geburtsdatum eingraviert war. Er war zu groß, aber ich wählte ihn als gutes Omen, obwohl mir die sogenannte Brautsymbolik suspekt war.

Nach dem langen Weihegebet, bei dem Abt Lukas seine großen Hände auf meinen geneigten Kopf legt, folgt die Übergabe der Insignien, wie es im Ritus steht.

»Empfangen Sie Kukulle, Schleier und Ring als Zeichen Ihrer Weihe an Gott.«

Raphaela tritt heran, beginnt, mir die Kukulle überzuwerfen. »Das Chorkleid der Mönche und Nonnen, Symbol des Dienstes als Benediktinerin: der feierliche Vollzug des Gottesdienstes«, wie Schwester Hildegard umständlich erläuterte. Ich habe es einmal »das stoff- und faltenreichste Etwas, das man an einem einzelnen Menschen unterbringen kann« genannt, aber die Magistra meinte, dies sei kaum die angemessene Bezeichnung für ein liturgisches Gewand.

Vollkommene Dunkelheit, als mehrere Meter Stoff an meinem Gesicht vorbeifließen, mich weich in den Geruch von warmer Wolle eintauchen. Für einen Moment glaube ich, es könne mir gar nichts geschehen, nie wieder. Ich freunde mich mit der Vorstellung an, hier unterzugehen, als plötzlich die Schwärze aufreißt und am anderen Ende des Tunnels Kerzenlicht auf das sehr freundliche Gesicht der Mutter Äbtissin fällt, die den Halsausschnitt über meinen Kopf gleiten lässt. Sie betrachtet kurz ihr Werk und macht sich zupfend daran, die Haken in meinem Rücken zu schließen, damit mir die ganze Pracht nicht von den Schultern rutscht. Es kitzelt. Die weiten, überlangen Ärmel werden in breite Falten gelegt, meine Hände verschwinden, ich zweifle, ob ich sie jemals wiederfinden werde.

Paula und ich haben neulich überlegt, ob die Art, sich die Kukullenärmel zu richten, Auskunft über den Charakter der Trägerin geben kann. Man sieht die Besonnenen, die andächtig exakt gleich breite Aufschläge legen, die Praktischen, deren geübter Griff ein nicht so ästhetisches, aber ebenso funktionales Ergebnis liefert, und die Fahrigen, die einfach den Stoff in Richtung Ellenbogen schieben, um diese Bewegung im Laufe des Gottesdienstes unzählige Male zu wiederholen. Paula prophezeite mir die dritte Version, worauf ich ihr verschwieg, dass ich den Besonnenen gerne heimlich zusehe. Es kommt mir jedes Mal vor, als richteten sie sich für einen großen Auftritt her, ein besonderes Fest, das alle Sorgfalt in der Vorbereitung erfordert. Paula hätte wieder über die Träumerin unter meiner stacheligen Oberfläche gelästert. Als ich Placida gegenüber meine Vorfreude auf das Tragen der Kukulle erwähnte, sagte die: »Im Sommer schwitzt man sich da drin kaputt.«

Mit behutsamen Handgriffen entfernt Raphaela den weißen Schleier der Novizin, den sie achtlos zu Boden fallen lässt und mit dem schwarzen der vollgültig aufgenommenen Benediktinerin ersetzt.

Rechtzeitig, bevor Rührung aufkommen kann, sehe ich mich umringt: Abt Lukas steckt mir den Ring an den Finger, wobei er sich das ironische Grinsen auch hätte sparen können. Die Äbtissin setzt mir den Myrtenkranz der Neugeweihten auf. Ein Brauch, den ich beim Üben lächerlich fand, bis ich am frühen Morgen vom Fenster aus zugesehen habe, wie Luise vor dem Treibhaus saß und den Kranz für mich gewunden hat. Eine Schale mit frisch geschnittenen Myrtentrieben stand neben ihr, in die sie immer wieder die Hand tauchte, während sie leise eine Stelle aus ihrer Lieblingsoper sang: »Mir ist so wunderbar ...«

Mir auch.

Der würzige Duft von Weihrauch breitet sich aus, verdichtet sich zu dickem Qualm und bringt Pater Rhabanus zum Husten.

Der Abt überreicht mir das Brevier: »Empfangen Sie das Buch des Kirchlichen Stundengebets, preisen Sie Gott unaufhörlich, und treten Sie ein für das Heil der ganzen Welt.«

»Amen.«

Bei näherem Hinsehen bemerke ich, dass es das Gebetbuch von Paula ist, der Lederumschlag hat sich an zwei Stellen von ihren kleinen, leicht schwitzigen Händen dunkel gefärbt. Paula hängt an diesem Buch, es hat sie

während der ganzen Jahre ihres Klosterlebens begleitet, sie nimmt es sogar mit in die Ferien. Wie kommt es
jetzt zu dieser feierlichen Übergabe? Raphaela lächelt
verschwörerisch. Ich drehe mich nach hinten, will Paula
sehen. Vor mir räuspert sich der sichtbar amüsierte Pater Rhabanus, tippt mit dem Finger auf das Ritenheft in
seiner Hand. Der alte Langweiler kann richtig nett sein.
Noch heute bin ich ihm dankbar, dass unser Beichtfiasko
keine Konsequenzen für mich hatte. Rhabanus ließ mir
damals, dezent im neutralen Umschlag verpackt, ein
Buch mit dem Titel *Gott verzeiht ohne Bedingungen –
wie heute beichten?* zukommen, das ich nach einigen
Wochen ungelesen zurückgab.

Der Pater hat recht: Bringen wir es zu Ende und absol-
vieren das »Ecce, quod concupivi …«, den Dankgesang
der Neuprofesse, in dem, laut Erklärung der Magistra,
die Feier noch einmal zusammengefasst wird. Die Orgel
spielt leise die Melodie, Hedwig gibt mir den Einsatz:

»Seht, was ich ersehnt, schon schaue ich es;
was ich erhofft, schon besitze ich es:
Ihm, der im Himmel wohnt, bin ich geeint;
Ihm, den ich auf Erden mit ganzer Hingabe geliebt.«

Ich schaue nichts, besitze nichts, meine Hingabe lässt
zu wünschen übrig. Es könnte gut sein, dass dies hier
mehr als eine Nummer zu groß für mich ist. Die letzten
Töne werden dem Frosch in meinem Hals mit äußerster
Mühe abgetrotzt.

Willkommen in der Familie des Ordo Sancti Benedicti,
ich habe es getan!

Raphaela legt mir ihre Hand zwischen die Schulter-
blätter, wir verlassen den Altarraum, gehen die drei Stu-

fen zum Nonnenchor herunter, wo sich die Konventschwestern im Kreis aufgestellt haben, um mich mit dem
Friedenskuss in ihre Gemeinschaft aufzunehmen. Pia,
Dorothea und Hanna warten abseits, dies hier ist allei-
nige Sache der Vollmitglieder.

Was auch immer zuvor gewesen ist, mir schlägt ein
solch geballtes Wohlwollen entgegen, dass die Knie
weich werden. Ich habe den aufwendigen Professritus
geschafft, jetzt kann ich ein wenig Rührung unter meine
Haut kriechen lassen, denn um die zu verscheuchen, bin
ich ohnehin zu erledigt.

Gesichter, Händeschütteln, Umarmungen, Worte, Tränen. Ich versuche, möglichst viele der geflüsterten Wünsche abzuspeichern, meine Stimme führt ein Eigenleben,
für das ich nicht voll verantwortlich gemacht werden
kann. Altpriorin Germana drückt mich mit einem Stolz
an sich, als hätte sie persönlich mich gestrickt, Priorin
Radegundis zitiert einen Väterspruch, der lieb gemeint
klingt, Schwester Maura bringt mich mit ihrer herz-
lichen Umarmung vollkommen aus dem Konzept. Simone rettet die Situation, indem sie mich abgreift und
nach einem herzhaften »Der Friede sei mit dir!« an
ihre Nachbarin weiterreicht. Paula flüstert mit tränen-
nassen Wangen: »Dass so eine wie du kommt, habe ich
mir gewünscht.« Ich streiche ihr eine Träne weg, »Paula,
du spinnst ja.« Da lacht sie. »Schon besser!« Schwester
Hedwig schnappt mich, nach ihr Clementia, Luise, Placida, alle nehmen mich auf, als würden sie sich vorbehaltlos freuen. Ich möchte es ihnen glauben. Schwester
Antonia, die als Letzte dran ist, kann es sich nicht ver-
kneifen, mich auf Lateinisch zu begrüßen: »Pax tecum!«

Sie hat sich in den vergangenen drei Jahren so tapfer um die Auffrischung meiner mehr als dürftigen Lateinkenntnisse gekümmert, dass sie eine Antwort in dieser Sprache verdient hat: »Etiam tecum.«

Orgelspiel, ich setze mich auf den Platz neben der Äbtissin, eine weitere Ehre, die der Frischgeweihten am Festtag zukommt. Eine aufmerksame Helferin hat das Gesangbuch aufgeschlagen und an den entsprechenden Stellen mit Lesezeichen versehen. Die Messe geht von jetzt an ihren gewohnten Gang, komplett an mir vorbei.

Die aus allen Registern donnernde Orgel zum »Großer Gott, wir loben dich«, das bei keiner wichtigen Messfeier fehlen darf, bringt mich in die Gegenwart zurück: Auszug an der Seite der Äbtissin. Fast vergesse ich, die Professkerze, die noch einige Tage an der Statio brennen wird, mitzunehmen, Maria drückt sie mir gerade noch in die Hand.

Im Kreuzgang angekommen, muss ich mich an die Wand lehnen.

»Ist Ihnen nicht gut?«

Ich schüttle den Kopf, lasse mir von Simone und Radegundis aus der Kukulle helfen. Raphaela zögert. »Sollte sie das nicht noch anbehalten?« Radegundis winkt ab. »Die sieht doch jetzt schon aus, als ob sie gleich umfällt.«

»Kann ich auch das Kränzchen absetzen?«

»Das tragen Sie bis heute Abend. Es wird zum Abschluss des Feiertages von der Äbtissin persönlich abgenommen und im Archiv bis zu Ihrem Tod aufbewahrt.«

Ich schlucke. »Und dann?«

»Dann werden frische Zweige drumgebunden, und Sie bekommen es im Sarg aufgesetzt.«

»Kein Scherz?«

Radegundis sieht mich streng an. »Sie werden auch in Ihrer Kukulle beerdigt. Einen Todesfall haben Sie doch schon bei uns miterlebt, oder?«

Ich stehe regungslos vor ihr, zu keinem Wort fähig. Das waren also die Feierlichkeiten, der nächste Höhepunkt findet im Sarg statt. Schwester Simone erbarmt sich und nimmt mich am Arm. »Jetzt beschäftigen Sie sich erst mal mit dem Leben. Die Gäste warten.«

An der Klosterpforte angekommen, zieht mich Placida in ihr Dienstzimmer, gibt mir eine große Tasse Kaffee in die Hand, schüttet aus einer kleinen Flasche karamellfarbene Flüssigkeit hinein und drückt mich auf den einzigen Stuhl, der mit einem Kissen versehen ist. »Trink das, die Leute können sich noch fünf Minuten alleine vergnügen.« Ich muss an den Tag meines Eintritts denken, an dem Placidas Kaffee nicht halb so stark war und keine Promille hatte.

»Siehst du, jetzt lachst du schon wieder, und die Bäckchen kriegen auch Farbe. Ein Geheimrezept meiner Großmutter, aber ...« Sie legt ihren Zeigefinger an den Mund. Ich küsse sie auf beide Wangen. »Schwester, Sie retten mir das Leben!«

Raphaela erscheint in der Tür. »Ich will auch einen!«

»Kuss oder Kaffee?«

»Beides.«

Da Placida damit beschäftigt ist, die Flasche unter dem Skapulier verschwinden zu lassen, stehe ich auf, um der Äbtissin Kaffee einzuschenken. »Milch? Zucker?« Raphaela schmunzelt. »Geben Sie auch was dazu, Placida.

Erstens soll man keine Geheimnisse vor seiner Äbtissin haben, und zweitens könnt ihr mir heute einen Schluck gönnen, mein Part war auch nicht ohne.«

Im Foyer haben sich die Festgäste aufgestellt, jemand hat Sektgläser herumgereicht, die Stimmung wirkt fröhlich und entspannt. Drei ehemalige Kollegen, von denen ich dachte, sie hätten mich längst vergessen, prosten mir zu. »Du warst uns noch einen Abschied schuldig, den holen wir jetzt selbst ab.« Ich bin mir nicht sicher, ob ich mich freue. Eigentlich will ich niemanden sehen. Die kleine Eingangshalle ist voll mit Menschen, obwohl ich laut Schwester Germana die kürzeste Liste geladener Gäste in der Geschichte des Klosters abgegeben habe. Die Aufnahme einer neuen Konventschwester ist, im Gegensatz zur Einkleidung, Sache der Allgemeinheit. Da kommen Freunde und Gönner des Klosters, die ehrenwerten Damen »Klosterwanzen«, Doktor Hartmann mit Gattin und Sprechstundenhilfe, einige der Mädchen, die während des Sommers im Garten helfen. Jens und Malte stehen seltsam fremd in ihren grauen Anzügen herum, meinen, sie hätten sich schon einmal ansehen wollen, wie so eine Profess ablaufe, falls ihre Schwester das volle Programm durchziehe, was ihr leider zuzutrauen sei.

Die dicke Frau Krappmann pflanzt sich vor mir auf, bekundet ihre tiefe Sympathie durch all die Jahre hindurch und verspricht weitere Gebetsbegleitung. Soweit ich weiß, habe ich noch nie einen Satz mit der Frau gesprochen, die mir gerade zusichert, in ihr stets eine »treue Freundin« zu haben. Sie drückt mir ein ekelhaft

214

riechendes Päckchen in die Hand mit dem Kommentar, ein »gutes Stück Seife« könne man immer brauchen.

Lina fällt mir um den Hals, an meinen Bauch drückt sich kurz eine Wölbung. Sie deutet meinen fragenden Blick richtig. »Bin wieder schwanger.«

»Glückwunsch!«

Der Kleine zerrt an ihrer Seidenhose. »Mama, ich will Saft!«

Ich strecke meine Hand aus, versuche ihm über das Haar zu streichen, er weicht wieselflink zurück, versteckt sich hinter seiner Mutter. Die lächelt entschuldigend, nimmt ihren Sohn hoch, der sein Gesicht an ihrem Hals vergräbt. »Nicki ist schüchtern.«

»Wie geht es dem Kindsvater?«

»Gut. Er lässt dich grüßen.«

»Stimmt ja gar nicht.«

Lina zuckt mit den Schultern, ich umarme sie. »Schön, dass du gekommen bist!«

Stefan überreicht mir einen mit Geschenkband verschnürten Schuhkarton. »Ich habe deine Chefin um Erlaubnis gefragt. Sie sagte, Musik ist gut für dich, und gab ihren Segen.«

Ich packe einen CD-Player im Hosentaschenformat aus, beiliegend ein Packen CDs, die Stefan als »Kontrastprogramm zum Klosteralltag zwecks Seelenreinigung« präsentiert, »falls du mal kurzfristig aussteigen willst und nicht die Zeit findest, mich mit Leiter einzubestellen«. Tom Waits, Miles Davis, John Lee Hooker, Patti Smith, Sting, drei Alben von Peter Gabriel, er hat nicht gespart. Und ich brauche die Zensur der Magistra nicht mehr zu fürchten.

»Wie kommt es, dass ich diese Platte nicht kenne?«

»Schau auf das Erscheinungsjahr, die Welt dreht sich weiter, meine Liebe, auch wenn du die Musikindustrie boykottierst.«

Er hebt mich hoch, wirbelt herum, bis wir beide zu fallen drohen und einige der CDs scheppernd auf dem Boden landen.

»Lass mich sofort runter, Spinner! Wie hat dir die Feier gefallen?«

»Widerwillig muss zugegeben werden, dass ich bewegt war.«

Ich könnte ihn jetzt an der Hand nehmen, einen langen Spaziergang durch den Wald machen, aber da sind all diese Leute, die eine glückliche Neuprofesse erwarten, deren Freude, den richtigen Weg gefunden zu haben, aus jeder ihrer Poren strahlt. Fluchtreflexe sind momentan nicht angebracht.

Jan gratuliert verhalten, entschuldigt sich, dass er mich so lange nicht besucht hat, und fragt, ob er mich unter vier Augen sprechen kann. »Das wird nicht gehen, ich muss hier mit den Leuten Kuchen essen und nach der Vesper mit den Nonnen feiern. Komm doch nächste Woche einmal vorbei.«

»Nächste Woche kann ich nicht. Morgen informiere ich meine Gemeinde darüber, dass ich mein Priesteramt niederlege. Ich habe das Doppelleben satt. Meine Freundin und ich können Aufnahme in einem Kibbuz östlich von Haifa finden, dort mache ich eine Schreinerlehre. Wir reisen schon am Dienstag ab.«

Ich habe schlichtweg keinen Nerv, auf diese Nachricht zu reagieren, finde nicht einmal die Kraft, ihm alles Gute zu wünschen. Seit wann hat Jan eine Freundin? Warum kann es sich die Kirche leisten, einen wie ihn zu verlieren? Jan sieht mich niedergedrückt an. »Enttäuscht?«

»Ach Quatsch, natürlich nicht. Ist dein Leben.«

Jan sagt leise etwas, das im allgemeinen Stimmengewirr untergeht. Mir kommt der Verdacht, dass ich mich zu viel mit mir selbst beschäftigt und zu wenig um meine Freunde gekümmert habe.

Placida klatscht in die Hände, bittet die Gäste, im Speisezimmer Platz zu nehmen. Raphaela gesellt sich zu Stefan, mit dem sie sich bestens zu verstehen scheint. Silvia schiebt Jan sanft beiseite und drängt sich auf den Platz neben mir. »Tut mir leid, dass ich mich so lange nicht habe blicken lassen, mir ist immer etwas dazwischengekommen. Aber vielleicht war ich auch einfach zu feige, wollte mich mit dem religiösen Zeugs nicht auseinandersetzen.«

Ich sage ihr, dass ich das verstehen könne, sie solle sich mal keine Gedanken machen, ich hätte mich ja genauso gut melden können.

»Dieser merkwürdige Gottesdienst hat mich ganz schön mitgenommen. Eigentlich will ich dir so viele Fragen stellen.«

Das Letzte, was ich jetzt brauchen kann, ist eine Diskussion mit Silvia über Sinn und Motivation meines Ordenslebens.

»Was macht dein Freund?«

»Welcher?«

»Der, den du bei der Einkleidung dabeihattest: groß, schöne Haare, ein Tattoo auf der Schulter …«

»Jason? Ich sage dir, eine Katastrophe!«

Jetzt wünsche ich mir Schwester Hannas geniale Fähigkeit, sich freundlich lächelnd jeglichem Smalltalk zu verweigern und dabei niemals beleidigend zu wirken. Hinter Silvias Rücken beobachte ich, wie Jan in Richtung Tür geht, ohne dass ich einen Versuch unternehme, ihn aufzuhalten. Ich habe genug zu tun mit der Aufrechterhaltung meines Lächelns und bin zu müde für die Frage, ob ich Jan bedauern oder bewundern soll. Alles, was ich jetzt will, ist, mich auf meine Zelle zurückziehen, auf der Fensterbank sitzen und diesen Tag still vorbeiziehen lassen.

Raphaela, die mir gegenüber Platz genommen hat, mustert mich kurz, übernimmt dann die Unterhaltung und beginnt Geschichten aus unserem Klosteralltag zu erzählen. Bald lacht die ganze Gesellschaft. Man ist, wie immer, von der Frau Äbtissin entzückt. Ich eingeschlossen.

Erst als ich mich beim Läuten hastig verabschiede, fällt mir auf, dass Lina diesmal tatsächlich nicht geweint hat. Die Zeiten ändern sich.

Zur abendlichen Festrekreation wird Abt Lukas eingeladen, das entbindet mich von der Rolle der Hauptperson. Pia lässt mich in der Tür zum Versammlungsraum mit leichter Verneigung vorgehen: »Bitte sehr, ehrwürdige Schwester, mit allem Respekt.« Ich kneife ihr in die Seite, wir poltern beide kichernd wie die Teenager ins Zimmer. Da lächelt man milde über den »Überschwang der Jugend«, was nicht ausschließt, dass Pia sich morgen früh eine Ermahnung ihrer Magistra wird anhören müssen, die sie darauf hinweist, dass ich nun Konventmitglied und als solches von den Novizen nur mit Erlaubnis zu kontaktieren sei. Als ich Pia vorwarnen will, winkt sie ab. »Bei mir ist die nicht so kompliziert, du musst sie irgendwie falsch angepackt haben.« Pia grinst. Von hinten tippt mir jemand auf die Schulter. Um mich herum stehen Schwestern, die, eine nach der anderen, nochmals »privat« gratulieren möchten. Wie viele gute Ratschläge, Ermunterungen, allerbeste Wünsche kann man an einem einzelnen Tag ertragen? Welche von denen, die mich jetzt im Arm halten, haben in den Sitzungen dafür plädiert, mich als für das Kloster untragbar zu entlassen? Sei's drum, es gibt eine Handvoll verlässlicher Freundinnen, und es hat erneut zum Weitermachen gereicht. Das ist mehr, als ich erhoffen durfte.

Äbtissin Raphaela eröffnet die Rekreation, spricht Dankesworte an den Abt und fordert ihn auf, von der Arbeit seines Klosters zu erzählen. Seine Mitbrüder und er wollen demnächst Kurse für überstrapazierte Manager anbieten, was gute Vorbereitung, ein klares Konzept und die Errichtung von Gästezimmern mit einem gewissen Komfort erfordert. Die Mönche sind von dem Projekt sehr in Anspruch genommen. Man stellt dem Abt interessierte Fragen, freut sich über die Aktualität der Regel Benedikts, die auch heutzutage noch Führungspersönlichkeiten wichtige geistliche Impulse zu geben vermag. Hedwig raunt mir etwas von »Kraft schöpfen für weitere Ausbeutung« ins Ohr und fügt hinzu: »Demnächst päppeln wir noch den amerikanischen Präsidenten auf.«

Mutter Raphaela schaut besorgt in unsere Richtung.

Man kommt auf die Feier zu sprechen, wie ergreifend es doch wieder gewesen sei, und die Profitentin habe schön gesungen, eine junge, kräftige Stimme. Mir war eher so, als habe mein Gesang wie Tina Turner mit eitriger Angina geklungen, aber gut, wenn's den Mitschwestern gefallen hat.

»Es lohnt sich, es lohnt sich«, ruft Schwester Franziska und wird von Schwester Beatrix unterstützt, die schwärmt, wie das Miterleben einer solchen Feier das ganze Leben verändern kann. »Man ist hinterher nicht mehr dieselbe, die man vorher war!«

Abt Lukas witzelt, ich sei nun schon die neunte Frau, der er einen Ring an den Finger gesteckt habe, was die meisten meiner Mitschwestern zum Kichern bringt. Pia verdreht entnervt die Augen, schaut auf die Uhr. Bis zum Glockenzeichen dreht sich das Gespräch um vergangene Professfeiern und liturgische Feinheiten, niemand kommt dazu, mich nach meiner Familie zu fragen, keine lässt spüren, dass sie etwas gegen das heutige Fest einzuwenden hätte.

Als wir, nicht ohne noch einen äbtlichen Segen empfangen zu haben, die Rekreation beenden, sagt Pia leise: »Ich weiß wirklich nicht, was du an dem so toll findest.«

»Da hättest du ihn dir vor ein paar Jahren ansehen sollen!«

Während des Nachtgebets drohe ich den Kampf gegen die Schwerkraft meiner Augenlider zu verlieren. Plötzlich erhebt sich Schwester Priorin Radegundis von ihrem Platz und steuert auf mich zu. Ich will mich gerade entschuldigen, da höre ich sie flüstern: »Können Sie noch, oder wollen Sie ins Bett gehen?«

»Geht schon, und da ist noch dies hier.« Ich deute auf

meinen bekränzten Kopf. Radegundis lächelt anerkennend. »Na, dann halten Sie mal tapfer durch.«

Von den fragenden Blicken ihrer Mitschwestern begleitet, das aufgeschlagene Gebetbuch noch immer in der Hand, geht sie an ihren Platz zurück, als sei ihr Auftritt das Selbstverständlichste von der Welt gewesen.

Nach dem Schlusszeichen muss Antonia mich anschubsen, damit ich den Auszug nicht verschlafe. Was für ein Tag! Eines muss noch erledigt werden: Kranzabnahme und damit endgültige Versetzung in den Stand eines »normalen« Konventmitglieds. Als ich an die Abteitür klopfe, steckt Schwester Simone den Kopf heraus, bittet mich, einen Moment Geduld zu haben, die Mutter Äbtissin müsse noch ein wichtiges Telefonat führen.

»Um diese Uhrzeit?«

Simone schließt die Tür vor meiner Nase. Ich lasse mich auf die Wartebank im Flur fallen. Nach etwa zwanzig Minuten kommt Hedwig vorbei.

»Was machen Sie denn hier?«

»Warten. Aber jetzt reicht's mir. Ich nehme das Ding selbst ab und verschwinde.«

»Nein, tun Sie das nicht, es bringt Unglück!«

Sie greift nach meiner Hand, schiebt den Kranz wieder an seinen ursprünglichen Platz zurück und eilt schnell davon, als sich die Tür öffnet und Simone vermeldet: »Sie können jetzt reinkommen.«

Ans offene Fenster gelehnt steht Mutter Raphaela. Sie befreit mich mit einem raschen Handgriff vom Kopfschmuck, zeichnet mit dem Daumen ein Kreuz auf meine Stirn und wendet sich dem mit Papieren übersäten Schreibtisch zu.

»Das war's schon?«

»Wollten Sie denn nicht so schnell wie möglich ins Bett?«

»Doch, aber ich wüsste gerne, wie es jetzt weitergeht.«

»Wenn Sie möchten, nutzen Sie den morgigen Tag, um ins Haupthaus zu ziehen. Schwester Justinas ehemalige Zelle ist frisch gestrichen, da können Sie rein.«

»Und arbeitsmäßig?«

Raphaela seufzt. »Ich wollte das noch ausführlich mit Ihnen besprechen. Heute nur so viel: Vormittags sind Sie vorerst als Hilfe bei Schwester Margarita in der Waschküche eingeteilt, und nachmittags sollen Sie Zeit für ein Fernstudium in Theologie bekommen. Ich möchte, dass Sie sich in die christliche Glaubenslehre vertiefen und Nahrung für Ihren Geist bekommen. Die Schwestern, mit denen ich mich beraten habe, halten das für eine ausgezeichnete Idee, wir können Sie dann später vielseitiger einsetzen. Sehen Sie es als Chance. Sie brauchen nur zweimal im Jahr für eine Woche zum Blockseminar, den Rest können Sie von zu Hause aus machen. Keine Widerrede, das ist mein Professgeschenk, die Anmeldeformulare lege ich in Ihr Postfach. Gute Nacht!«

Eins muss man den Nonnen lassen, sie sind auch nach Jahren des Zusammenlebens immer wieder in der Lage, einen komplett zu überraschen.

Ich laufe über den Flur des Südflügels, öffne vorsichtig die Tür und betrachte das Zimmer, das ich morgen beziehen kann: Waschbecken und Kleiderschrank etwas abgetrennt, dahinter der Raum mit hellen Möbeln, einem beachtlichen Schreibtisch, reichlich leeren Bücherregalen, einem breiten Fenster mit entsprechender Fensterbank,

Aussicht auf Innenhof mit Scheunen und dahinter: die größte von Nachbars Pferdekoppeln, direkt einsehbar. Perfekt.

»Nun?«

Erschrocken fahre ich herum. Im Türrahmen lehnt Priorin Radegundis in schneeweißem Nachthemd. Die silbergrauen Locken stehen ihrem aristokratischen Gesicht hervorragend, mir war nie aufgefallen, wie schön die alte Frau ist.

»Geistert man denn so spät noch im Haus herum?«

Ich verzichte darauf zurückzufragen, ob man denn so spät noch Mitschwestern anspricht, entschuldige mich, falls ich sie gestört habe, und erzähle, dass ich ab morgen hier wohne.

»Dann sind wir Nachbarinnen.« Sie wirkt aufrichtig erfreut.

Das Geräusch einer sich öffnenden Tür am unteren Ende des Gangs lässt sie kurz aufschrecken, dann mit den Schultern zucken.

»Wir sollten das Silentium halten. Gehen Sie schlafen, wir sehen uns ja nun öfter. Man startet besser ausgeruht ins neue Leben, jetzt wird es ernst, die Schonzeit ist vorbei.«

»Sie haben nicht ernsthaft ›Schonzeit‹ gesagt, oder?«

Aber da ist sie schon lächelnd auf ihren nackten Füßen davongeschwebt.

Meine Zelle ist, als ich sie betrete, liebevoll mit Blumen und Glückwunschkarten geschmückt. Ich ziehe Schleier und Habit aus, sehe mich in meiner kleinen Oase um, die ich morgen verlassen werde. Viel hat sich nicht angesammelt in diesen fünfeinhalb Jahren, meine Sachen werden rasch zusammengepackt sein. Wenn Luise mir ihren Bollerwagen leiht, bin ich bis mittags umgezogen. Und dann?

Ich habe meine Erprobungen bestanden, Durchhaltevermögen bewiesen, Hindernisse beseitigt, es kann losgehen. Große Wäsche und Theologie, interessante Kombination. Was noch? Ein neues Leben fragloser Zugehörigkeit, das Raum schenkt, sich den wirklich wesentlichen Dingen zu nähern?

Ankommen, sesshaft werden, durchstarten. Das einholen, was ich heute versprochen habe – genug zu tun.

Ein Verdacht, ein ganz leiser, unter vielen Schichten begraben, drängt sich auf, will mir einreden, dass die eigentlichen Prüfungen noch vor mir liegen, im Leben eines Alltags, der ohne Höhepunkte wie den heutigen auskommen muss. Ich weise ihn von mir, endgültig zu müde für Zweifel, deren Erörterung vorerst ohnehin keinen Sinn mehr hat.

Im Bett greife ich nach dem Buch, das Silvia mir beim Abschied in die Hand gedrückt hat. »Ein beeindruckendes Werk über die Sioux«, sagte sie, »beim Lesen musste ich an dich denken.«

Im Klappentext werden die Idealtugenden dieses Indianerstamms genannt: »Tapferkeit, Standhaftigkeit, Freigebigkeit und Weisheit.« Ich hätte nichts dagegen. Um dies zu erreichen, so der Text weiter, »wurde vom Einzelnen eine Härte gegen sich selbst gefordert, die an Selbstverleugnung heranreichte.« Schon wieder. Wie die spirituellen Vokabeln einander gleichen. Ein Beweis dafür, dass etwas dran ist? Als ich das Buch zuschlage, fällt mir ein Vers, der auf die Rückseite gedruckt ist, ins Auge:

Lied des Sioux-Bundes der Präriefüchse:
Ich bin ein Fuchs,
ich werde sterben müssen.
Wenn es etwas Schwieriges gibt,
wenn es etwas Gefährliches gibt –
ich werde es tun.

Na dann …

6

Eros und Mammon

Sehr gut, ich gebe Ihnen ein glattes Sehr gut.«
Der Philosophiedozent Dr. Michael Roth, den ich im Laufe einer Woche fünf Paar Segeltuchturnschuhe gleicher Machart in unterschiedlichen Farben, jeweils passend zum Oberhemd, habe tragen sehen, hielt es für nötig, mich über »das Verständnis des Eros bei Platon« zu prüfen, und war sich nicht zu blöd, meine Zitate der einschlägigen Stellen aus dem *Symposion* mit zweideutigen Kommentaren zu versehen. Augenscheinlich ist ihm das ironische Grinsen inzwischen abhandengekommen. Er trägt die Note ins Studienbuch ein, lehnt sich zurück, beglückwünscht mich zu den guten Ergebnissen und bekundet ernsthaft, es sei eine Freude gewesen, mich als Studierende zu haben.

»Hat mich auch gefreut und danke für die Mühe der offensichtlich sehr individuell konzipierten Prüfung gerade.«

»Sie lassen sich nicht leicht provozieren, oder?«

»Nicht durch Fragen zu Ihrem Fachgebiet.«

»Sprechen Sie vom Eros im Speziellen oder von der Philosophie im Allgemeinen?«

»Suchen Sie sich etwas aus.«

Das heisere Lachen steht ihm gut. Roth blättert in dem Heftchen, das mit Noten und Stempeln gefüllt ist.

»Hätten Sie Lust, Ihre Abschlussarbeit in Philosophie zu schreiben?«

»Meine Arbeit ist bereits fertig, Ihr Kollege hat mich gestern dazu geprüft.«

»Darf man sich nach dem Thema erkundigen?«

»Ein Theologenporträt von Karl Rahner.«

»Rahner? Schwere Kost. Wie sind Sie auf den gekommen?«

»Mich interessierte sein Brückenschlag in ein freieres theologisches Denken.«

Er nickt, überlegt kurz, setzt erneut zum Reden an, als es klopft. Die Sekretärin möchte wissen, wann der Raum wieder zur Verfügung steht, er wird für weitere Prüfungen gebraucht. Dr. Roth sagt ihr leicht ungehalten, wir seien gleich fertig, schiebt seine Blätter zusammen, steckt seinen Kugelschreiber ins nadelgestreifte Jackett und sieht mir zu, wie ich meinen Rucksack über die Schulter werfe.

»Lassen Sie sich noch zu einem Kaffee einladen?«

»Mein Zug fährt in einer Stunde.«

»Am Bahnhof gibt es ein nettes Bistro.«

Die anwesenden Gäste schauen auf, als wir das Lokal durchqueren und uns an einen kleinen Tisch in der Ecke setzen. Die Nonne und der Schönling, ich möchte nicht wissen, was die jetzt denken. Der Dozent, der mich bittet, ihn »Michael« zu nennen, schlägt die langen Beine übereinander, nachdem er »zwei Große Braune« bestellt und mir erklärt hat, man könne in Österreich nicht einfach »Kaffee« verlangen, da müsse man schon differenzieren, zumal in Wien. Er lässt sich über die Stadt aus, mit der ihn eine Art Hassliebe zu verbinden scheint, fragt, was ich mir in den vergangenen Tagen angeschaut habe, zeigt sich amüsiert von meinen Bericht über einen Vormittag, den ich mit dem Besuch des Morgentrainings der Lipizzaner in der Hofreitschule verbracht habe, und bedauert es, nicht im Museum Moderner Kunst mit dabei gewesen zu sein. Er kenne den Restaurator, man hätte gemeinsam die Werkstatt besichtigen können, erst letzte Woche habe er dort einen Kokoschka auf der Staffelei bewundert. Dr. Roth hat sich warmgeredet, fragt, ob ich von der Geschichte gehört hätte, wie Kokoschka mit einer lebensgroßen Puppe, die er seiner früheren Geliebten Alma Mahler nachgebildet habe, durch die Kaffeehäuser gezogen sei. Das verzweifelte Verlangen nach ihr habe ihm fast den Verstand geraubt, andererseits sei mit der *Windsbraut* eins seiner eindrucksvollsten Werke entstanden. »Geschmacksache«, sage ich, und »ja, die Autobiographie der Mahler habe ich gelesen, allerdings nur zur Hälfte. War mir zu selbstverliebt.«

Mein Gegenüber lächelt zustimmend, räsoniert über die fließenden Grenzen von Leidenschaft und Wahnsinn, winkt dann, als er mich auf die Uhr schauen sieht, der Kellnerin.

»Warum lebt eine Frau wie Sie im Kloster?«

Seine Hand hält eine Sekunde zu lang und einen Hauch zu fest die meine. Wird der Philosoph jetzt kitschig oder wieder ironisch? In welchem Film bekam Sophia Loren, die etwas üppigere Version der bildschönen Nonne, diese Frage gestellt? Wer war es noch? Adriano Celentano? Und was hat Sophia geantwortet? Mein Filmrepertoire verblasst langsam.

»Aus Spaß.«

»Das macht Spaß?«

»Ja, warum nicht?«

»Sie sind jung, machen nicht den Eindruck, unempfänglich für ... nun ja ...« Sein Blick wandert an mir herunter. »Wie soll ich sagen ...?«

»Sie wollen das Thema Eros am konkreten Fallbeispiel meiner zölibatären Lebensweise aufgreifen?«

»Missverstehen Sie mich bitte nicht. Mein Interesse ist ...«

»Rein philosophischer Natur?«

Er schüttelt lächelnd den Kopf. »Ich glaube es einfach nicht.«

»Herr Doktor Roth, es war mir ein Vergnügen, aber jetzt muss ich endgültig los.«

Auf dem Bahngleis werfe ich die Visitenkarte in den Mülleimer. Es ist nichts dabei, es beruhigend zu finden, von einem attraktiven Mann noch in diesem Kostüm primär als Frau wahrgenommen zu werden, etwas anderes wäre es, die Geschichte weiterzuverfolgen. Für gewöhnlich wird man durch das Ordenskleid vor mehr oder weniger offensichtlichen Eroberungsversuchen bewahrt. Die meisten Männer lesen aus meinem Äußeren »die ist nicht zu haben«, was vieles vereinfacht, wenn man nicht gerade scharf darauf ist, angebaggert zu werden. Roth schien mein Aufzug eher noch zu reizen. Vielleicht ein Trophäensammler? Es soll ja auch Frauen geben, die es anmacht, einen Priester zu verführen, nur weil das den Ruch des Verbotenen hat. Plötzlich fällt mir ein, was Paula jetzt zu mir sagen würde: »Bild dir bloß nichts ein!« Der Mann, der neben mir auf den Zug wartet, rückt irritiert von der einsam vor sich hin lachenden Nonne ab.

Im Intercity vereitelt eine Horde durch den Zug tobender Jugendlicher meine Versuche zu lesen.

»Sind Sie Nonne?«

»Nee, Pinguin.«

Die Mädchen scharen sich kichernd um mich, bieten Erdnussflips an, berichten von ihrer Klassenfahrt, bei der die bleibenden Erinnerungen an Wien nächtliche Besuche in den Zimmern der Jungs und ebenso verbotene Besäufnisse sein werden. Wenn ich nicht sofort etwas gegen das Image der netten Schwester unternehme, wird mir eine von ihrer Kindergartennonne erzählen, die entweder total blöd oder superlieb war, die andere war Messdienerin, eine weitere hat womöglich eine Tante im Kloster, und bis München werde ich das Unterhaltungsprogramm für die halbe 9b des Landgraf-Ludwig-Gymnasiums sein.

Ein hübsches dunkelhaariges Mädchen fragt, ob sie sich neben mich setzen darf, und beginnt, ohne meine Antwort abzuwarten, zu reden. »Wir sind Muslime. Mein Vater sagt, man soll euch Nonnen Respekt zeigen, aber er versteht nicht, warum ihr nicht heiraten dürft, das ist doch gegen Gott, dass man keine Kinder will.«

Na toll: Noch 350 Kilometer Zugfahrt, und ich finde mich mitten in einer Grundsatzdiskussion mit einer knapp Vierzehnjährigen. Ich versuche ihr zu erklären, dass Nonnen freiwillig auf die Ehe verzichten, weil sie sich auf Gott konzentrieren wollen, und ärgere mich über den fast schon Hildegard'schen Klang meiner Worte. Sie schaut mich zweifelnd an. »Und da stört die Familie?«

»Für uns ist die Klostergemeinschaft wie eine Familie.«

»Aber ohne Männer, oder?«

»Ja. Ohne Männer, ohne Kinder.«

Sie ist sichtlich unzufrieden mit meiner Antwort, was ich ihr kaum verübeln kann.

Ein anderes Mädchen schaltet sich ein. »Fehlt Ihnen da nicht etwas?«

»Ich bin ganz zufrieden.«

»Und was macht man im Kloster den ganzen Tag?«

Sie lassen erst von mir ab, als eine Lehrerin erscheint, die ihnen sagt, sie sollen die Schwester in Ruhe lassen.

Was hätte ich erzählen sollen? Dass ich einst ausgezogen bin, um auf einer abenteuerlichen Reise nach innen das Rätsel der Welt zu lösen? Quatsch! Dass ich seit fast acht Jahren auf Sex, Partnerschaft und Familie verzichte, um etwas herauszufinden, das ich noch immer als lohnenswert erachte, obwohl die Antworten stets wieder entgleiten, sobald ich einen Zipfel Wahrheit in der Hand zu halten glaube? Das wäre zumindest ehrlich gewesen, wenn auch den Mädchen kaum vermittelbar.

Als ich in München aus dem Zug steige, klopft es ans Fenster, Hände winken, ich winke zurück.

Die Regionalbahn ist so leer, dass keine Gefahr der Kontaktaufnahme durch Mitreisende besteht. Der Blick aus dem Fenster: Wälder, Wiesen, Dörfer, kleine und größere Gehöfte, nichts, an dem sich das Auge festmachen kann. Meditation einer Welt im Vorüberziehen als Vorbereitung auf das erneute Eintauchen in meinen unverrückbaren Mikrokosmos.

Wegen des Theologiestudiums war ich viel unterwegs, mehr als die angekündigten zwei Wochen pro Jahr. Prüfungstermine und Studienwochen in Graz, Innsbruck,

Klagenfurt, Salzburg, Wien. Bibelwissenschaften, Dogmatik, Fundamentaltheologie, christliche Philosophie, Kirchengeschichte, Moraltheologie, Liturgik, Kirchenrecht. Alles in handliche Skripten zusammengefasst, die man, falls mit funktionierendem Kurzzeitgedächtnis ausgestattet, zu den jeweiligen Prüfungen präsent haben kann, ohne sich totzuarbeiten. Wissenschaftlich fundierter Theologieextrakt für den Hausgebrauch, eine Auszeit, die mich weitere zwei Jahre vor der klösterlichen Alltagsroutine bewahrt hat. Das Reisen hat überraschend viel Spaß gemacht, Dozenten wie Mitstudierende waren nett, vielfach erfrischend linkskatholisch und progressiv, nur wenige mit der Art engagiertem Gutmenschentum ausgestattet, die bekennende Christen zur Strapaze macht. Ich fühlte mich respektiert, fand meinen Exotinnenstatus teilweise spannend und verdanke ihm vermutlich die eine oder andere allzu gut geratene Zensur.

Raphaela betonte, dass sie mir eine vertiefende Beschäftigung mit dem christlich-katholischen Glauben wünsche, nachdem mein Noviziat nicht das Glücklichste gewesen sei. Sie hat sich persönlich eingesetzt, hat sich vor jedem Prüfungstermin die Zeit genommen, den Stoff mit mir durchzugehen. Aus Interesse, wie sie sagte, und aus Freude an der theologischen Auseinandersetzung mit mir. Ich werde diese Nachmittage vermissen. Raphaela ließ sich jede Frage stellen, gab offen zu, wenn sie nicht weiterwusste, und entzog sich der Diskussion nie mit dogmatischen Allgemeinplätzen oder finalen Bewertungen. Von meinen Ergebnissen war sie begeistert und ging sogar so weit, Schwester Hildegard ihre Verwunderung darüber auszudrücken, dass mein Lerneifer nicht bereits in der Noviziatszeit geweckt wurde. Sie solle doch einmal in aller Ruhe darüber nachdenken.

Als ich mich daranmachte, die Abschlussarbeit zu schreiben, bot mir Raphaela an, den Computer in ihrem Büro zu benutzen. Sie sei froh, wenn endlich jemand das Ding in den Griff bekommt. Mein Einwand, ich wisse nicht einmal, wie man das Gerät anschalte, wurde mit einem Schulterzucken bedacht. »Den Satz ›Ich kann das nicht‹ gibt es im Kloster nicht. Bei uns heißt das: ›Ich fange sofort an zu üben‹!« Ein Freund von Schwester Antonia, Besitzer einer kleinen Computerfirma, kam uns zu Hilfe. Er rückte mit drei Rechnern an, die er gegen Spendenquittung dem Kloster überließ. Pia, Maria und ich wurden zum einwöchigen Crashkurs abkommandiert. Nach den ersten drei Tagen galt ich als technisches Talent und war neben der Lernerei leidlich mit »Üben« beschäftigt. Jetzt kann es geschehen, dass sonntags morgens das Telefon, das Margarita mir verschafft hat, auf meinem Zimmer klingelt und die aufgeregte Stimme der Äbtissin verkündet, sie sitze gerade an ihrem Vortrag und jetzt sei auf einmal der ganze Text weg, die Arbeit von drei Wochen, alles dahin, eine Katastrophe!

»Gehen Sie auf *Bearbeiten*. Zweite Leiste von oben, zweites Wort von links.«

»Und jetzt?«

»Gehen Sie auf *Rückgängig*.«

Eine Sekunde Stille, dann ein Seufzen. »Ich sag's ja immer, Sie sind ein Genie, ein Genie sind Sie!« Und legt auf.

Wenn Raphaela in Zeitdruck kommt, diktiert sie mir schon mal ihre Texte direkt in die Maschine, was mir die Bezeichnung »mein lieber Schreiberling« einbringt. Ich arbeite gern für sie und hätte nichts dagegen, allmählich in die Funktion einer Quasisekretärin der Äbtissin hineinzuwachsen.

Der Schaffner winkt ab, als ich nach der Fahrkarte suche. »Ist schon gut, Schwester.« Er hebt grüßend die Hand an die Mütze, bewegt seinen gewaltigen Körper schwankend durch die leeren Sitzreihen. Einmal nicht als öffentliche Person unterwegs sein … Ein Blick genügt, und die Leute wissen: Ach ja, so eine. Warum ich es nach so langer Zeit noch immer nicht schaffe, meinen Aufzug als selbstverständlich zu mir gehörig zu empfinden, ist mir ein Rätsel. Jemand ist Punk, jemand ist Anzugträger, jemand ist Rabbiner, jemand ist Nonne. Na und?
»Wir legen mit unserer Kleidung Zeugnis ab«, sagte Dorothea, als sie sich weigerte, bei einem Krankenhausaufenthalt ihr Habit zu Hause zu lassen. Sie hat sich in ihrem Nonnesein so gut eingerichtet, dass ich sie gelegentlich um ihre innere Sicherheit beneide. Und ich? Raphaela wird fragen, ob ich jetzt, theologisch gefestigt, Heimat in der katholischen Kirche gefunden habe, und ich werde ihr wieder nur mit »Ich weiß es nicht« antworten können.
Das Wort *trotzdem* ist zur Durchhalteparole geworden; das hatte ich mir anders vorgestellt.

Vor dem Bahnhof wartet Schwester Margarita, an den gealterten Passat gelehnt, dessen Beule am rechten Kotflügel auf mein Konto geht. Vor drei Monaten bin ich gegen das Eisentor gefahren und muss mir seitdem den Spott meiner Mitschwestern anhören, dass ich beim

234

nächsten Ausbruchsversuch nur den Öffnungsmechanismus in Gang zu setzen bräuchte, das Tor gehe dann von alleine auf. Raphaela erkundigte sich bei der Gelegenheit, ob mit mir alles in Ordnung sei.

»Eine unglückliche Verbindung von Unachtsamkeit und Übermüdung, das ist alles. Machen Sie sich keine Gedanken.«

Sie schien nicht wirklich beruhigt zu sein, schickte mich eine Woche lang früher ins Bett, bat Doktor Hartmann, mir Vitamine zu verabreichen, ermahnte mich, mehr zu essen.

Als Margarita mich jetzt umarmt, fällt mir auf, dass ich sie vermisst habe. Sie und die anderen. Es ist schon merkwürdig.

»Gibt's was Neues? Alle gesund zu Hause?«

»Schwester Paula liegt im Bett.«

»Schon wieder erkältet?«

»Nein, ein Schwächeanfall. Sie ist heute Morgen während der Messe zusammengeklappt, der Doc überlegt, ob er sie zur Untersuchung ins Krankenhaus einweisen soll.«

Paula macht mir in letzter Zeit Sorgen. Seit ihr im Frühjahr das Traktorfahren verboten worden ist und sie die Obstplantage nicht mehr versorgen kann, wird sie zusehends schwächer. Ihr rechtes Bein hatte versagt, als sie die Bremse treten wollte. Der Hausmeister konnte sich nur durch einen Sprung ins Rosenbeet retten und überzeugte Schwester Simone davon, dass die alte Frau auf dem Traktor eine Gefahr für die Allgemeinheit darstelle.

»Kann ich sie besuchen?«

»Sicher, die wartet schon auf Sie.«

Margarita rast im dritten Gang um die Kurve, biegt mit quietschenden Reifen in den Weg zum Kloster ein, die Plakette mit dem heiligen Christophorus fliegt zum wiederholten Mal vom Armaturenbrett.

»Fahr nicht so schnell, wir landen noch im Graben!«

»Wir sind alle in Gottes Hand.«

Ich bin nicht die Einzige, die sich wundert, dass sie nicht dauernd Strafzettel bekommt. Margarita selbst behauptet, sie unterhalte exzellente Kontakte zum Lenker aller Dinge, der drücke bei ihr schon mal ein Auge zu. Placida hat ihr von den letzten Ferien einen Aufkleber mitgebracht, auf dem stand: »Fahr nicht schneller, als dein Schutzengel fliegen kann«, aber Margarita weigerte sich, »solch einen albernen Spruch« auf dem Auto anzubringen.

»Haben wir morgen früh große Wäsche?«

»Ich schon.«

»Was heißt das?«

»Vermutlich arbeiten Sie nicht mehr in der Wäscherei, aber tun Sie mal überrascht, ich habe nichts gesagt.«

Ich kenne Margarita zu gut, als dass ich versuchen würde, nähere Informationen über meinen neuen Job aus ihr herauszukriegen. Was hat Raphaela vor? Ich fühle mich wohl in der Waschküche. Fast jede Schwester kommt dort vorbei, Margaritas praktischer Menschenverstand ist in jeder Lebenslage eine Wohltat, und sich im Mangeln von vierzig Garnituren Bettwäsche zu verausgaben ist nicht die schlechteste Maßnahme, um Ordnung in den Kopf zu bringen. Seit einigen Monaten sitzt Schwester Lioba neben dem Bügelbrett in einem

zerschlissenen Ohrensessel, den Margarita für sie hingestellt hat, macht sich mit kleinen Flickarbeiten nützlich
und versorgt uns mit Erzählungen »von früher«. Ich
kann davon nicht genug bekommen, und Lioba nimmt,
seit sie nicht mehr allein auf ihrer Zelle sitzt, täglich an
Heiterkeit zu.

»Schwester Lioba, wenn wir Sie nicht hätten!«, sagt
Margarita oft.

»Papperlapapp, ich kann ja kaum noch etwas sehen.
Ihr macht euch über mich alte Frau lustig!«

»Das würden wir niemals tun, wie die Socken gestopft
sind, ist doch völlig wurst. Wir lieben Ihre Geschichten!«

»Geschichten, Geschichten, ihr jungen Dinger solltet
mich lieber zum Schweigen ermuntern.«

Worauf Margarita, immerhin schon weit über fünfzig,
mich triumphierend anstrahlt und die schmunzelnde
Alte freundschaftlich in die Wange kneift.

Ich war gern bei den zweien, bin ab und zu am Nachmittag, obwohl Lernen angesagt war, runtergegangen,
habe Wäsche gefaltet, nur um mich in ihrer Gegenwart
von Zweifel und Unschlüssigkeit zu erholen. Keine der
beiden hat mich verraten. Wenn ich außerhalb meiner regulären Arbeitszeit auftauchte, taten sie immer
so, als sei es abgesprochen, und wenn es häufiger vor-
kam, fing Lioba an, meinen Stoff abzufragen oder sich
theologische Prüfungen auszudenken. Gerieten meine
Antworten reichlich dürftig, konnte es geschehen, dass
Margarita eingriff und mich mit den Worten: »Zeit,
neues Wissen zu erwerben!« an den Schreibtisch zu-
rückschickte.

Selbst Äbtissin Raphaela kreuzte ab und zu bei uns auf,

hockte sich auf den Nähtisch, ließ die Beine baumeln und seufzte: »Ich muss mal fünf Minuten auftanken. Bei euch ist es so schön friedlich, und bei mir oben wird gestritten, was das Zeug hält.«

Margarita spürte regelmäßig, wenn mich das zu überkommen drohte, was sie den »Klosterkoller« nannte, teilte mich dann für eine längere Autofahrt ein, möglichst mit Autobahnstrecke, und verzichtete auf weitere Kommentare. Wenn ich zu Studienwochen wegmusste, bekam ich ein extra schön gebügeltes Wäschepaket, in das Lioba oder Margarita jeweils eine Kleinigkeit geschmuggelt hatten. Schokolade, Postkarten mit Ermunterungssprüchen, kleine Fläschchen Jägermeister, irgendetwas fiel mir immer entgegen, wenn ich die Wäsche einsortierte.

Ich hätte mir denken können, dass das nicht ewig so weitergeht.

Simone hat mir letztens gesagt, ich müsse allmählich Verantwortung übernehmen, könne nicht mein Leben lang Hilfskraft sein und Arbeitsstellen besetzen, die etwas für Novizinnen sind. Meinem Einwand, es sei aber seit Jahren keine mehr eingetreten, entgegnete sie, ich sei Konventschwester und müsse endlich lernen, mich als solche einzubringen.

Dass ich vergeblich auf eine bedauernde Äußerung Margaritas bezüglich meines Ausscheidens aus dem Waschfrauenteam warte, ist klar. Ihre Gelassenheit wurzelt in der Haltung, die Dinge anzunehmen, wie sie sind. Sie wechselt das Thema, als sie meinen Unmut bemerkt, fragt mich zu meiner Reise aus und wünscht mir viel Freude beim neuen Start.

Wo anders als im Kloster kann man sich fast acht Jahre lang mit Neustarts beschäftigen?

Jedes Mal das Gleiche, wenn sich im Sommer das große Eisentor vor mir öffnet: Eine üppig grüne und buntblühende Pracht tut sich auf, als hätte jemand eine riesige Kanne Blütendünger auf diesen Fleck Erde ausgeschüttet. Es riecht nach Lindenblüten, Freilandrosen, Levkojen, Kräutern, frisch gemähtem Gras. Duftende Stille, von Vogelgesang verstärkt. Aus dem rosa und weiß leuchtenden Malvenfeld hebt sich grüßend ein Arm nach oben, der Wagen weicht knapp einer mit Erntekörben gefüllten Schubkarre aus. Nach einer Woche lärmender Großstadt, Gedränge in der U-Bahn, Menschenmassen in Fußgängerzonen und Billigrestaurants könnte man meinen: das Paradies.

Als ich diesmal in meine Zelle zurückkehre, finden sich die obligatorischen Heimkehrerblumen nebst einer Flasche Wein *für die fertige Theologin*, wie auf dem mit Blumenabziehbildern verzierten Zettel zu lesen steht. Raphaelas Schrift. Beim Durchblättern der Post entdecke ich einen Brief von Stefan, dem er eine CD von Chat Baker beigelegt hat. Wenn ich es schaffe, einen Korkenzieher aus der Küche mitgehen zu lassen, bevor dort abgeschlossen ist, wird es heute Abend komfortabel auf meiner Fensterbank.

Unterwegs zur Abtei kommt mir Schwester Luise entgegen.

»Willkommen! Waren Sie schon bei Schwester Paula? Der geht's gar nicht gut.«

»Ich muss mich erst bei Mutter Raphaela zurückmelden.«

Die sitzt an ihrem Arbeitstisch vor einem Stapel Akten, die sie mit gerunzelter Stirn durchforstet. Als sie mich eintreten sieht, erhebt sie sich, streckt mir beide Arme entgegen und drückt mich so lange an ihre kontinuierlich breiter werdende Mutterbrust, bis mir nichts anderes übrig bleibt, als mich herauszuwinden.

»Ach, Sie Igel! Wie ist es gelaufen?«

»Perfekt.«

Sie greift nach dem Studienbuch, das ich ihr entgegenhalte, blättert es ganz durch, reißt mich erneut in ihre Arme.

»Ich bin so stolz auf Sie!«

»Habe ich das also doch noch geschafft?«

Ihr Lächeln zerfällt augenblicklich.

»Sie wissen genau, dass ich immer an Sie geglaubt habe. Über die alten Geschichten müssen Sie allmählich hinwegkommen, wenn Sie in Frieden hier leben wollen.«

»Wie geht es jetzt weiter mit mir? Wo werde ich arbeiten?«

Raphaela bittet mich, Platz zu nehmen, beginnt von der finanziell angespannten Lage des Klosters zu berichten, dokumentiert die unzureichende Altersversorgung der Schwestern anhand von Zahlen und Rechnungen, die ich nicht durchschaue.

»Wir brauchen noch einen Geschäftsbetrieb, der Gewinn abwirft, können aber keinen neuen hochziehen. Da bietet sich ein Ausbau der Buch- und Kunsthandlung an.«

»Sie wollen doch nicht darauf hinaus, dass ich dabei aushelfen soll?«

»Nein, Sie sollen den Laden langfristig übernehmen.«

Die Buch- und Kunsthandlung ist ein kleiner, muffiger Laden neben der Klosterpforte, vollgestopft mit Bronzekreuzen, Marienfiguren und frommen Büchern, deren Titel wie *Sieben Wege zur Erleuchtung* oder *Entdecke dich selb*st mir tiefstes Misstrauen einflößen. Dorthin verbannt zu werden ist nicht weniger als der größte anzunehmende Unfall.

»Das ist nicht Ihr Ernst! Sie haben mich die ganze Theologie lernen lassen, um da unten zu versauern?«

Wenn Mutter Raphaela sich aufregt, was selten vorkommt, beginnen sich ihre ansonsten blassen Wangen zu färben, von Zartrosa bis Himbeerrot, wo sie jetzt angelangt sind.

»Schwester Beatrix leistet dort seit über zwanzig Jahren einen aufopferungsvollen und selbstlosen Dienst. Der Laden ist die erste Anlaufstelle für viele unserer Besucher, den lasse ich nicht einfach so abwerten, auch wenn er Ihnen antiquiert vorkommt. Unser Wirtschaftsberater sagt, es steckt einiges an ungenutztem Potenzial in dem Betrieb, darauf können wir nicht verzichten. Beatrix wird alt, es ist ihr nicht mehr zuzumuten, eine grundlegende Umgestaltung vorzunehmen. Sie werden ihr eine Zeit lang helfen, sich dabei in die Materie einarbeiten und in Zusammenarbeit mit Schwester Simone und mir einen Plan entwickeln, was getan werden kann, um dem Ganzen ein neues, ansprechenderes Gesicht zu geben.«

»Aber das ist Beatrix' Lebenswerk, wie soll ich da, ohne jegliche Erfahrung, ankommen und ihr alles über den Haufen werfen?«

»Niemand wirft hier etwas über den Haufen. Sie werden rücksichtsvoll, intelligent und kreativ zu Werke gehen.«

»Ich kann das nicht. Und ich will auch nicht.«

»Sie erhalten fachliche Hilfe, wo es nur geht, der sehr erfolgreiche Buchhändler und Mitbruder Paulus aus St. Marien ist bereit, uns zu beraten, das Angebot für die Übernahme einer Computeranlage liegt bereits vor. Setzen Sie Ihre eigenen Akzente innerhalb des klösterlichen Rahmens, machen Sie sich Gedanken über Sortiment und Ladengestaltung, sehen Sie es als Herausforderung. Sie wollten doch, dass wir Ihnen etwas zutrauen, oder?«

»Und Schwester Beatrix?«

»Die ist eine starke Frau, sie wird lernen loszulassen.«

»Das ist weder ihr noch mir gegenüber fair.«

»Das lassen Sie meine Sorge sein. Ich bin für das Wohl des Hauses und jeder Einzelnen verantwortlich. Mangelnde Fairness gehörte bislang nicht zu dem, was mir vorgeworfen wurde.«

»Ich bin nicht ins Kloster gegangen, um Geschäftsfrau zu werden.«

»Und ich muss Sie nicht eigens darauf hinweisen, dass Sie längst als Restauratorin arbeiten könnten, der stillste und schönste Arbeitsplatz, den wir zu bieten haben. Sie können sich nicht allem verweigern. Morgen früh melden Sie sich im Laden, lassen sich von Schwester Beatrix anleiten und arbeiten sich Stück für Stück heran. Das ist beschlossen. Gehen Sie jetzt, und denken Sie über die ganze Sache noch einmal nach. Es ist eine Chance, glauben Sie mir, für die Gemeinschaft wie für Sie persönlich. Später werden Sie mir einmal dankbar sein.«

Als ich die Abteitür hinter mir schließe, denke ich, sie wird es sich anders überlegen, das tut sie mir nicht an. Es wird mich zermürben, noch weiter an den Rand der Gemeinschaft treiben. Raphaela wird das nicht zulassen. In dem Devotionalienladen werde ich nicht alt!

Paula liegt blass und spitznasig auf ihrem Kissen, lächelt schwach, ein geschrumpftes Abbild ihrer selbst.

»Was machst du denn für Sachen? Kann man dich nicht mal eine Woche alleine lassen?«

»Grüß dich, Kleine, diesmal kein Unfug. Die Kraft ist raus, weiß nicht, wo die auf einmal hin ist.«

Ich setze mich auf die Bettkante, nehme ihre Hand.

»Sei nicht rührselig, ich lebe noch.«

»So gefällst du mir schon besser. Was sagt der Doc?«

»Der hat's eilig und telefoniert schon nach einem Klinikbett.«

Paula atmet schwer, schnappt während des Sprechens immer wieder nach Luft. Auf ihrer Stirn haben sich kleine Schweißperlen gebildet.

»Es ist so warm hier drinnen.«

»Willst du was trinken, kann ich dir helfen?«

»Spiel ruhig Krankenschwester. Aber bald bin ich wieder fit, wirst sehen.«

Sie sieht anders aus, wenn sie keine Angst hat.

»Erzähl von dir. Wie war Wien?«

»Toll, aber teuer. Schwester Simone wird zusammenbrechen, wenn sie meine Abrechnung bekommt, und mir hoffentlich verzeihen, wenn sie meine Noten sieht.«

»Warst du schon bei der Mutter?«

»Klar, eine ordentliche Schwester meldet sich von der

Reise zurück, noch ehe sie die heimische Toilette aufsucht.«

»Sie hat mir gesagt, ich soll dir zureden, die Arbeit in der Buchhandlung anzunehmen.«

»Und?«

»Einen Teufel werde ich tun.«

Ich küsse sie und verspreche ihr, bald wiederzukommen, wenn sie mir verspricht, sich stetig zu bessern. Sie hebt mühsam den Kopf, lässt ihn erschöpft wieder aufs Kissen sinken.

Zwei Stunden später blicke ich dem Krankenwagen nach, der im Schritttempo das Klostergelände verlässt. Raphaela legt mir stumm den Arm um die Schultern, Pia lässt die Katze wieder laufen, die davon abgehalten werden musste, auf Paulas Krankenbahre zu springen. Meinen Abschluss zu feiern hat jetzt keiner mehr Lust.

Das kleine Büro, bis zur Decke mit Bücherregalen, Kisten und Schachteln vollgestopft, ist so dunkel, dass selbst bei strahlendem Sonnenschein das Deckenlicht eingeschaltet werden muss. Schwester Beatrix begrüßt mich mit derart liebenswürdiger Offenheit, dass sie mein schlechtes Gewissen weckt.

»Ich freue mich, dass Sie mir künftig helfen werden. Sollen wir erst eine Runde durch den Laden machen?«

Sie führt mich in den Verkaufsraum, in dem sich vermutlich seit der Gründung nichts Wesentliches verändert hat. Die Registrierkasse ist mit Sicherheit älter als ich. Beatrix zeigt mir die »christliche Kunst«, wie sie die mit Devotionalien überfüllte Lochwand bezeichnet, erklärt, wo welche Bücher ihren Platz haben, und entschuldigt sich für den Staub auf den Regalen. Die Hüfte mache ihr zu schaffen, da habe sie wochenlang nicht sauber machen können, und die Putzfrau habe sie nicht bitten wollen.

»Soll ich mich darum kümmern?«

»Das wäre so nett, ich zeige Ihnen das Putzzeug. Aber nicht, dass Sie denken, Sie sind nur zum Reinemachen hier, ja?«

Beim Abschließen zur Mittagspause ist Beatrix guter Dinge.

»Sie sind aber fleißig, alles schön sauber! Vielen Dank! Und ich hatte solche Angst, dass Sie nicht mit mir zusammenarbeiten wollen.«

Ich kratze ein Lächeln zusammen, versichere ihr, es sei schon in Ordnung.

»Ich kann verstehen, wenn es einem Schwierigkeiten bereitet, die Arbeit hier anzunehmen. Man ist sehr weit von der Gemeinschaft weg, mir ist das auch nicht leichtgefallen. Aber glauben Sie mir, es kommen viele Menschen her, die Rat, Trost und ein Gespräch suchen, manche schon jahrelang. Meine Aufgabe ist mehr als eine rein geschäftliche Angelegenheit, die nur auf materiellen Gewinn angelegt ist.«

Ich frage mich, ob sie von den Sanierungsplänen ihrer Cellerarin und Äbtissin weiß.

Beatrix steckt, als ich nachmittags wieder zum Dienst komme, mit beiden Armen in einem von vier um sie herumstehenden Kartons, aus denen Holzwolle quillt. Sie hustet, schüttelt ihre schwarze Arbeitsschürze aus und berichtet, es sei eine große Lieferung gekommen, ob ich bitte beim Auspacken helfen könne.

Zwischen der Holzwolle kleine, in Zeitungspapier eingewickelte Päckchen: Kreuze, Rosenkränze, Weihwasserbecken aus Keramik in allen erdenklichen Farben und Formen. Beeindruckend, wenn ich bedenke, welche Massen von dem Zeug ich bereits am Morgen abgestaubt habe, nicht zu reden von den Sachen, die ich beim Öffnen von Schubladen habe herumliegen sehen.

»Wird das viel gekauft?«

»Die Nachfrage geht zurück, aber die Leute, die kommen, sollen Auswahl haben.«

Sie sieht so freundlich und von ihrem Tun überzeugt aus, dass mir ein Kloß im Hals wächst. Ich mag alte Nonnen, will weder ihre Methoden verbessern noch ihnen die angestammte Arbeit wegnehmen. Soll Simone doch Lotto spielen, wenn sie finanzielle Probleme hat.

Wir beschriften kleine weiße Preisschildchen, die vor dem Aufkleben mit der Schere halbiert werden – »da spart man teure Etiketten« –, suchen im Verkaufsraum nach freien Plätzen, an denen die neue Ware präsentiert werden kann, und bedienen zwei ältere Damen, die auf der Suche nach Glückwunschkarten zur silbernen Hochzeit sind.

Im Büro sieht es aus, als sei ein Sägewerk explodiert. Da ich die Putzecke schon kenne, mache ich mich bis zum Läuten der Vesperglocken an die Reinigungsarbeit.

Immerhin: Es gibt genug zu tun, um die Zeit herumzubringen.

Nach dem Abendessen informiert Mutter Raphaela die Kommunität über Paulas Zustand. Wie befürchtet: Das Herz macht nicht mehr mit, die Ärzte versuchen, sie medikamentös einzustellen, über einen Herzschrittmacher wird nachgedacht, eventuell Bypass, vorerst muss sie im Krankenhaus bleiben.

Luise schaut mich mitfühlend an. »Kopf hoch, Paula ist zäh.«

»Ich weiß.«

Raphaela kommt auf mich zu, fragt, ob ich ein paar Sachen für Paula einpacken könne, sie habe ihr am Telefon versprechen müssen, dass sie außer mir niemanden in ihre Zelle lassen würde. Sie reicht mir einen Zettel.

Es ist im Kloster üblich, dass eine junge Schwester das Zimmer einer älteren putzt, wenn diese nicht mehr in der Lage ist, das selbst zu erledigen. Dass in Paulas Fall ich an der Reihe war, hielten alle für selbstverständlich, wenn auch Placida meinte, da habe ich einen anspruchsvollen Einsatz zu bewältigen: Paulas Unordnung ist legendär.

Ich muss mehrere Jahrgänge Imkerzeitschriften und *Der Obstgarten* beiseiteschieben, bis ich an den Schrank komme. Es ist seltsam leer ohne sie in diesem voll gerümpelten Zimmer. Wir haben uns aus den Aufräumaktionen immer einen Spaß gemacht. Paula legte sich aufs Bett, verschränkte ihre Arme hinter dem Kopf, lachte, wenn ich Sachen, die am Boden herumlagen, auf sie warf, spielte auf einer kleinen Holzblockflöte oder erzählte Geschichten wie die von ihrem Projekt, die gesamte Propyläen-Weltgeschichte zu lesen, in der sie schon bis Band drei gekommen war. Sie konnte präzise daraus zitieren und war stolz auf ihr gutes Gedächtnis.

Zu den auf dem Zettel angegebenen Dingen packe ich den kleinen Kassettenrekorder, den Paulas Nichte ihr zu Weihnachten geschenkt hat. Sie war selig, lief mit dem Gerät unter dem Arm herum, aus dem pausenlos *Das wohltemperierte Klavier* tönte, bis man sie bitten musste, ihren Musikgenuss auf das eigene Zimmer zu beschränken.

Unvorstellbar, dass die verrückte alte Nonne einmal nicht mehr durch die Klosterflure spukt.

Die Sterblichkeit geliebter Menschen gehört zu den Tatsachen, die ich als inakzeptabel bezeichne. Ich halte es mit Elias Canetti, der forderte, dem Tod Widerstand zu leisten, niemals mit ihm einverstanden zu sein. Paula wird gebraucht, sie muss sich wieder erholen, und das ganze Gerede von »ewiger Heimat im Himmel«, »Gottes Wille« und »Ars moriendi« ist mir scheißegal, wenn es um das drohende Verschwinden meiner besten Freundin geht.

Keine unnötige Panik, noch ist es nicht so weit. Jeder ist mal krank, in einigen Wochen lachen wir gemeinsam über Paulas Zusammenbruch und lästern vom »Schlappmachen« als Lizenz für vierzehn Tage Ausschlafen.

Es sind nun schon vier Wochen, und von Ausschlafen kann keine Rede sein. Die Medikamente schlagen nicht an, Paula wird immer dünner und schwächer, lacht nicht einmal mehr, als ich heimlich Kater Sam in meinem Rucksack ins Krankenhaus schmuggle. Wenn ich ihr den Kassettenrekorder anschalten will, winkt sie ab. »Ich will nur noch Ruhe.«

Raphaela und Margarita verhandeln mit den Ärzten,

bitten, Paula nach Hause holen zu dürfen, wenn keine Hoffnung auf Besserung mehr besteht. Sterben sei im Kreis der Mitschwestern leichter als in der Anonymität eines Krankenhauses.

Bei einem dieser Gespräche bin ich dabei, werde aber herausgeschickt, als ich mich dem behandelnden Arzt gegenüber im Ton vergreife. Er begegnet mir wenig später im Klinikflur, bleibt vor mir stehen und sagt freundlich:

»Sie lieben die alte Schwester, stimmt's?«

Ein stummes Nicken bloß, um vor diesem Rolexträger nicht in Tränen auszubrechen.

»Ich mag sie auch, Schwester Paula ist ein besonderer Mensch. Glauben Sie mir, wir tun, was in unserer Macht steht, um ihr zu helfen, aber wir können keine Wunder bewirken. Dafür sind Sie zuständig.«

»Sicher.«

Er legt mir kurz die Hand auf die Schulter, lächelt aufmunternd und geht seiner Wege.

»Haben Sie sich bei dem Herrn Oberarzt entschuldigt?«

Raphaela ist unbemerkt neben mich getreten und klingt immer noch ziemlich sauer.

»War nicht nötig.«

Obwohl sie während der Rückfahrt kein Wort mit mir spricht, nimmt sie mich beim Aussteigen kurz in den Arm und bittet mich, vernünftig zu bleiben.

Ich bin gerade eingeschlafen, als das Telefon klingelt.

»Kommen Sie schnell, wir müssen ins Krankenhaus.«

»Jetzt? Es ist nach elf.«

»Paula stirbt.«

Wie ich in meine Kleider und zum Auto gelangt bin, weiß ich nicht. Margarita sitzt am Steuer und startet bereits durch, während ich noch die Tür zuschlage. Auf der Rückbank sitzen Schwester Radegundis, Mutter Raphaela und Schwester Luise dicht gedrängt. Niemand sagt etwas, als Margarita, die in Rekordzeit die fünfunddreißig Kilometer zum Josefsspital gerast ist, den Wagen im Halteverbot stehen lässt.

Auf der Station kommt uns der Oberarzt aus dem Schwesternzimmer entgegen und schüttelt traurig den Kopf.

»Tut mir leid. Sie hat ganz still aufgehört zu atmen und dabei aus dem Fenster gesehen, als gäbe es in der Dunkelheit etwas, das ihr Vergnügen bereitet. Ich war zufällig dabei. Ein friedvoller Tod, wie man ihn selten erlebt.«

Wir sind zu spät.

Oberschwester Kirsten, eine junge Franziskanerin, kommt dazu, berichtet, sie habe am Nachmittag noch mit unserer Mitschwester gesprochen. Sie sei nach den in Angst und Bedrängnis verbrachten letzten Wochen auf einmal gelassen, fast heiter gewesen. »Alles gut«, habe sie mehrmals wiederholt, »es ist alles gut.«

»Können wir sie sehen?«

»Selbstverständlich.«

Ich will nicht. Raphaela und Luise haken sich, als hätten sie es abgesprochen, rechts und links bei mir ein, ziehen mich mit, durch Klinikflure und verwinkelte Gänge, bis zum angrenzenden Schwesternhaus der Franziskanerinnen. Kirsten erklärt unterwegs, sie hätten Paula wie eine ihrer eigenen Verstorbenen behandelt und deshalb bei sich aufgebahrt, das erspare uns den Gang in den Klinikkeller. Wir betreten eine kleine Hauskapelle, wo Paula in weiße Laken gebettet liegt. Eine alte Franziskanerin ist gerade dabei, Kerzen anzuzünden, jemand hat ihr eine Rose auf die Brust gelegt. Sie lächelt. Gleich wird sie sich aufrichten, schallend lachen und rufen: »Na, da habt ihr euch aber ganz schön erschreckt, oder?«

Mutter Raphaela stimmt das »Suscipe« an. Luise hält mich weiterhin fest, streicht über meinen Arm, fällt in das Lied mit ein. Raphaela macht das Segenszeichen über dem leblosen Körper, wischt sich eine Träne mit dem Handrücken weg, spricht das Vaterunser, schließt einen Psalm an.

»Lobe den Herrn, meine Seele,
und alles in mir seinen heiligen Namen!
Lobe den Herrn, meine Seele,
und vergiss nicht, was er dir Gutes getan hat.
All deine Schuld vergibt er,
alle deine Gebrechen heilt er.
Aus dem Untergang erlöst er dein Leben,
er krönt dich mit Erbarmen und Liebe.
Er sättigt dein Leben mit Gutem;
Wie dem Adler wird dir die Jugend erneuert.«

Ich starre auf ein wächsern bleiches Gesicht, auf das Kerzenschein schlingernde Lichtstreifen wirft, und denke:

Tot ist tot, ist tot, ist tot …

Bis das Flüstern von Margarita und Schwester Kirsten zu mir durchdringt. Erst jetzt fällt mir auf, dass Margarita einen schwarzen Koffer mit sich trägt. Sie holt Paulas Sonntagskleid heraus, das ich an dem geflickten

Winkelriss erkenne, den Kater Sam ihr bei einem seiner hartnäckigen Versuche beigebracht hat, Streicheleinheiten zu erzwingen. Paula hat ihn ausgeschimpft, doch der Kater warf sich ihr so lange schnurrend vor die Füße, bis sie ihn doch aufhob und kraulte. Absurd, dass ich jetzt an das Tier denke.

Oberschwester Kirsten nimmt mich am Arm.

»Kommen Sie, ich mache Ihnen in der Schwesternküche einen Kaffee, solange Ihre Mitschwestern mit dem Ankleiden der Toten beschäftigt sind.«

Gegen zwei Uhr morgens stellen wir das Auto vor dem Haupthaus ab. Mutter Raphaela bittet uns mit sich ins Abteibüro.

»Auf eine Stunde weniger Nachtruhe kommt es heute auch nicht mehr an, oder?«

Oben angekommen, kramt sie fünf geschliffene Weingläser aus der Vitrine, zieht eine Flasche Sherry hervor und schenkt reichlich ein.

»Auf Schwester Paula, der es gefallen würde, uns jetzt so sitzen zu sehen!«

Luise streift sich die Schuhe von den Füßen, beginnt eine Geschichte aus Paulas Noviziatszeit zu erzählen. Margarita steuert eine weitere bei, es folgt Geschichte auf Geschichte: Traktorunfälle, lustige Auftritte, spezielle Paula-Aussprüche, Schoten, die sie sich geleistet hat. Zwischendurch gibt die Äbtissin noch eine Runde Sherry aus, wir prosten uns zu:

»Auf Paula!«

»Auf Paula!«

»Wissen Sie noch, wie Schwester Paula eine schwedische Äbtissin, die zu Ferien bei uns war, auf dem Trecker mitgenommen hat und die Ehrwürdige Mutter in der Kurve aus dem Wagen flog, während Paula weiter den Hang hochgerast ist?«

Plötzlich lachen alle, als wären wir mitten in einer Geburtstagsparty. Nur dass das Geburtstagskind nicht mehr erscheinen wird.

Beim Morgengrauen löst sich die kleine Gesellschaft auf, Raphaela kündigt an, den Franziskanerinnen einige Gläser von Paulas letzter Honigernte zukommen zu lassen, man habe sich nicht ausreichend bedankt.

»Aber dass sie nicht gewartet hat, bis wir bei ihr waren, und sich ohne uns davonmacht«, sagt Margarita beim Rausgehen, »das nehme ich ihr übel.«

Obwohl mir die Äbtissin erlaubt hat, so lange zu schlafen, wie ich will, bin ich pünktlich im Laden. Als ich mir den Besen greifen will, nimmt Schwester Beatrix ihn mir aus der Hand.

»Lassen Sie mal. Sie sehen total fertig aus. Ich mache Ihnen einen Tee, und Sie setzen sich ruhig hin. Heute Morgen wird nicht gearbeitet. Ich habe was für Sie.«

Sie legt einen Umschlag neben die dampfende Teetasse. Auf dem Foto, das ich darin finde, sitzt Paula in Arbeitshose, Gummistiefeln und einer viel zu großen Windjacke auf der Bank am Fischteich. Vor ihren Füßen die zwei Enten, die sie handzahm gemacht hat, neben ihr Kater Sam, der die Pfote nach einer Leckerei ausstreckt.

»Ist das nicht ein schönes Bild? Sie können es behalten, wenn Sie möchten.«

»Danke.« Mehr geht nicht.

»Weinen Sie ruhig, Kind, das befreit.«

Beatrix geht aus dem Büro, schließt leise die Tür hinter sich und lässt mich den Rest des Vormittags in Ruhe.

Kurz nachdem der Leichenwagen das Klostertor passiert hat, läutet die Glocke, die die Nonnen zur Versammlung ruft. Jede Schwester legt die Arbeit, an der sie gerade ist, nieder und eilt zum Kapitelsaal, wo die Gemeinschaft im Kreis stehend wartet, bis die Männer vom Beerdigungs- institut den Sarg in der Mitte abgestellt haben. Genau dort, wo ich bei der Einkleidung gesessen und zum ers- ten Mal die Gelübde abgelegt habe.

Der Sarg wird geöffnet, die Männer werden von Mar- garita hinausbegleitet. Paula trägt Schleier, Kukulle, in den gefalteten Händen einen Rosenkranz, den sie, meines Wissens nach, in ihrem Leben nie gebetet hat. Schwester Luise tritt heran, setzt der Toten behutsam den Myrtenkranz auf, während die Schwestern einen Hymnus anstimmen:

»Wenn wir im Tode
leiblich zerfallen,
sind wir im Geist schon
jenseits der Schwelle
ewiger Nacht.«

Nach der Zeremonie bleibt der Sarg bis zur Beerdi- gung im Kapitelsaal, damit den Nonnen die Möglichkeit gegeben ist, die Totenwache zu halten und sich psalmen- betend von ihrer Mitschwester zu verabschieden. Am Tag der Beisetzung tragen einige Schwestern den ge- schlossenen Sarg in den Nonnenchor und feiern die Totenmesse, bevor sie, wieder von Gesängen begleitet, ihre verstorbene Mitschwester auf den Klosterfriedhof bringen.

»Requiem aeternam dona eis, Domine.« Der Pater trägt das weiße Messgewand der Osterzeit, predigt von der Zuversicht des Christenmenschen, der hoffen darf, jenseits seines Sterbens ein Lebender zu sein.

»Wir begleiten unsere Toten«, sagt Schwester Simone und erzählt, dass sie im Kloster gelernt hat, den Tod in ihre Mitte zu nehmen, statt ihn zu verdrängen. Ich ahne, was sie meint, und beneide jede glühend, die in der Lage ist, der Auslöschung ein trotziges Auferstehungslied entgegenzusetzen. Bei mir will Ratlosigkeit die Überhand gewinnen.

Schwester Luise pflanzt später Kornblumen und Lupinen auf Paulas Grab, Kater Sam verschwindet spurlos, ich meide den Flur mit dem verlassenen Zimmer, bis die Anstreicher die letzten Spuren beseitigt haben. Das fest gefügte klösterliche Alltagsleben nimmt seinen Gang, es folgen Wochen und Monate, in denen Schwester Beatrix versucht, mir die Grundzüge des Buchhandels zu vermitteln, während ich mir selbst beim Überleben zuschaue.

Der Mann in kurzer Hose und Sandalen, der uns am Bahngleis erwartet, stellt sich als »Abt Thomas« vor und duzt uns ganz selbstverständlich. Vor dem heruntergekommenen Bahnhofsgebäude wirft er unsere Koffer in seinen vw-Bus, dessen Heckklappe ein Aufkleber *Black is beautiful* ziert. Nach etwa zwanzig Minuten steuern wir auf eine eindrucksvolle barocke Klosterfassade zu, die er uns als »Vierkanter Gottes« vorstellt.

Österreich, drei Wochen Ferien mit Maria. Mutter Raphaela klang stolz auf sich, als sie verkündete, diesmal hätte sie sich einen besonders schönen Urlaubsort für mich ausgedacht, bevor es mit der Buchhändlerinnenkarriere ernst werde. Ich musste nach einem Dreivierteljahr Kisten auspacken, Ware einsortieren, ältere Damen beim Kauf von Devotionalien beraten, Bücher abstauben, Vertreter kennenlernen und auf Veränderungen warten nicht eigens dazu überredet werden. Maria bestand darauf, vorher feste Bergstiefel kaufen zu gehen, versicherte, sie habe sich gewünscht, mit mir fahren zu dürfen, und schien voll aufrichtiger Vorfreude.

»Wir werden uns eine ganz schöne Zeit machen. Wandern, faulenzen, den ausgezeichneten Koch der Mitbrüder genießen, ausschlafen …!«

Zwei Fachbücher zum Thema Buchhandel habe ich oben auf den Koffer gelegt, sie fünf Minuten vor der Abreise doch wieder herausgenommen und durch Kriminalromane ersetzt.

Dass die Ferien in befreundeten Klöstern verbracht werden, hat nicht nur finanzielle Gründe. Schon im Noviziat belehrte uns die Magistra, dass eine Klosterfrau keinen Urlaub von ihrem Dasein als solchen benötige, als Zugeständnis an die menschliche Befindlichkeit aber für drei Wochen pro Jahr die heimische Klausur verlassen dürfe, um, befreit von der Last des Alltags, in einem anderen, ebenfalls monastischen, Kontext Erholung zu finden.

Luise formulierte es einprägsamer: »Ist gut, wenn man mal rauskommt; danach kommt man besser wieder rein. Und bei Schwestern oder Brüdern ist man gut aufgehoben, ohne sich erklären zu müssen.«

Auf diesem Wege kam ich zu Aufenthalten in den Südtiroler Bergen, auf der Fraueninsel im Chiemsee, im Rheingau, im vorderen Neckartal, in der Südeifel und stellte fest, dass Ordensleute ihre Behausungen meist an hübsch gelegenen Orten platziert haben.

Dieses Jahr mit Maria in den Bergen herumzustreifen wird eine Wohltat sein, zumal ich noch nie so dringend das Bedürfnis verspürt habe, möglichst viele Kilometer zwischen mich und mein Heimatkloster zu bringen.

Abt Thomas führt uns durch den alten Kreuzgang zu den üppig ausgestatteten Gästezimmern, die einen äußerst komfortablen Aufenthalt verheißen. Maria und ich entledigen uns zuerst des Habits, ziehen die kurzen, liebevoll »Kabriolett« genannten Ferienkleider an und machen uns nach ausgiebiger Siesta daran, die Umgebung zu erkunden. Ein Pfad führt hinter dem Kloster steil zu einem Hügel hinauf, von dessen Kuppel aus man in der einen Richtung das weite Donautal, in der anderen die gewaltige Kulisse gestaffelter Berglandschaften überblicken kann.

»Welche Seite ziehst du vor?«

»Ich? Nach neun Monaten finsterem Ladendasein ist mir jede neue Perspektive recht. Bergweite, Talweite, alle Weiten willkommen.«

»Hast du schon mal versucht, deiner Arbeit etwas Positives abzugewinnen?«

»Ich mag Schwester Beatrix, aber die soll ich ja ersetzen. Ansonsten verkaufen, einkaufen, wieder verkaufen, wieder einkaufen. Sag mir, was daran positiv sein soll.«

»Du kannst etwas aufbauen, wirst Verantwortung tragen, einen wichtigen Bereich unseres Hauses gestalten und hast mit Büchern zu tun. Man könnte dich beneiden.«

»Beneiden? Ich soll da gutes Geschäft machen.«

»Na und? Du wirtschaftest doch nicht für die eigene Tasche, sondern für den großen Topf der Kommunität.«

»Es lebe das Kollektiv!«

»Zynismus steht dir nicht.«

»Ist dir aufgefallen, wie oft Beatrix beim Gebet fehlt, beim Essen, bei der Rekreation, den Gesangsstunden? Wann trifft man sie im Kreuzgang oder im Garten? Richtig: Sie kann ja nicht, sie muss den Laden versorgen, Vertreter empfangen, Ware entgegennehmen, und das bringt sie zum Wohl der Gemeinschaft an den Rand derselben. Sie verkraftet das, aber ich? Was soll ich dann noch im Kloster?«

Maria ist entsetzt.

»Weiß Mutter Raphaela, wie du darüber denkst?«

»Ja. Sie sagt, ich werde ihr noch dankbar sein, das ist einer der attraktivsten Jobs, die sie zu vergeben hat. Ich soll es als Kompliment an meine Tüchtigkeit sehen.«

Sie sieht mich besorgt an.

»Versuch es.«

»Mir wird nichts anderes übrig bleiben.«

Am folgenden Tag will Maria, mit Wanderkarten und Proviantrucksack ausgestattet, zur ersten Bergtour starten und lässt sich mit Hinweis auf den schlechten Wetterbericht für die kommenden Tage nicht davon abbringen.

»Komm schon, ab morgen regnet es. Du brauchst Bewegung und gute Bergluft.«

»Ich brauche vor allem Urlaub.«

Maria lacht, zieht mich mit sich und übernimmt die Führung.

Nachdem wir sieben Stunden lang einen schmalen Bergpfad hochgekrochen sind, falle ich oben angelangt mit Blasen an den Füßen zu Boden. Zugegeben, die Aussicht ist einzigartig. Maria setzt sich neben mich, reicht mir zu trinken und nennt die Namen der umliegenden Berge, die mir augenblicklich wieder entfallen.

»Hat sich doch gelohnt, dass du mitgekommen bist, oder?«

»Mal ein paar weite Horizonte.«

»Mhm?«

»Das war ein Zitat.«

»Ach so. Von wem?«

»Bruce Chatwin.«

»Man sollte mehr Zeit zum Lesen haben.«

»Sollte man.«

Maria streckt ihre Beine aus, lehnt sich ans Gipfelkreuz, hält ihr Gesicht in die Sonne, seufzt.

»Man kommt ja zu nichts.«

»Ora et labora.«

»Genau.«

Wir dösen vor uns hin, greifen ab und zu nach Wasserflasche und belegten Brötchen, vergessen die Zeit. Wunschlose Zufriedenheit für die Dauer eines Nachmittags, auch wenn mir der Zustand meiner Füße Sorgen bereitet. Als das Angelusläuten aus dem Tal zu uns hochdringt, machen wir uns an den Abstieg und schaffen gerade noch den letzten Bus zurück.

Ein Zettel an der Zimmertür lädt uns in den Klausurgarten der Mönche ein. Der Pater Prior habe Geburtstag, und man würde sich freuen, wenn wir zum Feiern kämen.

Um ein Lagerfeuer herum sitzen an die zwanzig Männer verschiedener Altersgruppen, teilweise in Kutte, teilweise in Jeans und T-Shirt. Einer spielt auf dem Akkordeon, erwachsene Kerle singen Volkslieder, dreistimmig. Einige rauchen.

»Mönch müsste man sein.«

Ein blonder Hüne, der sich als Bruder Benedikt vorstellt, hält mir seine Schachtel hin.

»Auch eine?«,

»Nein danke.«

Woher haben die Geld für Zigaretten?

Wir setzen uns, werden mit Wein, Grillfleisch und Fladenbrot versorgt. Ein alter Mönch mit schwarzem Käppchen auf der Glatze beginnt zu jodeln. Beifall, neues Lied, Trinksprüche auf den Prior, der Maria zum Tanz auffordert.

Zwei Stunden später rauche ich doch eine und bekomme das erste Lied beigebracht.

»Wann du durchgehst durchs Tal, he, Bua, jauchz noch amal ...«

Wenn Stefan oder Silvia mich so sehen könnten, würden sie sich nach der Droge erkundigen, die ich konsumiert habe.

Nach Mitternacht sitzen wir noch mit einigen Brüdern und Abt Thomas ums erlöschende Feuer und werden aufgefordert, von unserer Abtei zu erzählen. Ich lasse Maria reden, genieße den Wein, der mit jedem Glas besser wird. Maria berichtet von ihrer Kursarbeit im Gästehaus, bei der sie sich im Grenzgebiet zwischen

Psychologie und Spiritualität bewegt, was die Herren beeindruckt.

Bruder Benedikt holt seine Gitarre hervor, singt leise ein Lied.

»Mama, take this badge off of me
I can't use it anymore.
It's getting dark, too dark for me to see
I feel like I'm knockin' on heaven's door.«

Bob Dylan, das kann ich ohne Anleitung mitsingen.

»Knock, knock, knocking on heaven's door ...«

Maria starrt mich an, als sähe sie mich zum ersten Mal.

Benedikt reicht mir die Gitarre. »Willst du?« Ich schlage drei Akkorde, meine Mitschwester murmelt vor sich hin, dass ihr das zu Hause keiner glauben wird.

»Go 'way from my window;
Leave at your own chosen speed.
I'm not the one you want, Babe;
I'm not the one you need ...«

Ein Mönch, der mitgesungen hat, drückt sein Erstaunen darüber aus, dass man in meiner Generation noch Hippie-Lieder kennt. »Noch ein OSB-Mitglied mit linker Vergangenheit?«

Ich grinse zurück. »Hausbesetzer, Wackersdorf und Anti-Startbahn-West.«

»Respekt.«

Maria wirkt erleichtert, als Abt Thomas zu lachen anfängt und ausruft, mit den Deutschen lande man zwangsläufig irgendwann bei der Politik, ihm aber sei nach Singen zumute. »Ein Berglied, bitte!«

Nach drei Wochen bin ich braun gebrannt, drei Kilo schwerer, mit einer Reihe von Benediktinern befreundet, im Weintrinken geübt wie lange nicht mehr, um eine stattliche Anzahl alter Volksweisen reicher und mit dem festen Vorsatz ausgestattet wiederzukommen.

Bei unserer Rückkehr strahlt die Äbtissin übers ganze Gesicht.

»Was hört man da für Sachen? Veronika profiliert sich als Folksängerin, und halb Österreich schwärmt von den netten jungen Nonnen aus Deutschland?«

Ich brumme ihr »Hören Sie bloß auf« entgegen, aber Maria hat schon begonnen, wortreich von drei sorglos-fröhlichen Ferienwochen zu berichten.

Nach der Rekreation bittet mich Schwester Simone aufs Cellerariat, wo Raphaela bereits wartet.

»Haben Sie Kraft für Ihren Einsatz in der Buchhandlung schöpfen können?«

»Macht ein letzter Versuch, Sie um eine andere Aufgabe zu bitten, Sinn?«

Zweifaches Nein.

»Dann ziehe ich es eben durch.«

Man beglückwünscht mich zu dieser Einstellung, bedankt sich, als hätte ich eine Wahl gehabt. Simone meint, sie seien in der Zwischenzeit nicht untätig gewesen. Die Computeranlage ist eingetroffen, der dazugehörige Fachmann sowie eine Architektin für Ladenbau bitten um Terminvereinbarung, Bruder Paulus hat sich zur Ladenbesichtigung angekündigt. Mit Schwester Beatrix wurde gesprochen, sie will versuchen, sich in die Neustrukturierung mit einzubringen, soweit es ihr möglich ist.

In der Buchhandlung warten am nächsten Morgen acht Kartons technisches Gerät darauf, in eine sinnvolle Aufstellung gebracht zu werden. Rechner, Tastaturen, Handscanner, diverse Einzelteile und eine schwerlesbare Skizze der Vorbesitzerin, die die fast neuwertige Anlage günstig abgegeben hat. Puzzlearbeit in Gegenwart einer verunsicherten Beatrix, die alle fünf Minuten fragt, ob sie nicht doch etwas helfen kann. Ich sehe die Schlagzeile: Nonne in Computerkabeln erstickt …

Beatrix hält ein graues Kästchen in der Hand.

»Wofür ist das denn?«

»Können Sie mich mal kurz in Ruhe arbeiten lassen?«

»Wissen Sie was, ich lasse Sie ganz in Frieden, auf Wiedersehen.«

»So war das nicht gemeint.«

Als ich sie im Büro eingeholt habe, ist sie weinend dabei, ihre Sachen zusammenzusuchen.

»Entschuldigen Sie.«

»Da gibt es nichts zu entschuldigen. Ich bin Ihnen nur im Weg.«

»Nein, Schwester, ich verliere die Nerven, weil mich der Kram hier überfordert. Bleiben Sie bitte, es tut mir leid!«

Sie hängt sich ihre Tasche über die Schulter und geht zur Tür.

»Schwester Beatrix, bitte!«

»Hören Sie, ich weiß, dass Sie sich die Arbeit nicht ausgesucht haben, und ich weiß auch, dass Sie mich nicht vertreiben wollen. Aber es macht keinen Sinn. Hier wird alles auf den Kopf gestellt, was ich seit zwanzig Jahren getan habe. Gut, die Zeiten ändern sich, aber ich komme nicht mehr mit. Ich mache den Weg frei, dann müssen Schwester Simone und Mutter Raphaela Ihnen eine jüngere Mitarbeiterin zur Seite stellen, und Sie übernehmen das Kommando. Das ist für uns alle das Beste.«

»Ich finde das zum Kotzen!«

Jetzt weinen wir beide. Beatrix stellt ihre Tasche wieder ab. Bis zur Mittagshore sitzen wir nebeneinander auf dem Arbeitstisch, reden, versuchen uns gegenseitig zu trösten. Beatrix verspricht, für Fragen zum Ladenablauf zur Verfügung zu stehen, falls ich sie brauche, und ermutigt mich, meinen eigenen Weg zu gehen, ohne Rücksicht auf ihre Gefühle zu nehmen. Sie werde jetzt die Obrigkeit vor vollendete Tatsachen stellen, im Kloster gebe es sicher eine andere lohnende Aufgabe für sie. Ich habe große Lust, der Äbtissin den Job samt Ordenskleid vor die Füße zu werfen. Soll sie sich doch jemand anders suchen.

Die Klosterleitung zeigt sich ebenso erfreut von Beatrix' »würdevollem Verzicht« wie immun gegen meinen Wunsch, die Sache rückgängig zu machen.

Drei Tage darauf werde ich einer nicht sonderlich überraschten Kommunität als neue »Offizialin« für die Buch- und Kunsthandlung vorgestellt. Die Ernennung von Pia als meine Mitarbeiterin kann entweder als Trostpflaster für mich gelten oder dem allgemeinen Vertrauen in Pias nüchternen Sachverstand geschuldet sein. Wahrscheinlich stimmt beides.

Phase eins, Phase zwei, Phase drei. Analysen, Zielsetzungen, Finanzierungspläne. Welche Kunden kommen, welche möchten wir gewinnen, was ist dafür zu tun?

Lagerbereinigung, Warengruppen einteilen, Erlös pro Verkaufsfläche errechnen, Gewinnoptimierung, Konzepte abwägen, Gestaltung des neuen Sortiments.

Der fünffache Salto ins Geschäftsleben.

Verhandlungen über Konditionen bei den Verlagen, Vertretern, Barsortimentern. Die Vorstellungen der Innenarchitektin übersteigen den finanziellen Rahmen; wir beschließen, neben einer abgespeckten Version ihres Entwurfs das meiste in Eigenarbeit zu schaffen. Fahrten zum Baumarkt, zu Ikea, zu Beratungsgesprächen mit Buchhändlerbruder Paulus. Pia erweist sich als begabte Handwerkerin, macht alles mit, erträgt meine Alleingänge, die sie oft genug vor vollendete Tatsachen stellen, mit Fassung, bittet freundlich, sie etwas mehr in die Entscheidungsprozesse mit einzubeziehen, sorgt dafür, dass wir die Mahlzeiten nicht vergessen. Wir streichen Wände, bauen alte Regale ab, neue wieder auf, arbeiten bis in die Nacht, werden zeitweise von den Gebetszeiten befreit, um den Verkaufsraum bis zur Lieferung des restlichen Ladenmobiliars fertig zu haben, installieren die Computeranlage ein zweites Mal, freunden uns mit dem Elektriker an.

Nach einer Schließzeit von nur drei Wochen können wir die interessierten Mitschwestern zur Besichtigung der Buch- und Kunsthandlung im neuerstrahlten Kiefernholzlook einladen. Modern, funktional und doch dem klösterlichen Kontext angepasst. Die Warengruppen Theologie, Philosophie, Interreligiöser Dialog, Monastika, Kunstbuch, Belletristik, Lebenshilfe reihen sich wohlgeordnet an den Wänden entlang. Der Bereich Kinderbuch mit Spielecke wird begeistert registriert, das verstärkte Angebot an klassischer wie moderner Literatur teils erstaunt, teils erfreut zur Kenntnis genommen, der verminderte Bestand von Devotionalien kontrovers diskutiert. Nur wenige Nonnen sorgen sich um ein allzu modernes Auftreten, doch man lobt unseren außerordentlichen Einsatz, wünscht gute Geschäfte und zieht sich wieder in die Klausur zurück.

»Und jetzt?«, fragt Pia.

»Jetzt machen wir Umsatz.«

Die ersten neuen Kunden aus dem Dorf erscheinen, kommen wieder, empfehlen uns weiter. Es läuft gut an, nach verschiedenen Werbemaßnahmen noch besser. Die Leute kommen gern, genießen Lesesessel und guten Service, bringen ihre Kinder mit.

Manche Neukunden sind zunächst irritiert, eine Nonne als Verkäuferin anzutreffen. Ein junges Pärchen auf der Durchreise betrachtet Pia aufmerksam, blättert lange in den Kunstbänden und fragt beim Gang zur Kasse plötzlich: »Sind Sie echt?«

Pia, die nicht so leicht aus der Ruhe zu bringen ist, schaut verblüfft.

»Ihr meint, ob ich ein Mensch bin?«

»Nein, Entschuldigung, wir meinen das Kostüm.«

»Das ist ein Ordenskleid.«

»Wir dachten, es gehört vielleicht zur Dekoration.«

»Wie bitte?«

»So eine Art historisches Gewand.«

Pia erklärt geduldig, dass wir ein Kloster sind, dass die Gewänder durchaus echt und ernst gemeint sind. Sie verschenkt einen Prospekt, empfiehlt ihnen, sich einer Führung durch die Kirche anzuschließen, und verabschiedet sich nach längerem Gespräch über unsere Lebensform von den beiden, die ihr mehrfach versichern, wie beeindruckt sie sind, dass es heutzutage noch so etwas gibt.

Als sie wieder ins Büro kommt, ist sie genervt. »Historisches Kostüm! Demnächst fragt mich noch jemand, welche Fernsehserie das hier ist.«

Eine Betriebsberatung empfiehlt uns, noch offensiver auf die Kunden zuzugehen. Wir nehmen Kontakt zur Ortspresse auf, geben uns für ein Porträt unserer »Buchhandlung mit besonderem Profil« her, beschließen, mit Veranstaltungen weitere Besucher auf unser Geschäft aufmerksam zu machen.

Raphaela ist erfreut über jede Idee und verteidigt unsere Neuerungen gegenüber den besorgten konservativeren Mitgliedern der Gemeinschaft.

Meinen Versuchen, ihr das Versprechen abzunehmen, mich wieder in den »Innendienst« zu versetzen, wenn der Laden auf soliden finanziellen Füßen steht, weicht sie aus.

»Sie sind in Ihrem Element in dieser Leitungsfunktion, ich weiß das.«

Chefeinkäuferin, Computerfrau, Dekorateurin, Verkäuferin, schließlich auch Organisatorin von gutbesuchten Lesungen. Fulltime-Job mit respektabler Erfolgsquote.

Was hat mein Alltagsleben noch mit dem zu tun, was ich im Kloster wollte?

Jahresbilanzen werden der Klostergemeinschaft vorgestellt. Gewinnsteigerung, zwei Jahre hintereinander. Großes öffentliches Lob seitens der Cellerarin, ein besonderes Dankeswort der Äbtissin. Allgemeines Schulterklopfen, man zollt mir Anerkennung, ich bin ein gewinnbringendes Mitglied der Kommunität geworden.

Falls der nach jahrelangem Kampf gewonnene Respekt auf der Tatsache von Erfolg und Arbeitsleistung basiert, unterschreibe ich hiermit meine persönliche Bankrotterklärung.

Raphaela verneint, das sei nicht der Grund. Die anderen seien nur froh, dass ich mich so gut mit einbrächte.

»Wo bringe ich mich ein? In die Gemeinschaft?«

»In einen Dienst, der dem Überleben der Gemeinschaft dient.«

»Überleben?«

»Sagen wir, Sie leisten einen Beitrag zu unserer finanziellen Sicherung.«

»Also doch!«

»Nein, Herrgott, müssen wir uns denn immer über das gleiche Thema streiten?«

Als Pia in die Ferien fährt, wird mir Schwester Hildegard, die im fast leeren Noviziat nicht viel zu tun hat, als Aushilfskraft zugeteilt, was ich auch mit der Versicherung, gut alleine klarzukommen, nicht abwenden kann.

»Sie bekommen Hilfe«, sagt Schwester Simone, »von meinem Fenster aus kann ich sehen, wie lange abends in Ihrem Büro noch das Licht brennt, so geht das auf Dauer nicht weiter.«

Meine Ex-Magistra und ich sind uns in wortlosem Einvernehmen aus dem Weg gegangen, soweit das möglich war. Jetzt steht sie, mit schwarzer Ladenschürze angetan, verlegen lächelnd vor mir, fragt, was sie tun soll, und macht sich daran, die am Morgen eingegangenen Bücherpakete auszupacken. Als sie fertig ist, bittet sie erneut um Arbeitsanweisung.

»Schwester Hildegard, ich kann Ihnen doch hier keine Befehle erteilen.«

»Wieso? Sie sind jetzt die Offizialin.«

»Eigentlich hatte ich mir vorgenommen loszubrüllen, wenn ich noch einmal dieses Wort höre.«

Sie blickt erschrocken, beschließt dann, es als Scherz zu nehmen, und lacht mich an.

»Vielleicht sollten wir uns über die Jahre während Ihrer Noviziatszeit unterhalten. Ich habe den Eindruck, da steht noch einiges zwischen uns, was ausgesprochen werden sollte.«

»Lieber nicht.«

Der längst vergessene Zorn, wenn Hildegard die Tränen in die Augen steigen.

»Sie tragen mir diese Zeit noch nach? Glauben Sie mir, es vergeht kein Tag, an dem es mir nicht leidtut, dass ich keinen besseren Kontakt zu Ihnen aufbauen konnte.«

Wenn sie nicht gleich aufhört, schmeiße ich sie raus. Was will sie hören? Für Absolutionen bin ich nicht zuständig, abgesehen davon, dass ich selbst eine bräuchte.

»Schwester Hildegard, wir haben alle unsere Fehler gemacht. Die Sache ist einfach dumm gelaufen. Keine Katastrophe, aus und vorbei, ich trage Ihnen nichts nach.«

»Wirklich?«

»Ja, und jetzt zeige ich Ihnen, wie man die Kasse bedient.«

Hildegard ist sofort bei der Kundschaft beliebt, besonders bei der älteren Generation. Sie hört den Menschen zu, bleibt selbst bei an Unverschämtheit grenzenden Reklamationsforderungen liebenswürdig. Nicht ein einziges Mal lässt sie die ehemalige Vorgesetzte raushängen und schwärmt sogar bei der Äbtissin, wie gut ich den Laden führe.

Bei Pias Rückkehr ist unser Buchhandlungsteam um eine gut eingearbeitete Aushilfskraft bereichert, die wir allerdings trotz steigender Arbeitslast nur in absoluten Engpässen einfordern.

Was mache ich hier? Tägliche Routine in einem Leben, das damals, als ich vor mehr als zehn Jahren hier ankam, das ganz Besondere, in jeder Hinsicht Ungewöhnliche sein sollte. Und jetzt? Früh aufstehen, beim Morgengebet sitzen, den Unmut der Kantorin über mangelnde Aufmerksamkeit beim Singen über mich ergehen lassen, manchmal erst nach der zweiten Tasse Kaffee registrieren, welcher Wochentag ist. Während der Zeit der Meditation auf der Zelle hilflos-gedankenlos auf die brennende Kerze starren oder gleich die Zeit nutzen, um Bestellungen zu notieren. Tagsüber Kunden bedienen, die mir von der überaus harmonischen Ausstrahlung dieses Klosters vorschwärmen, die kritische Fragen zur Kirchenpolitik des Papstes diskutieren wollen oder einfach nur in einem netten kleinen Laden ihre Bücher abholen. Abends über Monatsabrechnungen und

Buchkatalogen brüten, noch eine späte halbe Stunde auf der Fensterbank dranhängen, um den Tag ausklingen zu lassen. Meist zu beschäftigt oder zu müde, die Fragen anzugehen, um derentwillen ich hier angetreten war.

Das Jahr einteilen in umsatzstärkere und -schwächere Zeiten, die »stillen Wochen« vor Weihnachten bringen das beste Geschäft.

Ab und zu sitze ich beim Mittagessen im Refektorium, lasse meinen Blick von Schwester zu Schwester wandern und frage mich, warum ich noch immer fremd bin, nicht ganz dazugehöre.

An den Nonnen liegt es nicht. Mangelnde Gemeinschaftsfähigkeit meinerseits vermutlich. Und doch: Die Einbindung in ein festes, manchmal enges, manchmal wunderbares Gefüge, aus dem sich zu lösen es einen verdammt guten Grund braucht.

Nicht ganz richtig, nicht ganz falsch. Das ist das Problem. Manchmal legt sich die Bindung an diesen Ort wie eine Schlinge um meinen Hals. Genug Luft zum Atmen bleibt, für große Sprünge reicht es nicht mehr.

Schwester Luise meint bei einem meiner inzwischen sehr seltenen Besuche im Treibhaus, dass keine Arbeit, wie auch immer sie geartet sei, einen aus der Klostergemeinschaft heraustreibt, wenn das Fundament stimmt. Ein Dasein als Ordensfrau sei eine Frage der inneren Haltung. Das berühmte Beispiel vom Meister, der inmitten einer stark befahrenen Kreuzung unerschütterlich meditiert.

Es gibt sie, diejenigen, die wirklich in die Tiefe dringen, wie auch immer die äußeren Umstände beschaffen sind.

Bei mir hat es bislang nur für ein »Kratzen an der Ober-fläche« gereicht, wie Janwillem van de Wetering es ein-mal formuliert hat, allenfalls die stellenweise Freilegung der oberen Schicht.

Besser als nichts. Zu wenig.

7

Spatzen auf der Telefonleitung

In dieser Stadt gibt es auch ein Benediktinerinnen-
kloster, dachte ich, während der Zug in den hell
erleuchteten Bahnhof einlief. Eine alte Frau mühte sich
mit ihrem Koffer ab, schaute mich misstrauisch an, als ich
ihr Hilfe anbot. »Danke sehr«, sagte sie schließlich, »man
trifft also doch noch auf hilfsbereite junge Menschen.«

Mehrere Fahrgäste stiegen zu, drängten sich mit Kof-
fern und Taschen vorbei, entschuldigten sich, wenn ihr
Gepäck meine Schulter streifte. Ich wappnete mich auto-
matisch gegen neugierige oder kritisch musternde Blicke,
aber niemand beachtete mich. Ich würde mich schnell
daran gewöhnen.

Wir gewannen wieder an Fahrt. Vororte flogen vorbei,
hier und da Lichtpunkte fahrender Autos, eine blinkende
Leuchtreklame, die lackschwarze Oberfläche eines
Baggersees, ich hätte endlos so weiterfahren können.

Vince war mit dem Kopf auf meiner Schulter eingeschlafen, sein Gesicht erschien fahl im Neonlicht, er
schnarchte leise. Die Schaffnerin lächelte mir im Vor-
übergehen zu, sie sah ein ganz normales Paar im Nacht-
zug nach Berlin.

»Windhauch, Windhauch, sagte Kohelet, das alles ist
Windhauch.«

Tags zuvor saß ich noch in den Vigilien und hörte einer Lesung aus dem Buch Kohelet zu. Schwester Cäcilia schmetterte dramatisch ins Mikrophon:

»Alles hat seine Stunde. Für jedes Geschehen unter dem Himmel gibt es eine bestimmte Zeit.«

Ein merkwürdiger Text innerhalb der Bibel, der sämtliche Bemühungen, das Schicksal zu berechnen und zu beherrschen, zum Scheitern verurteilt. Alles eitel, alles »Windhauch«, so gar kein frommer Optimismus beim Herrn Kohelet, aber starke Sprache, das muss man ihm lassen. Ich habe immer gern zugehört, wenn eine der besonders begabten Vorleserinnen ihn zum Besten gab.

»Eine Zeit zum Suchen und eine Zeit zum Verlieren,
eine Zeit zum Behalten und eine Zeit zum Wegwerfen,
eine Zeit zum Zerreißen und eine Zeit zum Zusammennähen,
eine Zeit zum Schweigen und eine Zeit zum Reden …«

An diesem ersten warmen Frühsommertag war eine Zeit zum Gehen. Es war erschreckend leicht.

Er stand mit dem vierten Band der *Jahrestage* unter dem Arm in der Buchhandlung und suchte eine Ausgabe von Dostojewskis *Dämonen*. Die hatten wir nicht, aber ich konnte sie ihm bestellen, wenn er morgen wiederkommen würde.

Pia fragte mich: »Warum hast du den Mann so angestrahlt?«

»Keine Ahnung. Hab ich? Findest du nicht, dass er ein umwerfendes Lächeln hat?«

»Na ja, ich weiß nicht«, antwortete sie mit dem leicht säuerlichen Unterton, der ansonsten für Leute wie

Schwester Maura reserviert ist, wenn sie eiligst wissenschaftliche Werke, die in geringer Auflage bei fremdsprachigen Kleinstverlagen erscheinen, besorgt haben will und darauf besteht, dies *nur* mit der »Offizialin« zu besprechen.

Vince kam wieder. Wir redeten über Uwe Johnson und die Häufigkeit der Farbe Gelb in New York, während er mir wie selbstverständlich beim Verrücken der Büchertische zur Hand ging. Ich lud ihn auf einen Kaffee in unser Büro ein, wir sprachen über Lieblingsbücher, stellten eine so große Übereinstimmung fest, dass wir beide lachen mussten.

»Ich hätte nicht gedacht, dass Ordensfrauen sich viel mit Literatur beschäftigen.«

»Es wird schon noch mehr in Bezug auf Nonnen geben, was du dir nicht gedacht hast.«

»Da bin ich sicher.«

Eines Tages kam ich nach einer Besprechung im Cellerariat verspätet in den Laden und fand Vince damit beschäftigt, die Seitenwände des Schaufensters in Cremeweiß zu streichen. Pia zuckte auf meinen fragenden Blick hin mit den Schultern.

»Er verbringt seine Ferien hier und fragte, ob er was helfen kann. Bis zum Weihnachtsgeschäft haben wir mehr als genug zu tun.«

Sie grinste. »Außerdem hat er mir erzählt, er hätte Malerei studiert. Da wird er wohl mit einem Pinsel umgehen können.«

Ich warf mir einen alten Kittel über und half ihm.

Vince wurde in den folgenden Wochen so etwas wie unser ehrenamtlicher Allrounder, ließ sich von Pia in den Gebrauch von Etikettendrucker und Kassensystem einweisen, brachte Ideen für die Sortimentsgestaltung ein, half uns, eine Lesung mit einem ihm befreundeten Schriftsteller zu organisieren.

Mutter Raphaela war erfreut über den »gebildeten jungen Mann, der sich so engagiert und selbstlos in die Arbeit des Klosters einbringt« und forderte ihn beim Abschied auf, demnächst seine Frau mitzubringen. Pia zog hinter ihrem Rücken die Augenbrauen hoch, schwieg aber. Sie hatte sich mit Vince auf einen ironischen, leicht zänkischen Umgangston geeinigt, der für ihre Verhältnisse einer Freundschaft sehr nahe kam. Als bekennende Liebhaberin dicker historischer Romane und Abhandlungen über Meditationstechniken hielt sie sich aus unseren Diskussionen über Literatur und Kunst raus und war froh, dass meine Stimmung sich besserte, wenn Vince sich mal wieder an einer unserer Aktionen beteiligte.

»Du bist viel fröhlicher, wenn der Typ bei uns auftaucht.«

»Wir sind Freunde, weiter nichts.«

»Klar, was sonst?«

Der Buchladen lief weiterhin gut und pendelte sich auf verlässlich berechenbare Erlöse ein. Bei Klosterführungen wurde er gerne als Beispiel gelungener Neuorientierung im Rahmen eines zeitgemäßen Ordenslebens vorgestellt. Mit der Zeit gehen, ohne seine Ideale zu verraten, oder so ähnlich.

»Wir vergraben unsere Talente nicht«, hörte ich

Schwester Simone beim Rundgang mit einem potenziellen Wohltäter sagen.

Als Schwester Beatrix einmal zu Besuch in den Laden kam, wunderte sie sich, dass ich die fünf Bände Eliades *Geschichte der religiösen Ideen* aus dem Sortiment nahm. Das sei ein Standardwerk und passe ihrer Meinung nach gut ins Profil einer Klosterbuchhandlung. Ich versuchte ihr zu erklären, dass Ware, die länger als zwei Jahre im Regal stehe, aussortiert werden müsse. »Aber das sind gute Bücher, die braucht man doch nicht wegzutun«, sagte sie und sah mir verständnislos beim Ausbuchen zu. Ich sprach von wirtschaftlichen Gesichtspunkten, unter denen ein Buch als Verkaufsobjekt zu betrachten sei, auch wenn es sich dabei um ein hervorragendes Werk handle, und verlor mich in Gerede, das Beatrix nur noch mehr zu verwirren schien.

»Früher waren gute Bücher gute Bücher, egal, wie alt sie waren, sie wurden nicht schlecht.«

»Die Bücher werden nicht schlecht, sie werden unwirtschaftlich.«

Sie verabschiedete sich mit den Worten: »Bin ich froh, dass dieser Kelch an mir vorübergegangen ist! Das kann nicht meine Welt sein.«

Ich kam mir den Rest des Tages vor, als wäre ich in einem schlechten Film, den ich nicht verlassen wollte, weil ich an der Kasse den vollen Preis bezahlt hatte.

Als ich Mutter Raphaela von dem Gespräch erzählte, riet sie mir, die benediktinische Gabe der Unterscheidung anzuwenden.

»Sie meinen: hier die geistlichen Inhalte, dort die geschäftsbedingten Faktoren?«

»Etwas in der Art, ja.«

»Haben Sie mir nicht immer von der Ganzheitlichkeit klösterlicher Lebensweise erzählt?«

»Die schließt Klugheit und rationales Denken nicht aus. Es kommt auf den Blickwinkel an. Sie müssen in Ihrer Position Bücher als Ware sehen, und als solche unterliegen sie anderen Kriterien als zum Beispiel jene, die unsere Bibliothek füllen. Es wäre naiv, die Dinge zu vermischen.«

Das würde ich irgendwann verstehen, meinte sie. Ich begann, mich vor diesem Tag zu fürchten, pflegte dennoch weiterhin das Sortiment so, wie ich es vom tüchtigen Bruder Paulus und den Betriebsberatern gelernt hatte.

Es gab keine Beanstandungen. Man lobte unsere »jugendfrische Dynamik«, was bei Pia einen Lachkrampf verursachte, bedankte sich bei jeder fertigen Monatsabrechnung für die geleistete Arbeit, unterstützte meine Projekte, so gut es ging. Ich kann nicht behaupten, dass mir das Schulterklopfen immer zuwider war.

Urlaubs- und Kurgäste frequentierten die Buchhandlung ebenso wie Stammkunden aus dem Dorf, die ihre Freunde und Verwandten ermunterten, Bücher bei den zwei freundlichen jungen Schwestern zu kaufen, von denen man an kalten Wintertagen schon mal einen Pott Tee in die Hand gedrückt bekam.

Doktor Hartmann brachte regelmäßig selbst gebackene Plätzchen vorbei, die alte Frau Krampmann beglückte uns zu Hochfesten mit hausgemachter Marmelade, und die Verlagsvertreter versicherten, die Termine bei uns zählten zu den angenehmsten in der Branche.

Pia und ich fingen irgendwann an, von »denen oben im Kloster« und »uns hier unten« zu sprechen. Äbtissin Raphaela versuchte, uns wieder stärker in die Gemeinschaft einzubeziehen. Sie wollte die Öffnungszeiten besser mit den innerklösterlichen Veranstaltungen in Einklang bringen, was von mir als schädlich für den Umsatz abgewiesen wurde. Pia fragte, seit wann ich denn die Wirtschaftlichkeit des Ladens höherstellen würde als die Teilnahme am Leben des Konvents, Raphaelas Vorschlag sei doch ganz in unserem Sinne. Ich konnte ihr nichts darauf antworten, irgendetwas in meinem Kopf geriet aus den Fugen. Pia drang nicht weiter in mich und beschloss auf ihre still-beharrliche Art, den Spagat zwischen Geschäft und Gemeinschaft hinzukriegen.

»Wenn Vorträge, Meditationen, Gesangsstunden sind, dann gehe ich da hin. Wenn du für die Zeit nicht schließen willst, dann lass die Buchhandlung offen, aber das schaffst du dann alleine.«

Aus ihrer Sicht hatte sie recht. Ich stellte fest, dass ich für diese Randexistenz zunehmend dankbar war, kleine Privilegien, die mein Job mit sich brachte, zu genießen begann. Die Versuche, bei Raphaela meine Versetzung zu erreichen, gab ich auf. Es kam nicht mehr darauf an.

Nur Schwester Luise traute dem äußeren Schein nicht und fragte mich eines Tages, ob mit mir etwas nicht in Ordnung sei, ich wirke so abwesend seit einiger Zeit.

»Vielleicht liegt es daran, dass ich faktisch so oft nicht da bin.«

»Nein«, sagte sie, »ich meine eine andere Art von Abwesenheit.«

Ich log, es sei alles bestens, nur die Arbeit nehme mich

sehr in Anspruch. Ich konnte sehen, dass sie mir nicht glaubte, spürte ihre Enttäuschung über die Tatsache, dass ich mich ihr nicht anvertraute.

»Haben Sie jemanden, mit dem Sie darüber reden können?«

»Ja.«

»Das ist gut.«

Pia wunderte sich, warum ich Akten und Geschäftsvorgänge so anzulegen versuchte, dass jeder sich rasch darin zurechtfinden konnte.

»Falls ich mal kurzfristig ausfalle.«

»Wieso solltest du ausfallen?«

»Man weiß ja nie.«

Sie war zu klug, um sich nicht ihren Teil zu denken, und zu diskret, um meine Bemerkung mit der Äbtissin zu besprechen.

Als ich dieser in einem unserer monatlichen »geistlichen Gespräche« ankündigte, spätestens bei ihrem Rücktritt zu gehen, lächelte sie. »Ach, Liebes, Sie haben schon so oft vom Austritt gesprochen, dass ich mich auf eine Auseinandersetzung diesbezüglich nicht mehr einlassen möchte. Kommen Sie endlich zur Ruhe. Sie sind hier eingewurzelt, haben Ihren Ort gefunden.«

Vince glaubte das eine Weile auch.

»Von außen betrachtet macht das Ganze bei dir einen gelungenen Eindruck. Ich wünschte, ich wäre mir mit meinem Lebensentwurf so sicher.«

Ich war ehrlich verblüfft. Auf den Gedanken, dass ich nicht nur mir selbst, sondern auch allen anderen etwas vormachte, war ich nie gekommen.

Unsere Gespräche begannen persönlicher zu werden, ohne dass dies einer von uns beabsichtigt hatte. Es ergab sich. So wie ich ihm irgendwann meine Durchwahl aufschrieb.

Wir telefonierten bald regelmäßig. Ab und zu rief er an, nur um mir Texte vorzulesen, die ihn gerade beschäftigten.

»Hör mal zu: Wir saßen draußen auf den Feldern in der Sonne wie zwei Spatzen oben auf einer Telefonleitung, durch die nur angenehme Gespräche laufen.«

»Wie findest du das?«

»Schön, von wem ist es?«

»Günter Ohnemus.«

»Schreibst du mir die Stelle auf?«

»Geht gleich in die Post.«

Wenn er da war, nutzten wir manchmal die Mittagspause für einen Spaziergang entlang der Koppeln. Vince hatte Angst vor Pferden. Ich zeigte ihm, wie man ein gutartiges Tier von einem unterscheidet, dem man lieber misstrauen sollte, wie man Gras oder Apfelstücke füttert, ohne Gefahr zu laufen, in den Finger gebissen zu werden. Wenn wir den Waldweg hinaufschlenderten, deutete er auf Vögel, die er ohne Ausnahme beim Namen kannte. Sobald sich beim Gehen unsere Hände zufällig berührten, zuckten wir zurück wie zwei Seifenblasen, die Angst haben, einander zu nahe zu kommen. Rückblickend kommt mir das etwas albern vor.

Einmal saßen wir am Waldrand auf einer Bank, schauten auf die Klosteranlage, die friedlich in der sonnenbeschienenen Talmulde vor uns lag und malten uns aus, wie es wäre, gemeinsam die Museen in Amsterdam, Den Haag, New York, Paris oder Frankfurt besuchen zu können, um uns die Bilder von Vermeer anzusehen. Vince war überzeugt, mich mit einer Weltreise, die Werke wie *Das Mädchen mit dem Perlenohrring, Die Briefleserin in Blau, Die Lautenspielerin am Fenster* zum Ziel hatte, von meiner einseitigen Vorliebe für gegenstandslose Malerei abbringen zu können. Er schwärmte von der Macht des Lichts, die nur in der Betrachtung der Originale ihre Kraft entfalte, beschrieb die einzelnen Bilder im Detail. Ich hörte zu und dachte über die Frage nach, ob ich nicht doch zu viel verpasse in meiner klausuriert-zölibatären Existenz.

»Warum machst du die Reise nicht allein, schickst mir von jeder Station massenweise Kunstpostkarten und erzählst mir dann alles haarklein?«

»Zusammen wäre es schöner.«

Zusammen. Der Gedanke, die Vertiefung der Lebensintensität auf ein außerklösterliches Terrain zu verlegen, kam auf wie ein Funke, den ich gleich wieder auszutreten versuchte. Nächtliche Phantasien, in denen sein Gesicht sich über meines legte, seine Hände über meinen Körper wanderten, schob ich von mir, bevor die Bilder zu schmerzen begannen. Vince lebte in einer festen Beziehung; ich in gewisser Weise auch. Jedenfalls sah er mich lange so. Eine Frau mit klösterlichen Gelübden und ein Mann im heiligen Bund der Ehe. Nein, wir ließen das schön platonisch, Bruder und Schwester, wir schütteten uns gegenseitig unser Herz aus. Jeder beteuerte, den Lebensentwurf des anderen nicht zerstören zu wollen. Das ging eine Zeit lang recht gut.

»Welches ist dein Lieblingslied?«

»Red Rain von Peter Gabriel.«

»Lieblingslyriker?«

»Peter Rühmkorf.«

»Jetzt bekomme ich bald Angst vor dir.«

Wenn Vince verreist war oder länger nicht kommen konnte, schickte er Briefe an die »liebste Freundin«.

Raphaela mahnte zur Vorsicht. »Sie bekommen beinahe täglich Post. Sind Sie sicher, dass das gut ist?«

»Was soll daran schlecht sein?«

»Gegen Freundschaft ist nichts einzuwenden, aber überschreiten Sie beide nicht die Grenze?«

»Ich glaube nicht.«

Er brachte gelegentlich kleine Zeichnungen mit, die er für mich angefertigt hatte. Ich nahm sie mit in meine Zelle, ohne sie der Äbtissin vorzulegen, und redete mir ein, ein Stück Papier sei kein Geschenk, das der Genehmigung bedürfe.

Die Leere, die entstand, wenn Vince nicht da war, hätte mich früher aufmerksam machen müssen auf das, was unausweichlich kommen musste. Wir haben später scherzhaft darüber gestritten, wer sich zuerst in wen verliebt hat, waren uns nur darin einig, dass die Liebe, die sich früh eingenistet hatte, lange warten musste, bis wir sie als das sahen, was sie war. Sie hatte Geduld mit uns. Vielleicht wurzelt unser jetziges Zusammensein teilweise in der gemeinsamen Lektüre, die zunehmend zum Forum für das Austauschen von Botschaften wurde, deren Bedeutung wir nur zögernd begriffen.

Wir lasen Botho Strauß, reichten uns Bücher weiter, in denen jeder für den anderen Sätze unterstrichen hatte: »Wir retten in der Liebe das Eine vor dem maßlos Vielen.« Und: »Nur selten sind wir die, die eines Tages vermisst werden. Doch zu den Höhepunkten unserer Anwesenheit werden wir geliebt wie Vermisste.«

Hat sie sich also doch eingeschlichen, die Liebe, dachte ich. Nur: Was sollte ich mit dieser Erkenntnis anfangen?

»Vince, wir sollten nicht mehr von der Liebe sprechen.«

»Warum?«

»Sonst erwischt sie uns.«

»Na, und? Schließlich sind wir erwachsen.«

»Ich will keine Ehe zerstören.«

»Das besorgen die zwei, die in einer Beziehung leben, schon selbst.«

»Sag das nicht. Es ist kompliziert genug.«

Wir beschlossen einige Male, einander nicht mehr zu sehen, führten Trennungsgespräche, ohne jemals wirklich zusammen gewesen zu sein. Es funktionierte nicht. Nach drei oder vier Tagen begann ich das Telefon anzustarren oder die Ankunft des Briefträgers abzuwarten und ärgerte mich gleichzeitig über mein backfischhaftes Verhalten. Wenn Vince sich dann doch wieder meldete, tat ich betont lässig, als hätten wir nie beschlossen, voneinander zu lassen, und wir setzten unseren Dialog dort fort, wo er vor dem vermeintlichen Schlussstrich abgebrochen war. Auf eine heimliche Affäre hatten wir beide keine Lust, versuchten es tapfer weiter als beste Freunde, arbeiteten hart am Projekt »Treue zum einmal gewählten Lebensweg«. Beinahe hätten wir uns verpasst.

Wir brauchten fast zwei Jahre. Dann ging alles ganz schnell.

Eines Tages schaute ich mich während einer Rekreation, in der zwei Schwestern heiter von ihren Ferien auf der Fraueninsel im Chiemsee berichteten, in der Runde der wohlwollend zuhörenden Nonnen um und wusste: Ich bin längst schon weg. Einfach so, wie ein unerwarteter ärztlicher Befund, der das Leben in vorher und nachher gliedert. Eine Tatsache, die plötzlich mit solcher Wucht und Klarheit im Raum stand, dass sie nur zur Kenntnis genommen werden konnte. Widerspruch zwecklos. Ich war bereits fortgegangen und musste mich dringend wieder einholen.

»Dann lass uns gemeinsam gehen«, sagte Vince, als ich ihm am Telefon davon erzählte.

»Ich gehe erst mal allein.«

»Warum?«

»Aus Prinzip.«

»Damit dir keiner nachsagt, du bist mit einem Kerl durchgebrannt?«

»Jetzt wirst du klischeehaft und melodramatisch! Ich hasse romantische Geschichten!«

Auf der anderen Seite der Leitung erklang Gelächter. Ich legte den Hörer auf, wartete den Rest der Nacht vergeblich, dass er wieder anrief, verfluchte die Umstände, meine eigene Blödheit, die ganze Welt.

Am nächsten Morgen stand er im Laden.

»Wolltest du nicht schon immer in einer richtigen Großstadt leben? Wenn du gehen willst, kannst du das genauso gut mit mir zusammen tun.«

»Und deine Frau?«

»Ich trenne mich von ihr.«

»Das habe ich nie gewollt!«

»Ein harter Schnitt kann aufrichtiger sein als weiche Kompromisse, auch wenn man dafür jemandem wehtun muss. Stell dir vor: Wir lassen alle Bindungen hinter uns und fangen zusammen etwas Neues an. Stell es dir vor!«

»Ich werde dich nie heiraten, werde nie Kinder wollen. Für endgültige Sachen bin ich nicht mehr zu haben.«

»In Ordnung. Kommst du mit?«

»Ich bin eine Flüchterin, Vince, auf mich ist kein Verlass.«

»Ich verspreche mir nichts von dir. Lass es uns als schönes Experiment betrachten.«

»Mit einem Experiment beschäftige ich mich seit Jahren.«

»Dann wird's Zeit für eine neue Versuchsreihe, oder nicht?«

»Kannst du nicht einmal ernst sein?«

»Mir ist es noch nie so ernst gewesen.«

Lange standen wir schweigend voreinander.

Ich wollte ihn, definitiv.

»Ich möchte mit Vince leben«, sagte ich zur Äbtissin, die steil aufgerichtet in ihrem Schreibtischstuhl saß.

»Sie wollen alles aufgeben, um sich auf ein Abenteuer einzulassen, dessen Ausgang völlig ungewiss ist?«

»Das habe ich schon einmal getan.«

»Das können Sie nicht vergleichen, Sie irren! Sie sind hier eine Bindung eingegangen, tragen Verantwortung für die Gemeinschaft: Ein Dispens von den Gelübden müsste über Rom gehen, der Antrag beim Abtpräses eingereicht werden …«

Ich hätte ihr sagen können, dass mir die kirchenrechtlich korrekte Regelung vollkommen gleichgültig sei, dass ich, wie sie wisse, zivilrechtlich gesehen mit einem formlosen Schreiben die Mitgliedschaft in dem »Verein der Benediktinerinnen« kündigen könne und meiner Verpflichtungen entbunden sei, hatte aber keine Lust, auf dieser Ebene zu diskutieren. Ich wollte nicht mit ihr streiten, wollte sie fragen, ob es nicht ehrlicher sei, eine Lebensentscheidung aufzugeben, als sie unter den falschen Voraussetzungen weiterzuführen, ob Liebe nicht der beste Grund sei, sein Leben zu ändern, kam aber nicht dazu.

»Wer soll Ihren Dienst in der Buchhandlung übernehmen? Sie sind da unentbehrlich.«

»Ist das alles, was Sie dazu zu sagen haben?«

»Natürlich nicht. Sie sind jung und hungrig, nach der ersten Euphorie würden Sie es bitter bereuen! Sie haben doch nicht etwa schon mit ihm …? Haben Sie?«

»Mutter Raphaela …«

»Das ist ein Mann, der viele Frauen braucht, ich kenne diese Sorte. Dass Sie in Ihr Unglück rennen, lasse ich nicht zu!«

»Ich bin über dreißig Jahre alt, ich muss schon selbst beurteilen, was gut für mich ist.«

In jedem Film wäre mir die Szene kitschig vorgekommen, aber Raphaela war richtig aufgebracht. Sie wollte mich nicht verlieren, warum auch immer, und ein wenig freute ich mich darüber. Bis sie sich selbst entzauberte.

»Dem werde ich einen Riegel vorschieben!«

»Wie bitte?«

Sie wiederholte den Satz. Er passte nicht zu ihr. Hoffentlich. Das Gespräch hatte keinen Sinn mehr, ich nickte ihr zu, verließ wortlos den Raum.

Von diesem Moment an war es leicht.

Ich ließ ausrichten, dass ich zur Vesper nicht kommen würde, ging auf meine Zelle, sah mich kurz darin um, zog das Bett ab, packte das Nötigste in meinen Rucksack. Es war nicht einmal mehr so viel, dass ich dafür zwei Koffer gebraucht hätte. Die alte Lederhose hinten in meinem Schrank fiel mir ein, sie war etwas zu weit, ging aber fürs Erste.

Ich schrieb einen Zettel, legte ihn auf den Schreibtisch und ließ die Tür beim Hinausgehen offen stehen.

Beim großen Tor traf ich auf Pia. Sie starrte mich und den Rucksack auf meiner Schulter an.

»Was machst du? Wo willst du hin?«

»Weg.«

»Wie weg? Das war's?«

»Ja.«

»Und wir?«

Pia machte einen Schritt auf mich zu, wich wieder zurück, als ich an ihr vorbeiging. Sie hob die Hand, fing den Schlüsselbund auf, den ich ihr durch den Spalt des sich langsam schließenden Tors zuwarf.

»Ich rufe dich an.«

»Mach's gut«, hörte ich noch, drehte mich um und sah Vince neben dem Taxi warten.

Als der Wagen vor dem Bahnhof zum Halten kam, hatte ich meinen Atem wieder einigermaßen im Griff. Ich bat Vince, mir auch eine Zigarette zu geben. Wir mussten lachen, als es unseren zitternden Händen erst beim dritten Versuch gelang, sie anzuzünden.

»Bist du aufgeregt?«

»Was denkst du denn?«

Die Lautsprecheransage kündigte die Einfahrt des Nahverkehrszuges in Richtung München an. Ich schaute mich besorgt am Bahngleis um. Es hätte gut sein können, dass Kunden von mir auftauchten, aber abgesehen von einem dicklichen Mann, aus dessen halb offener Aktentasche eine Thermoskanne herausragte, schien niemand außer uns einsteigen zu wollen.

Das Ortsschild glitt kurz darauf am Fenster vorbei, hinter einer Baumgruppe konnte man die Spitze des Glockenturms erahnen. Die Schwestern würden bald mit der Vesper fertig sein und Äbtissin Raphaela würde wenig später die Nachricht erhalten, dass ich gegangen sei.

Ich bat Vince um eine weitere Zigarette, die ich nach wenigen Zügen ausmachen musste, weil mir der Schwindel wie ein Faustschlag in den Kopf schoss. Auch das Rauchen würde ich wieder lernen müssen.

Der Schaffner, der stets diese Strecke bediente, kontrollierte die Fahrkarten. Er erkannte mich nicht.

Wir kamen in München an, rannten Hand in Hand durch die Bahnhofshalle und erreichten knapp den Zug, der uns nun schon stundenlang durch die Nacht fuhr.

Ich strich Vince eine Strähne aus dem Gesicht, fuhr mit dem Zeigefinger über seine Stirn. Er rührte sich, streckte seinen Rücken, sah mich schlaftrunken an.

»Alles in Ordnung?«

»Ja. Kannst du mir dein Telefon leihen?«

»Steckt in meiner Jackentasche. Entschuldige, ich war plötzlich so müde.«

»Macht nichts. Schlaf weiter, ich gehe was trinken.«

Im Zugbistro saß ein schläfriger Kellner, der die Zeitung aus der Hand legte, als ich Cola und ein belegtes Brötchen bestellte. Im hinteren Teil des Wagens war eine Gruppe junger Frauen damit beschäftigt, Bierbüchsen zu leeren und anzügliche Geschichten zu erzählen, die in schrillem Gelächter gipfelten. Keine von ihnen senkte die Stimme oder schaute hoch, als ich an ihnen vorbeiging.

Buchstäblich die vergangene Existenz abgelegt wie ein Kleid?

Ich schob das Gangfenster auf, hielt mein Gesicht in den kühlenden Nachtwind und dachte: ›Wir haben das tatsächlich gemacht!‹

Es dauerte lange, bis sich eine heisere Stimme meldete, deren »Hallo?« wie ein Vorwurf klang.

»Habe ich dich geweckt?«

»Veronika? Um diese Uhrzeit? Wo bist du?«

»Irgendwo zwischen Fulda und Hannover, Richtung Berlin.«

Stille, ein Räuspern, wieder Stille.

»Stefan, bist du noch dran?«

»Du bist da raus!«

»Ja.«

Er lachte so laut, dass ich das Telefon vom Ohr weghalten musste.

»Hör mal, so witzig ist das auch wieder nicht.«

»Wer hat das geschafft?«, brachte er, noch immer lachend, mühsam hervor.

»Ich selbst. Aber falls du das meinst: Er heißt Vince, hat schöne Augen, und wir werden zusammenleben.«

»Den Mann will ich kennenlernen, versprich mir, dass du ihn mir vorstellst!«

Er wollte Details über Vince wissen, sagte mehrmals, wie froh er sei und dass ich ihm ruhig früher etwas über die Geschichte hätte erzählen können.

»Ich habe sie selbst erst vor einigen Tagen kapiert.«

»Verstehe. Wie haben deine Schwestern das aufgenommen?«

»Ich fürchte, die wurden ziemlich versetzt.«

»Ging nicht anders?«

»Ging nicht anders.«

»Mhm.«

Wir schwiegen lange, jeder dem Atem des anderen lauschend.

»Und, hast du was gelernt in den Klosterjahren?«, fragte Stefan plötzlich.

»Ich habe rudimentäre Kenntnisse über Pomologie, Theologie, Gartenbau, Restaurierung und Buchhandel erworben, eine gewisse Empfindlichkeit gegenüber jeder Art von Pathos entwickelt, viel Zeit zum Meditieren gehabt, ein paar Nonnen lieb gewonnen und festgestellt, was man alles nicht braucht.«

»Bist du so cool, oder tust du nur so?«

»Ich tue nur so.«

Er schnaufte amüsiert ins Telefon.

»Und wie hältst du's jetzt mit der Religion?«

»Nach zehn Jahren des Nachdenkens weiß ich einfach nichts.«

»Die Frage bleibt offen?«

»Das auf jeden Fall. Aber jetzt kümmere ich mich erst mal um etwas anderes, das vielleicht genauso wichtig ist.«

»Klar. Hast du schon eine neue Adresse?«

»Nicht wirklich.«

»Ihr habt Nerven!«

Als ich wieder an meinem Platz war, griff Vince mir ins Haar, zog mich zu sich herüber.

»Du siehst schön aus.«

Kleine Küsse bedeckten mein Gesicht.

Kurz nach fünf Uhr früh würden wir in Berlin sein. Ein Freund von Vince hatte ein Atelier in Mitte, das wir bewohnen könnten, bis wir entschieden hätten, wo wir bleiben möchten. Vince sagte, er könne überall arbeiten, für mich schien die Stadt ideal, um einen Job zu suchen. Wir würden sehen.

»Berlin könnte dir gefallen«, meinte Vince, »riesengroß, immer in Bewegung, an jeder Ecke ein anderes Stadtbild, Kunst, Musik, Kneipen, Cafés, alles in Fülle da, um die Flüchterin eine Weile zu beschäftigen.«

Wir überlegten, ob wir zunächst ans Meer fahren sollten, um uns gegenseitig zu erzählen, wie es dazu kam, dass die Liebe über uns hergefallen ist.

Alles war offen. Wir hatten alle Zeit der Welt.

Ich wusste nicht, ob es funktionieren wird; ich wusste nur, dass ich den Rest meines Lebens bereut hätte, es nicht versucht zu haben.

Ich wollte nichts bereuen.

Wahrscheinlich hätte mir der Respekt verbieten sollen, einfach so zu verschwinden, aber der Schlusspunkt war längst gesetzt. Was hätte es gebracht, sich in Auseinandersetzungen zu verstricken, die nirgendwohin führen? Worte wären gefallen, die einem später leidgetan hätten, die Verletzungen wären eher schlimmer geworden. So konnten sie erst mal eine Stinkwut auf mich haben.

Sie haben mir mit der Aufnahme in die Gemeinschaft letzten Endes einen Vertrauensvorschuss gewährt, den ich vermutlich enttäuscht habe.

Ich nahm mir vor, Raphaela zu schreiben.

Vielleicht würde die eine oder andere im Kloster eines Tages verstehen und froh für mich sein.

Ich glaubte nicht, dass Pia den Hörer auf die Gabel knallen würde, wenn sie meine Stimme hörte.

Mit Abschieden habe ich mich nie lange aufgehalten.

Ich habe diesen Ort geliebt. Er war etwas Besonderes, auch wenn er nicht gehalten hat, was ich mir von ihm versprach. Eine abgeschlossene kleine Welt, die ihren eigenen Gesetzmäßigkeiten folgte. Der Garten, das verwunschen schöne Gelände, die alten Gebäude, ich habe mich gern darin bewegt. Die Psalmengesänge, die nach dem Schlussgebet noch lange nachhallten und beinahe zwangsläufig eine innere Ruhe herstellten, waren eine hervorragende Basis zum Nachdenken. Die Erfahrungen des Gemeinschaftslebens, Frauen, auf deren Bekanntschaft beziehungsweise Freundschaft ich immer stolz sein werde. Raphaelas Mütterlichkeit, Luises Weisheit, Marias Freundlichkeit, Pias borstige Treue, Hedwigs warmer Gesang, Margaritas trockener Humor, Simones klarer Verstand, Placidas schelmische Heiterkeit, Paula in ihrer Gesamtheit, die Liste könnte noch länger sein. Jeder Einzelnen verdanke ich viel. Es war eine wichtige Zeit, trotz – oder gerade wegen? – all der inneren Widerstände und Kämpfe.

Im Buddhismus ist es durchaus üblich, sich eine Zeit lang in ein Kloster zu begeben, zu lernen, was man lernen zu müssen glaubt, einen Monat, ein Jahr, zehn Jahre, um dann in eine neue Lebensphase zu treten. Die Nonnen werden das wahrscheinlich nicht so sehen. Ich habe mit ihnen gelebt, gebetet, gearbeitet, das war meistens schön und manchmal gut, aber es musste nicht für die Ewigkeit sein.

Hätte ich früher wieder gehen sollen?

Was soll's, so ist meine Geschichte, ich habe keine andere.

Gescheitert? Nein, weitergegangen.

Personenverzeichnis

Annamaria: Kurzzeitnovizin

Antonia, Schwester: Zunächst Triennalprofesse, dann Konventschwester, früher Lehrerin für Latein und Geschichte

Apollonia, Schwester: Organistin, Hilfskraft in der Verwaltung

Beatrix, Schwester: betreut die klostereigene Buchhandlung

Cäcilia, Schwester: Triennalprofesse, später Konventschwester und Organistin, im früheren Leben Sozialpädagogin

Clementia, Schwester: Postschwester, füttert die restlichen drei Schweine, kümmert sich um dies und das

Doktor Hartmann: Hausarzt

Dorothea, Schwester: Novizin, später Triennalprofesse und Konventschwester

Franziska, Schwester: Schneiderin, eine der Vertreterinnen der »alten Schule«

Germana, Schwester: Priorin-Administratorin, leitet bis zur Wahl einer neuen Äbtissin das Kloster, später Gastmeisterin

Hanna: Novizin, gelernte Gärtnerin

Hedwig, Schwester: Kantorin, verantwortlich für den Gesang im Gottesdienst, kümmert sich um die musikalische Ausbildung der Novizinnen

Hildegard, Schwester: Magistra, verantwortlich für die Ausbildung der Novizinnen und Triennalprofessen

Jan: Priester, Freund

Johanna: Küchenhilfe

Justina, Schwester: alte Nonne, wird von ihren Mitschwestern gepflegt

Lina: Freundin

Lioba, Schwester: Übersetzerin, ehemalige Cellerarin und Kantorin, später in der Wäscherei tätig

Luise, Schwester: Gärtnerin

Lukas, Abt: Klostervorsteher eines befreundeten Mönchsklosters

Margarita, Schwester: Infirmarin, zuständig für die Pflege der Kranken, Waschfrau, koordiniert die Autofahrten

Maria, Schwester: zunächst Triennalprofesse, später Konventschwester, früher Psychologin

Maura, Schwester: Archivarin, ehemalige Magistra

Max: Ex-Freund, später Freund von Lina

Paula, Schwester: Obstbäuerin und Imkerin

Paulus, Bruder: Benediktiner, Buchhändler

Pia, Schwester: Novizin, später Triennalprofesse und Konventschwester

Placida, Schwester: Pfortenschwester, kümmert sich um die Schnittstelle zwischen Kloster und Gästehaus, sorgt für das »leibliche Wohl« der Gäste

Priska: Fagottistin, eine Zeit lang Novizin

Radegundis, Schwester: Subpriorin, Stellvertreterin der Priorin, später Priorin

Raphaela, Schwester: Gastmeisterin, später Äbtissin

Rhabanus, Pater: Priester, Benediktinermönch, Spiritual des Klosters

Silvia: Freundin und Ex-Kollegin

Simone, Schwester: Cellerarin, verantwortlich für die Finanzverwaltung des Klosters

Sophia, Schwester: Restauratorin

Stefan: Ex-Kollege und bester Freund

Thomas, Abt: oberösterreichischer Klostervorsteher

Glossar

Abt / Äbtissin: Vorsteher, Vorsteherin eines selbstständigen Klosters (Abtei)

Abtei: Je nach Zusammenhang Bezeichnung für ein selbstständiges Kloster oder die Räume, die die Äbtissin bewohnt

Allerheiligenlitanei: Anrufung der Heiligen, Gesang bei sehr feierlichen Gottesdiensten

Benedikt von Nursia: Ordensgründer, gest. um 480 in Montecassino, Verfasser der *Regula Benedikti* (Benediktsregel)

Cellerarin: Eine Art Finanzministerin des Klosters

Deklarationen: Die Ordensregel ergänzende Bestimmungen für das Zusammenleben der Klostergemeinschaft; eine Art Gesetzbuch

Gastmeisterin: Nonne, die für das Gästehaus und die Betreuung der Klostergäste verantwortlich ist

Graduale: Gesang innerhalb der Messfeier

Habit: Ordenskleid

Infirmarin: Krankenschwester

Infirmerie: Krankenstation

Introitus: Gesang zum Einzug bei der Messfeier

Kantorin: Vorsängerin, Verantwortliche für den liturgischen Gesang

Komplet: Gebetszeit zur Nacht

Konvent: Gemeinschaft der Nonnen mit ewigen Gelübden

Kukulle: Feierliches Gottesdienstgewand. Wird von Nonnen mit ewigen Gelübden über dem Habit getragen

Laudes: Morgengebet

Magistra: Nonne, die für die Ausbildung und Begleitung der Novizinnen und Triennalprofessen verantwortlich ist. Wörtliche Übersetzung: Lehrerin.

Noviziat: Bezeichnet sowohl die gesamte fünfeinhalbjährige Ausbildungszeit, bestehend aus Postulat (ein halbes Jahr), Noviziat (zwei Jahre) und Triennium (Gelübdeablegung für drei Jahre), als auch im Speziellen die zwei Jahre, die man vor Ablegung der TriennalProfess in Ordenskleid mit weißem Schleier ohne die Bindung durch Gelübde absolviert

Offertorium: Gesang der Messfeier

Offizialin: Für einen bestimmten Arbeitsbereich verantwortliche Nonne

Offizium: Stundengebet der Nonnen

osb: Abkürzung für *Ordo Sancti Benedicti*, Orden des heiligen Benedikt

Pectorale: Brustkreuz der Äbtissin

Postulat, Postulantin: Erste Phase der Klosterausbildung, die Postulantin lebt für mindestens ein halbes Jahr ohne Ordenstracht in der Gemeinschaft mit

Priorin: Stellvertreterin der Äbtissin, Vorsteherin des Klosters im Fall einer Abwesenheit der Äbtissin

Profess: Feier der Gelübdeablegung, Bindung an die Klostergemeinschaft

Proprium: Teil der Gesänge zur Messe

Rahner, Karl: Theologe und Religionsphilosoph, Wegbereiter
einer freieren katholischen Theologie, gest. 1984

Refektorium: Speisesaal

Regel, Regula Benedicti: Ordensregel, entstanden im 6. Jhd.,
Hauptordnung des abendländischen Mönchtums, geht auf
Benedikt von Nursia zurück

Rekreation: Gemeinsame Erholungszeit der Nonnen

Schola: Vorsängerinnengruppe im Gottesdienst

Sedilie: Feierliche Bezeichnung für einen Stuhl, der nur zu
Gottesdienstzwecken verwendet wird

Seniorat: Gremium, bestehend aus vier Nonnen (zwei vom
Konvent gewählt, zwei von der Äbtissin ernannt), die die
Äbtissin bei wichtigen Entscheidungen beraten

Silentium: Schweigen, Stille

Skapulier: Teil des Ordenskleids: eine Stoffbahn, die von den
Schultern bis zum Boden reicht

Spiritual: Geistlicher Begleiter (Pfarrer) der Klostergemeinschaft

Statio: Stelle im Kreuzgang, wo die Klostergemeinschaft sich
vor dem Gottesdienst sammelt

Subpriorin: Stellvertreterin der Priorin

TriennalProfess, Triennium: Vorläufige Gelübdeablegung für die Dauer von drei Jahren (Vorstufe zur ewigen Profess auf Lebenszeit)

Vesper: Abendgebet

Vestiarium: Schneiderei

Vigilien: Nachtgebet, im Anschluss an die Komplet

Zeremonienmeisterin: Nonne, die für den ordnungsgemäßen Ablauf des Gottesdienstes verantwortlich ist

Veronika Peters

1966 in Gießen geboren, verbrachte ihre Kindheit in Deutschland und Afrika. Nach einer heilpädagogischen Ausbildung arbeitete sie zunächst als Erzieherin in einem psychiatrischen Jugendheim. Mit Anfang zwanzig trat sie in eine Benediktinerinnenabtei ein, wo sie unter anderem als Gärtnereigehilfin, Restauratorin und Buchhändlerin tätig war. 2000 verließ sie das Kloster und lebt seitdem als freie Autorin in Berlin. 2007 landete sie mit *Was in zwei Koffer* passt einen Bestseller. Es folgten zahlreiche weitere Bücher, zuletzt 2022 der Roman *Das Herz von Paris*.